DOST KAZANMA VE İNSANLARI ETKİLEME SANATI

Dost Kazanma ve İnsanları Etkileme Sanatı
Orijinal Adı: *How to Win Friends & Influence People*
Dale Carnegie
Çeviri: Nazlı Uzunali

Genel Yayın Yönetmeni: Aslı Tunç
Editör: Meltem Erkmen
Kapak Uygulama: Berna Özbek Keleş

45. Baskı: Nisan 2026
ISBN: 978-975-331-121-2

Baskı ve Cilt:
Mega Basım Yayın San. ve Tic. A.Ş.
Cihangir Mah., Güvercin Cad., No: 3/1
Baha İş Merkezi, A-Blok, Kat: 2
34310 Haramidere/İstanbul
Tel: (212) 412 17 00
Sertifika No: 44452

Yayımlayan:
Epsilon Yayınevi Ticaret ve Sanayi A.Ş.
Osmanlı Sok., No: 18/4-5 Taksim/İstanbul
Tel: (212) 252 38 21 Faks: (212) 252 63 98
İnternet Adresi: www.epsilonyayinevi.com
E-posta: epsilon@epsilonyayinevi.com
Sertifika No: 49067

DOST KAZANMA VE İNSANLARI ETKİLEME SANATI

DALE CARNEGIE

Çeviri
Nazlı Uzunali

İÇİNDEKİLER

ÖNSÖZ

Dost Kazanma ve İnsanları Etkileme Sanatı; ilk defa 1937'de sadece beş bin adet olarak basıldı. Dale Carnegie de yayıncı Simon and Schuster da kitabın bu miktardan fazla satmasını beklemiyorlardı. Fakat kitap, onları şaşırtacak bir şekilde, birdenbire büyük bir sansasyon yarattı ve artan talebi karşılayabilmek için baskı üstüne baskı yapıldı. *Dost Kazanma ve İnsanları Etkileme Sanatı,* tüm zamanların uluslararası alanda en çok satan kitaplarından biri olarak yayıncılık tarihindeki yerini aldı. Neredeyse yarım asır sonra hâlâ aynı hızla satmaya devam ettiği göz önüne alınırsa, kitabın insanların en hassas noktasına temas ettiği ve sadece buhran sonrasına özgü olmayan birtakım temel ihtiyaçlara yanıt verdiği anlaşılıyor.

Dale Carnegie her zaman, bir milyon dolar kazanmanın İngiliz diline tek bir ibare kazandırmaktan çok daha kolay olduğunu söylerdi. *Dost Kazanma ve İnsanları Etkileme Sanatı* da böyle bir ibare oldu; açıklandı, tekrarlandı, taklit edildi, siyasal karikatürlerden romanlara kadar sayısız metne konu oldu. Neredeyse bilinen tüm dillere çevrildi. Her nesil onu tekrar keşfetti ve kendine yakın buldu.

Burada şu mantıklı soru sorulabilir: "Evrensel çekiciliğini

ve etkinliğini kanıtlamış olan ve kanıtlamaya devam eden bir kitabı yeniden gözden geçirmek niye? Neden başarı kurcalanıyor?"

Buna cevap verebilmek için, Dale Carnegie'nin hayatı boyunca kendi çalışmalarını bıkıp usanmadan gözden geçirdiğini bilmemiz gerekir. *Dost Kazanma ve İnsanları Etkileme Sanatı* adlı kitap Carnegie'nin Etkili Konuşma ve İnsan İlişkileri adlı kursunda ders kitabı olarak kullanılmak üzere yazılmıştı ve hâlâ kullanılmaktadır. Carnegie, 1955 yılında ölümüne kadar, bu kursları gözden geçirip düzenlemeler yaparak büyüyen toplumun artan ihtiyaçlarına uygun hale getirmeye çalıştı. Hiç kimse zamanın değişen akımlarına karşı Dale Carnegie'den daha duyarlı değildi. Carnegie, öğretim metotlarını sürekli inceler, düzeltirdi. Etkili konuşma üzerine yazdığı kitabını defalarca gözden geçirip güncel hale getirmiştir. Eğer daha uzun yaşasaydı, 30'lu yıllardan beri dünyada meydana gelen değişiklikleri daha iyi yansıtabilmesi için, *Dost Kazanma ve İnsanları Etkileme Sanatı*'nı da tekrar gözden geçirip düzenlerdi.

Kitapta geçen bazı ünlü isimler, ilk baskının yapıldığı zamanlarda çok iyi tanınırken, bugünün okuyucuları tarafından artık tanınmıyorlar. Bazı örnekler ve deyimler, şu anki sosyal duruma göre, Victoria döneminden kalma bir romandakiler gibi tuhaf ve modası geçmiş görünüyor. Bu anlamda kitabın önemli mesajları ve genel etkileri zayıflamış durumda.

Bu nedenle, bu düzenlemeyi yapmaktaki amacımız kitabın içeriğine dokunmadan, çağdaş okuyucu için anlamını ve açıklığını güçlendirmektir. *Dost Kazanma ve İnsanları Etkileme Sanatı*'nı birkaç küçük eleme ve birkaç güncel örnek eklemesi yapmak dışında değiştirmedik. Etkili, hafif Carnegie tarzı, hatta otuzlu yılların argosu hâlâ yerini korumaktadır. Dale Carnegie'nin tıpkı konuşur gibi, coşkulu, günlük bir dille, sohbet havasında yazdığı bilinmektedir.

Sonuç olarak, Carnegie'nin sesi, kitabında ve çalışmalarında her zamanki gibi güçlü çıkıyor. Dünyanın dörtbir yanından binlerce insan her yıl artan sayıları ile Carnegie'nin kurslarında eğitiliyorlar. Geri kalan diğer binlerce insan da *Dost Kazanma ve İnsanları Etkileme Sanatı*'nı okuyarak ve çalışarak, kitaptaki prensipleri uygulayarak hayatlarını iyileştirmeye çalışıyor. Sizlere, bu gözden geçirilmiş baskıyı, son derece yararlı bir aracın parlatılıp elden geçirilmiş hali olarak sunuyoruz.

DOROTHY CARNEGIE
(BN. DALE CARNEGIE)

BU KİTAP NASIL VE NEDEN YAZILDI

Yirminci yüzyılın ilk otuz beş yılı boyunca, Amerikan yayınevleri yarım milyondan fazla değişik kitap bastılar. Bu kitapların pek çoğu oldukça sıkıcıydı ve bazıları mali açıdan da başarısızdı. "Bazıları" mı dedim? Dünyanın en büyük yayınevlerinden birinin sahibi bana, yetmiş beş yıllık deneyimden sonra bile, hâlâ yayımladıkları her sekiz kitaptan yedi tanesinde zarara uğradıklarını itiraf etti.

O halde neden başka bir kitap daha yazmaya cüret ettim? Ve ben yazdıysam bile, siz neden okuma zahmetine girdiniz?

Her ikisi de yerinde sorular ve ben bunları cevaplamaya çalışacağım.

1912'den beri, New York'ta iş dünyasındaki erkek ve kadınlara yönelik eğitim kursları yönetiyorum. Önceleri sadece genel konuşma dersleri veriyordum. Kurslar yetişkinleri eğitmek için planlanmıştı. Onlara, gerçek deneyimlere dayanılarak, hem iş görüşmelerinde hem de topluluk önünde ayakları yere basar şekilde düşünmeyi ve fikirlerini daha açık, etkili ve dengeli bir şekilde dile getirmeyi öğretmek amaçlanmıştı.

Fakat zamanla, bu yetişkinlerin etkili konuşma eğitimine

ihtiyaçları olduğu kadar, günlük işler ve sosyal ilişkilerinde insanlarla ilişki kurma sanatı hakkında eğitim görmeye de ihtiyaç duyduklarını anladım.

Aynı zamanda benim de böyle bir eğitime ihtiyacım olduğunu fark ettim. Geçmiş yıllara dönüp baktığımda, incelik ve anlayıştan ne kadar yoksun olduğumu görüp dehşete düşüyordum. Böyle bir kitabın yirmi yıl önce elime geçmiş olmasını ne kadar çok isterdim! Ne paha biçilmez bir hediye olurdu bu!

Özellikle, eğer iş dünyasındaysanız, insanlarla ilişki kurmak olasılıkla karşılaştığınız en büyük problemlerden biridir. Bir ev hanımı, bir mimar veya bir mühendis için de aynı şeyler geçerlidir. Birkaç yıl önce Carnegie Öğretim Geliştirme Kurumu gözetimi altında bir araştırma yapıldı ve bu araştırma oldukça önemli ve anlamlı bir gerçeği açığa çıkardı. Bu gerçek, daha sonra Carnegie Teknoloji Enstitüsü tarafından yapılan bazı ek çalışmalar ile belgelendi, doğrulandı. Bu araştırmalara göre, mühendislik gibi teknik alanlarda bile mali başarının yaklaşık yüzde on beşi kişinin teknik bilgilerine, yüzde seksen beşi ise insan ilişkilerindeki başarısına, kişiliğine ve insanları yönetme yeteneğine bağlıydı.

Yıllarca, her dönem Philadelphia Mühendisler Kulübü'nde ve ayrıca Amerikan Elektrik Mühendisleri Enstitüsü'nün New York şubesinde kurslar yönettim. Toplam olarak belki 1500'den fazla mühendis derslerime katıldı. Bana geldiler; çünkü sonunda, uzun yıllar süren deneyim ve gözlemler sonucu, mühendislikte en yüksek ücret alan personelin kesinlikle mühendislik hakkında en çok bilgiye sahip olan kişi olmadığını anlamışlardı. Örneğin bir kişi, mühendislik, mimarlık, muhasebe veya diğer mesleklere ilişkin teknik işgücünü uygun bir ücret ile kiralayabilir. Fakat teknik bilgi yanında fikirlerini açıkça ifade edebilen, liderlik vasfına sahip, insanlarda istek uyandırabilen biri, daha yüksek kazanç elde etme gücüne sahiptir.

Çalışmalarının en yoğun olduğu günlerden birinde, John D. Rockefeller, "İnsanlarla ilişki kurma yeteneği, şeker ya da kahve gibi satın alınabilir bir şeydir. Ve ben bu yeteneğe her şeyden daha fazla bedel öderim," dedi, "güneşin altındaki her şeyden daha fazla."

O halde ülkedeki her üniversitenin, güneşin altında en yüksek değere sahip olan yeteneğin gelişmesini sağlayacak kurslar düzenlemesini beklemez misiniz? Fakat yetişkinler için sağduyuya yönelik uygulamalı kurslar veren tek bir üniversite varsa bile, bu yazıyı yazana dek ben bunu fark etmedim.

Chicago Üniversitesi ve YMCA (Genç Hıristiyan Erkekler Birliği) okulları, yetişkinlerin hangi konuda eğitim almak istediklerini saptamak için araştırma yaptılar.

Araştırma iki yıl sürdü ve 25.000 $'a mal oldu. Araştırmanın son bölümü Connecticut, Meriden'de yapıldı. Burası tipik bir Amerika kasabası olarak seçilmişti. Meriden'deki tüm yetişkinlerle görüşüldü ve onlardan 156 soruya cevap vermeleri rica edildi. "Mesleğiniz ya da işiniz nedir? Eğitiminiz? Boş zamanlarınızı nasıl geçiriyorsunuz? Kazancınız ne kadar? Hobileriniz? İstekleriniz? Problemleriniz? Çalışırken ilginizi en çok çeken konular?" ve bunun gibi birçok soru cevaplandırıldı. Bu araştırma sonunda yetişkinlerin ilgilendikleri ilk konunun sağlık, ikinci konunun ise insanlar olduğu ortaya çıktı. İnsanları nasıl anlayıp onlarla nasıl geçineceklerini, insanların kendilerinden hoşlanmalarını nasıl sağlayacaklarını, diğerlerinin de kendileri gibi düşünmelerinin nasıl sağlanabileceğini merak ediyorlardı.

Bu araştırmayı yöneten komite, Meriden yetişkinleri için böyle bir kurs düzenleme kararını verdi. Büyük bir gayretle, bu konu hakkında uygulamalı bir ders kitabı arayışına girdiler; fakat bir tane bile bulamadılar. Sonunda yetişkin eğitimi üzerinde dünyanın en önemli otoritelerinden birine başvurarak bu grubun ihtiyacını karşılayacak herhangi bir kitap bilip bilmediğini sordular. "Hayır," yanıtı aldılar. "O yetişkinlerin ne istediklerini biliyorum. Fakat ihtiyaç duydukları türde bir kitap hiçbir zaman yazılmadı."

Kendi deneyimlerimden de bu cevabın doğru olduğunu biliyordum. Ben de yıllarca, insan ilişkileri üzerine yazılmış pratik bir elkitabı aramış durmuştum.

Böyle bir kitap var olmadığı için, kendi kurslarımda kullanmak üzere bir tane yazmaya çalıştım. İşte elinizdeki kitap böyle doğdu. Umarım beğenirsiniz.

Bu kitabı hazırlarken, konu hakkında bulabildiğim her şeyi; gazete sütunlarından magazin makalelerine, aile kayıtlarından eski filozofların ve yeni psikiyatrların yazılarına kadar bulabildiğim her şeyi okudum. Bunlara ek olarak psikoloji üzerine yazılmış temel kitapları ve yüzlerce dergi maddesini inceleyerek, sayısız yaşamöyküsünü ve çağlar boyunca ortaya çıkan büyük liderlerin insanlarla nasıl ilişki kurduklarını araştırarak ve bunun gibi gözden kaçırdığım her şeyle ilgilenerek bir buçuk yıl geçirmesi için bir araştırmacı tuttum. Julius Caesar'dan Thomas Edison'a kadar tüm büyük liderlerin yaşamöykülerini okuduk. Sadece Theodore Roosevelt'e ait yüzden fazla biyografi okuduğumuzu hatırlıyorum. Herhangi birinin dost kazanmak ve insanları etkilemek için kullandığı her pratik fikri keşfetmek için zamanımızdan ve paramızdan hiçbir kısıntı yapmamaya kararlıydık.

Pek çok başarılı insanla görüşme yaptım. Bunlardan bazıları dünyaca ünlüydü; aralarında Marconi ve Edison gibi mucitler; Franklin D. Roosevelt ve James Farley gibi politik liderler; Owen D. Young gibi işadamları; Clark Gable ve Mary Pickford gibi film yıldızları ve Martin Johnson gibi kâşifler vardı. Bu insanların insanlarla ilişkilerinde kullandıkları teknikleri keşfetmeye çalıştım.

Tüm bu malzemeyle kısa bir konuşma hazırladım. Adını da "Dost Kazanma ve İnsanları Etkileme Sanatı" koydum. "Kısa" diyorum, çünkü başlangıçta kısaydı. Fakat çok geçmeden, bir buçuk saat süren bir konferansa dönüştü. New-York'taki Carnegie Enstitüsü kurslarında yıllarca, her dönem bu konuşmayı yaptım.

Konuşmayı yaptıktan sonra dinleyicilerden, önerilerimi iş ve sosyal ilişkilerinde kullanmalarını, sonra sınıfa gelip deneyimlerini ve elde ettikleri sonuçları anlatmalarını istiyordum. Ne ilginç bir ev ödevi! Kişisel gelişime aç olan bu kadın ve erkekler, insan ilişkilerini inceleyen yetişkinler için bu ilk ve tek laboratuvar çalışması düşüncesi karşısında büyülenmişlerdi.

Bu kitap "yazıldı" derken kelimenin genel anlamını kastetmiyorum. Kitap tıpkı bir çocuk gibi büyüdü; binlerce yetişkin insanın deneyimleriyle bu laboratuvarda büyüdü ve gelişti.

Yıllar önce, kartpostaldan daha büyük olmayan bir kart üzerine basılmış bir dizi kuralla işe başladık. Daha sonraki dönemde daha büyük bir kart bastık. Sonra sayfalar, fasiküller, derken küçük kitapçıklar dizisi geldi. Her biri içerik ve boyut bakımından daha gelişmişti. On beş yıllık bir deneyim ve araştırma sonucunda ise bu kitap ortaya çıktı.

Burada kullandığımız kurallar sadece teori ya da varsayımlardan ibaret değildir. Bunlar büyü gibidir. İnanılmaz gibi gelse de, bu kurallara başvurulmasının pek çok insanın hayatında gerçek değişikliklere neden olduğunu gördüm.

İşte size bir örnek: 314 işçisi olan bir adam bu kurslardan birine katıldı. Kendisi yıllarca, yanında çalışan işçileri hep azarlamış ve hiç çekinmeden suçlamıştı. Nezaket, memnuniyet ve takdir sözleri dudaklarına çok yabancıydı. Bu kitapta tartışılan kurallar üzerinde çalıştıktan sonra bu patron hayat felsefesini tamamen değiştirdi. Artık şirketi yeni bir sadakat, yeni bir heves ve yeni bir takım ruhu ile yönetiyor. 314 düşman, 314 dosta dönüştü. Kendisi derslerden birinde, bir konuşmasında gururla şunları söyledi: "Şirket içinde dolaşırken, hiç kimse beni selamlamazdı. İşçilerim, yaklaştığımı görünce başka yöne bakarlardı. Fakat artık hepsi benim dostum oldu, hatta kapıcı bile beni ilk adım ile çağırıyor."

Bu patron daha fazla kazanç sağladı, boş zamanı arttı ve hepsinden önemlisi, işinde ve evinde çok daha büyük bir mutluluk buldu.

Sayısız satıcı bu kuralları uygulayarak satışlarını artırdı. Yöneticilerin yetkileri ve maaşları artırıldı. Bir yönetici bu gerçekleri uyguladığı için maaşında büyük bir artış olduğunu anlattı. Bir başkası, Philadelphia Benzin İşletmesi'nde çalışan bir yönetici, çok kavgacı ve insanları ustalıkla yönetme yeteneğinden yoksun olduğu için altmış beş yaşında yetkilerinin azaltılması tehlikesi ile karşı karşıya kalmıştı. Bu eğitim onu sadece bu durumdan kurtarmakla kalmadı, aynı zamanda daha yüksek bir maaş ile terfi etmesini de sağladı.

Pek çok kez, kurs sonunda verilen ziyafete katılan eşler bana, karı ya da kocaları bu eğitime başladıktan sonra yaşantılarının çok daha mutlu olduğunu anlattılar.

İnsanlar elde ettikleri yeni başarılı sonuçlar karşısında sık sık hayrete düşüyorlardı. Bu onlara büyü gibi geliyordu. Bazı durumlarda büyük bir coşkuya kapılıp, başarılarını anlatmak için kırk sekiz saat bekleyemeden beni pazar günleri evimden arıyorlardı.

Bu kurallar hakkındaki konuşmalar birini o kadar çok heyecanlandırmıştı ki kendisi sınıfın diğer üyeleriyle geç saatlere kadar bu konuyu tartıştı. Sabah saat üçte diğerleri evlerine döndüler. Fakat hatalarını kavradığında o kadar sarsılmış, önünde açılan yeni ve daha zengin bir dünya düşüncesinden o kadar etkilenmişti ki uyuyamıyordu. O gece, bir sonraki gece ve daha sonraki birkaç gece hiç uyuyamadı.

Bu adam kimdi? Ortaya çıkan her yeni teoriye kapılmaya hazır, saf ve deneyimsiz biri mi? Hayır. İlgisi yok. O, oldukça sofistike, üç dili mükemmel konuşan, iki Avrupa üniversitesinden mezun, bir sanat eserleri pazarlamacısıydı.

Bu bölümü yazarken, ataları nesiller boyu orduda profesyonel subay olarak hizmet vermiş bir Alman aristokrattan mektup aldım. Bir transatlantikte yazılmış olan bu mektubunda, sanki kutsal kurallardan bahsediyormuş gibi, bu kuralları nasıl uyguladığını anlatıyordu.

Başka bir adam, yaşlı bir New Yorklu, Harvard mezunu, büyük bir halı fabrikası olan, oldukça sağlıklı biri, insanları etkileme sanatı hakkında on dört haftada aldığı eğitimde öğrendiklerinin aynı konuda dört yıllık üniversitede öğrendiklerinden daha fazla olduğunu bildirdi. Saçma? Gülünç? Tuhaf? Elbette bu durumu istediğiniz sıfatla nitelendirmek size kalmış. Ben size sadece 23 Şubat 1933'te New York Yale Kulüp'te, bir perşembe akşamı, muhafazakâr, seçkin ve oldukça başarılı bir Harvard mezununun yaklaşık 400 kişi önünde yaptığı konuşmayı hiçbir yorumda bulunmadan aynen aktarıyorum.

"Olmamız gerekenin ancak yarısı kadar uyanığız," diyordu Harvardlı ünlü profesör William James. "Fiziksel ve zihinsel becerilerimizin ancak çok küçük bir bölümünü kullanıyoruz. Bunu açıkça ifade edersek, bir bireyin yaşayabileceği sınırlardan çok uzakta kaldığı söylenebilir. Herkes kullanmamayı alışkanlık haline getirdiği çok çeşitli güçlere sahiptir."

Bu kitabın tek amacı, kullanmamayı alışkanlık haline getirdiğiniz bu güçleri keşfetmenize yardım etmek, bunları geliştirmek ve bunlardan faydalanmanızı sağlamaktır.

"Eğitim," diyor Princeton Üniversitesi'nin eski rektörü Dr. John G. Hibben, "hayat şartlarına uyum gösterebilme yeteneğidir."

Eğer siz bu kitabın ilk üç bölümünü okuduktan sonra, kendinizi hayat şartlarına karşı koymaya hazır hissetmiyorsanız, bu kitabın kesin bir başarısızlığa uğradığını kabul ederim. "Eğitimin en büyük hedefi," der Herbert Spencer, "bilgi değil eylemdir."

Ve bu kitap da bir eylem kitabıdır.

DALE CARNEGIE, 1936

BU KİTAPTAN EN İYİ ŞEKİLDE YARARLANABİLMENİZ İÇİN DOKUZ ÖNERİ

1. Bu kitaptan gerçekten yararlanabilmeniz için vazgeçilmez bir kural, diğer bütün kural ve tekniklerden çok daha önemli bir özellik var. Eğer bu özelliğe sahip olmadığınıza inanıyorsanız bu konuyla ilgili binlerce kuralı uygulamaya çalışmanız bile size pek yarar sağlamayacaktır. Bu özelliğe sahipseniz, bu kitaptan en iyi şekilde nasıl yararlanacağınıza ilişkin önerileri okumadan bile büyük başarılar elde edebilirsiniz.

Bu sihirli özellik nedir? Sadece şu: Gerçek ve güçlü bir öğrenme isteği, insanlarla ilişki kurma yeteneğinizi geliştirmek için kesin kararlılık.

Böyle bir dürtüyü nasıl geliştirebilirsiniz? Bu kuralların sizin için ne kadar önemli olduğunu kendinize sürekli hatırlatarak. Bu kuralların hayatınızı nasıl daha zengin, daha mutlu ve daha dolu dolu yaşamanızı sağlayacağını gözünüzde canlandırın. Kendi kendinize defalarca, "Popülerliğim, mutluluğum ve değerim insanlarla ilişki kurma yeteneğime bağlı," diye tekrarlayın.

2. Önce genel bir fikir edinmek için kitaba bir göz atın ve hızla okuyun. Büyük bir olasılıkla hemen bir sonraki bölü-

me geçmek isteyeceksiniz. Eğer kitabı sadece eğlenmek için okumuyorsanız bunu yapmayın. Eğer insanlarla ilişki kurma hünerinizi geliştirmek için okuyorsanız, o zaman geri dönün ve her bölümü dikkatle tekrar okuyun. Uzun vadede, bu size zaman kazandıracak ve sonuç almanızı sağlayacaktır.

3. Okuduklarınız hakkında düşünmek için sık sık durun. Kendi kendinize bu önerileri nasıl ve ne zaman uygulayabileceğinizi sorun.

4. Kitabı okurken elinize renkli bir kalem alın. Uygulayabileceğinizi düşündüğünüz bir öneri ile karşılaştığınızda yanına bir işaret koyun. Eğer dört dörtlük bir öneri ile karşılaşırsanız o zaman tüm cümlenin altını çizin ya da "xxxx" işaretini kullanın. Bir kitabı okurken gerekli yerleri işaretlemek ya da altını çizmek, kitabı daha ilginç hale getirir ve tekrar gözden geçirmeyi kolaylaştırır.

5. On beş yıl büyük bir sigorta şirketinde ofis yöneticiliği yapmış bir kadın tanıdım. Her ay, şirketin o ay yayımladığı tüm sigorta anlaşmalarını okurdu. Evet, her biri birbirinin aynı olan pek çok anlaşmayı aylarca ve yıllarca okudu. Neden? Çünkü deneyimleri ona, bunun anlaşma koşullarını tamamıyla aklında tutabilmesinin tek yolu olduğunu öğretmişti.

Bir keresinde topluluk önünde konuşma hakkında bir kitap yazmak için yaklaşık iki yılımı harcadım ve kendi kitabımda neler yazdığımı hatırlayabilmek için zaman zaman tekrar geri dönüp okumam gerektiğini anladım. Okuduklarımızı şaşırtıcı bir hızla unutuyoruz.

O halde, eğer bu kitaptan kalıcı bir şeyler öğrenmek istiyorsanız, bir kere gözden geçirmenin yeterli olacağını düşünmeyin. Bir kere okuduktan sonra, her ay kitabı tekrar gözden geçirmek için birkaç saatinizi ayırmalısınız.

Kitabınızı masanızın üzerinde, her an elinizin altında bulundurun. Sık sık göz gezdirin. Kitabın hâlâ içinde barındırdığı zengin olasılıkları kendinize sürekli olarak hatırlatın. Bu prensipleri uygulamanın alışkanlık haline gelebilmesinin sürekli ve kararlı bir şekilde uygulama ve tekrar etme ile mümkün olabileceğini unutmayın. Bunun başka bir yolu yoktur.

6. Bernard Shaw, "Birine bir şey öğretmeye kalkarsanız, bunu asla öğrenemeyecektir," diyor. Shaw bu konuda haklı. Öğrenim bir eylem sürecidir. Yaparak öğreniriz. O halde bu kitaptaki prensipleri iyice öğrenmek istiyorsanız, bunları her fırsatta uygulayın. Bunu yapmazsanız, hepsini kısa sürede unutursunuz. Sadece kullandığınız bilgileri kafanıza sokabilirsiniz.

Bu prensipleri uygulamak her zaman çok kolay olmayabilir. Bunu biliyorum, çünkü kitabı yazan benim ve buna rağmen savunduğum prensipleri her gün uygulamak bana da zor geliyor. Örneğin, yorgun olduğunuz bir anda karşınızdaki insanın bakış açısını anlamaya çalışmak yerine onu eleştirmek ve suçlu bulmak daha kolaydır. Çoğu zaman hataları bulmak, övgüye değer bir şeyler bulmaktan daha kolaydır. Diğer kişinin istekleri yerine kendi isteklerinizden söz etmek daha doğaldır ve bu böyle sürer. Bu kitabı okurken sadece bilgi edinmeye çalışmadığınızı hatırlayın. Yeni alışkanlıklar edinmeye de çalışıyorsunuz. Evet, siz yeni bir hayat tarzı oluşturuyorsunuz. Bunun için de zamana, kararlılığa ve bol bol uygulamaya ihtiyacınız var.

O halde sık sık bu sayfalara başvurun. Bu kitabı insan ilişkileri üzerine yazılmış bir başucu kitabı olarak kabul edin ve bir çocukla uğraşmak, eşinizi ikna etmek ya da hoşnutsuz bir müşteriyi tatmin etmeye çalışmak gibi özel problemlerle karşılaştığınızda, düşüncesizce doğal bir tepki vermeden önce biraz duraksayın. Çünkü bu genellikle yanlış bir tepkidir. Bunun yerine sayfalara dönerek daha önceden işaretlediğiniz paragraflara bir göz atın. Sonra bu yeni yolları uygulamaya çalışın ve nasıl harikalar yarattığını görün.

7. Eşinize, çocuğunuza ya da iş ortağınıza, sizin bu prensiplerden birine uymadığınızı her gördüğünde sizden bir miktar para istemesini teklif edin. Bu kuralları tam anlamıyla benimsemek için bunu heyecanlı bir oyun haline getirin.

8. Bir keresinde önemli bir Wall Street bankasının başkanı, sınıfımdaki bir konuşmasında, kendi kişisel gelişimi için kullandığı çok etkin bir sistemden bahsetti. Kendisi yetersiz bir eğitim almış olmasına rağmen Amerika'nın en önemli bankacılarından biri olmuştu. Başarısını kendi geliştirdiği bu sistemi sürekli olarak uygulamasına borçlu olduğu itiraf ediyordu. Size onun yaptıklarını kendi cümleleriyle anlatmaya çalışacağım:

"Yıllarca gün boyu meşgul olduğum randevularımı gösteren bir defter tuttum. Ailem cumartesi akşamları için benimle ilgili plan yapmazdı. Çünkü her cumartesi akşamının bir bölümünü kişisel yoklamaya, değerlendirmeye ve eleştirmeye ayırdığımı bilirlerdi. Yemekten sonra randevu defterimi alıp, bir hafta boyunca katıldığım bütün görüşmeler, tartışmalar ve toplantılar hakkında düşünürdüm. Kendi kendime sorardım:

"'Ne gibi hatalar yaptım?'

'Yaptığım doğru şeyler neler ve performansımı hangi yollarla geliştirebilirim?'

'Bu deneyimden neler öğrenebilirim?'

"Bu haftalık incelemelerin beni genellikle mutsuz ettiğini fark ederdim. Kendi hatalarım yüzünden sık sık hayrete düşerdim. Tabii yıllar geçtikçe bu hataları daha az tekrarlar oldum. Bazen, bu seanslardan sonra kendimi övdüğüm bile oldu. Yıllarca devam eden bu kişisel analiz, kişisel eğitim sistemi, denediğim diğer sistemlerden çok daha yararlı oldu. Karar verme yeteneğini geliştirmeme yardımcı oldu. İnsanlarla olan tüm ilişkilerimde bana yol gösterdi. Hepinize bunu tavsiye ederim."

Bu kitapta tartışılan prensipleri nasıl uyguladığımızı kontrol etmek için neden benzer bir sistem kullanmayalım? Eğer bunu yaparsanız, iki sonuç çıkacaktır.

Birincisi kendinizi hem ilgi çekici hem de paha biçilmez bir eğitim süreci içinde bulacaksınız.

İkincisi, insanlarla tartışma ve onlarla ilişki kurma yeteneğinizin inanılmaz ölçüde geliştiğini göreceksiniz.

9. Bu kitabın sonunda, bu kuralları uygulayarak kazandığınız zaferleri kaydedebilmeniz için birkaç boş sayfa bulacaksınız. Ayrıntılara önem verin. İsimleri, tarihleri, sonuçları kaydedin. Bu tür kayıtlar tutmak çabanızı artıracaktır, üstelik yıllar sonra bu kayıtları tesadüfen bulmanız ne kadar ilginç olacak düşünsenize!

Bu kitaptan en iyi şekilde yararlanmak için:

a. İnsan ilişkilerinde uzmanlaşmak için güçlü, derin bir istek duyun.

b. Bir sonraki bölüme geçmeden önce her bölümü iki kere okuyun.

c. Kitabı okurken, kendi kendinize her öneriyi nasıl uygulayabileceğinizi sormak için sık sık durun.

d. Her önemli fikrin altını çizin.

e. Bu kitabı her ay tekrar gözden geçirin.

f. Bu prensipleri her fırsatta uygulayın. Bu kitabı, günlük problemlerinizi çözmenize yardımcı olacak bir rehber kitap olarak kullanın.

g. Öğreniminizi heyecanlı bir oyun haline getirmek için, bazı arkadaşlarınızdan bu prensiplere uymadığınızı fark ettiklerinde sizden belirli bir miktar para almalarını isteyin.

h. Gelişiminizi her hafta kontrol edin. Kendinize hangi hataları yaptığınızı, nasıl bir ilerleme kaydettiğinizi gelecek için ne gibi dersler aldığınızı sorun.

ı. Kitabın arkasına bu prensipleri nasıl ve ne zaman uyguladığınızı gösteren notlar alın.

BİRİNCİ BÖLÜM

İNSANLARLA İLİŞKİLERDE TEMEL YÖNTEMLER

I

BAL TOPLAMAK İSTİYORSANIZ ARI KOVANINA ÇOMAK SOKMAYIN

9 Mayıs 1931 tarihinde New York'ta, tüm zamanların en ünlü ve heyecan verici insan avı yaşandı. Haftalarca süren aramalardan sonra "Çifte Tabancalı" Crowley (sigara kullanmayan, içki içmeyen tetikçi-katil) yakayı ele vermiş, West End Sokağı'nda, sevgilisinin apartmanında kıstırılmıştı.

Yüz elli polis ve dedektif onun bu çatı katındaki sığınağını kuşattılar. Çatıda delikler açtılar ve göz yaşartıcı gaz kullanarak polis katili Crowley'i dışarı çıkarmaya çalıştılar. Daha sonra çevredeki binalara makineli tüfeklerini yerleştirdiler ve bir saatten fazla bir süre New York'un bu seçkin yerleşim bölgesi tabanca sesleri ve makineli tüfeklerin gürültüleri ile yankılandı. Crowley, bir kanepenin arkasına sinmiş, polise ateş edip duruyordu. On bine yakın insan da heyecanla bu çatışmayı izliyordu. O güne kadar New York kaldırımlarında buna benzer bir olay yaşanmamıştı.

Crowley yakalandığında, polis komiseri E. P. Mulrooney bu çifte tabancalı katilin, New York tarihinde görülen en tehlikeli suçlu olduğunu bildirdi. Peki "Çifte Tabancalı" Crowley kendini nasıl görüyordu? Bunu biliyoruz, çünkü polis apartmana ateş ederken o, "İlgili Makama" başlıklı bir mektup yazmıştı. Mektubu yazarken yaralarından akan kan kâğıdın üzerinde kırmızı bir leke bırakmıştı. Bu mektupta Crowley, "Ceketimin altında yorgun ama nazik bir kalp var," diyordu. "Hiç kimseye zarar vermeyecek bir kalp."

Bu olaydan kısa süre önce Crowley, Long Island'da bir kasaba yolunda, kız arkadaşıyla arabada sevişiyordu. Birdenbire bir polis arabaya yaklaşmış ve "Ehliyetini görmek istiyorum," demişti. Crowley tek kelime söylemeden tabancasını çekmiş ve polisi kurşun yağmuruna tutarak delik deşik etmişti. Ölen polis yere düşerken arabadan dışarı fırlayan Crowley onun tüfeğini yakalamış ve yere kapaklanan bedenine bir kurşun daha sıkmıştı. "Ceketimin altında yorgun ama nazik bir kalp var, hiç kimseye zarar vermeyecek bir kalp," diyen katil işte bu adamdı.

Crowley elektrikli sandalyede idama mahkûm oldu. Sing Sing'deki infaz evine geldiğinde, "İnsanları öldürdüğüm için mi bu ceza bana verildi? Hayır!" dedi. "Kendimi savunduğum için cezalandırıldım."

Bu hikâyede anlatılmak istenen şey şu: "Çifte Tabancalı" Crowley kendini hiçbir şekilde suçlu görmüyordu. Suçlular arasında bu durumun ender görüldüğünü mü düşünüyorsunuz? Eğer öyleyse bunu dinleyin:

"Yaşamımın en güzel yıllarını insanlara basit zevkler yaşatmak için harcadım. Keyifli dakikalar geçirmelerine yardımcı oldum, ama tüm elime geçen aranan bir adam damgası yemek oldu. Kullanıldım ben!" Bunlar Al Capone'a ait sözler. Capone da kendini suçlu görmüyordu. Üstelik halk tarafından anlaşılmamış, değeri bilinmemiş iyiliksever bir vatandaş olarak görüyordu kendini.

New York'ta bir başka gangsterin kurşunlarına hedef olup ölen Dutch Schultz da aynı şekilde düşünüyordu. Bu ünlü gangster, halka yararlı bir insan olduğuna gerçekten inanıyordu.

New York'un ünlü Sing Sing hapishanesinin müdürlüğünü yapmış olan Lewis Lawes ile mektuplaşmıştım. Lawes bana, "Sing Sing'deki suçluların çok azı kötü bir adam olduğunu kabul eder," diye yazmıştı. "Onlar tıpkı sizin gibi veya benim gibi birer insandırlar. Bu nedenle akıl yürütür, açıklama yaparlar; size neden kasaları açıp soyduklarını, neden silahların tetiklerini çektiklerini anlatırlar. Pek çoğu aykırı veya mantıkdışı, topluma ters gelen davranışlarını haklı gösterecek neden bulurlar ve inatla asla tutuklanmamaları gerektiğini savunurlar."

Eğer Al Capone, "Çifte Tabancalı" Crowley, Dutch Schultz ve hapishane duvarları arkasındaki umutsuz kadınlar ve erkekler kendilerini hiçbir şekilde suçlamıyorlarsa biz bunu neden yapıyoruz?

Kendi ismini taşıyan mağazalar zincirinin kurucusu John Wanamaker bir zamanlar, "Başkalarını azarlamanın aptalca bir davranış olduğunu otuz yıl önce öğrendim. Benim Tanrı'nın neden herkese eşit akıl dağıtmadığını düşünüp dertlenmeyecek kadar çok sorunum var," demişti. Wanamaker dersini erken almıştı. Bense bu dünyada bir asrın üçte birini iyi kötü geçirdikten sonra, ne kadar hatalı olurlarsa olsunlar insanların kendilerini hiçbir şekilde eleştirip suçlamadıklarını öğrendim.

Eleştiri, karşısındaki kişiyi haklılığını kanıtlamak için kendini savunmak zorunda bırakır; bu yüzden anlamsızdır. Bir insanın değer verdiği onurunu yaraladığını, onun önemli biri olma duygusunu incittiği için de tehlikelidir.

Uluslararası üne sahip psikolog B. F. Skinner yaptığı deneylerin sonunda iyi davranışları için ödüllendirilen hayvanların kötü davranışları için azarlanan hayvanlardan daha kolay ve daha hızlı öğrendiklerini kanıtlamıştır.

Bir başka ünlü psikolog Hans Selye, "Yaptıklarımızın onaylanmasını arzuladığımız kadar dışlanmaktan da çekiniriz," demiştir.

Eleştirilen insanda ortaya çıkan gücenme duygusu, sadece işgörenlerin, aile bireylerinin ve arkadaşların morallerini bozmakla kalır ve eleştiriye neden olan durumu düzeltmez. Oklahoma'nın Enid kasabasından George B. Johnston bir inşaat firmasında güvenlik koordinatörü olarak görev yapmaktaydı. Sorumluluklarından biri işgörenlerin şantiye sahasında çalışırken emniyet kasklarını giymelerine dikkat etmekti. Sahada dolaşırken kaskını giymemiş bir işçiye rastladığında onlara uymaları gereken yasa ve yönetmelikleri hatırlatıyordu. Sonuç olarak suratları asılmış işçiler kasklarını takıyorlar, ama George arkasını dönüp oradan uzaklaşır uzaklaşmaz yine çıkarıyorlardı. George farklı bir yaklaşım sergilemeye karar verdi. Bir dahaki sefer kaskını giymemiş işçilere rastladığında, kasklarının rahatsız olup olmadığını, başlarına uyup uymadığını sordu. Sonra da yumuşak bir ses tonuyla, bu kaskın onları yaralanmalara karşı korumak için yapılmış olduğunu söyleyerek sahada çalışırken bunları giymelerini önerdi. Sonuçta kurallara uymayanlar gitgide azalırken, kalbi kırılan veya gücenen kimse olmadı.

Tarih sayfalarını karıştıracak olursanız eleştirinin işe yaramadığını gösteren binlerce örnek bulabilirsiniz. Örneğin Theodore Roosevelt ile Başkan Taft arasındaki ünlü çekişmeyi ele alalım. Bu çekişme Cumhuriyetçi Parti'yi ikiye böldü. Woodrow Wilson'ı Beyaz Saray'a taşıdı, Birinci Dünya Savaşı'na adını kalın ve parlak harflerle yazdırarak tarihin akışını değiştirdi. Olaylara kısaca bir göz atalım:

Theodore Roosevelt 1908 yılında Beyaz Saray'dan ayrılırken, başkan seçilen Taft'ı desteklemişti. Daha sonra Afrika'ya aslan avına gitti. Geri döndüğünde ise patladı. Taft'ı tutuculukla suçlayarak Bull Moose Partisi'ni kurdu ve üçüncü kez başkan seçilmek için adaylığını koydu; ama bütün bunlar sadece GOP'u yok etmeye yaradı. Yapılan ilk seçimde Cumhuriyetçi Parti ve William Howard Taft sadece Vermont ve Utah olmak üzere iki eyaletin desteğini alabildiler. Bu, bugüne kadar partinin uğradığı en büyük yenilgiydi.

Theodore Roosevelt, Taft'ı suçlamıştı, ama acaba Başkan Taft kendini suçlu görüyor muydu? Hiç kuşkusuz hayır! Taft gözlerinde yaşlarla, "Başka nasıl davranabilirdim, anlayamıyorum," diyordu.

Suçlanması gereken kimdi? Roosevelt mi Taft mı? İçtenlikle söylüyorum ben de bilmiyorum, bilmek de istemiyorum. Burada anlatmak istediğim; Theodore Roosevelt'in eleştirilerinin Taft'ı hatalı davrandığına inandıramamasıdır. Bu eleştiri Taft'ı sadece kendini savunmaya yöneltmiş ve gözleri yaşla dolarak, "Başka nasıl davranabilirdim?" demesine yol açmıştır.

Teapot Dome petrol skandalını ele alalım. 1920'li yılların başlarında gazeteler olayı protesto ettiler. Yer yerinden oynadı. O günleri yaşayanlar daha önce böyle bir olaya tanık olmamışlardı. Skandal şöyle gelişmişti: Harding Kabinesi'nin İçişleri Bakanı Albert B. Fall'a donanmanın ihtiyaçları için ayrılıp korunan Elk Hill ve Teapot Dome'daki petrol rezervlerinin işletim sorumluluğu verilmişti. Bakan Fall herkese eşit hak tanıyan bir ihale mi açtı? Hayır! Bu kârlı, ağız sulandıran kontratı doğrudan arkadaşı Edward L. Doheny'ye ikram etti. Peki Doheny ne yaptı? Doheny, Bakan Fall'a kendi deyimiyle yüz bin dolar "ödünç" verdi. Bunun üzerine Bakan Fall, Birleşik Devletler Donanması'nın yöreye giderek Elk rezervlerinin civarında bulunan ve buradan petrol hortumlayan rakip kuyu sahiplerini bölgeden çıkarması için yüksek emir yetkisini kullandı. Silah zoru ile yerlerinden atılan rakip kuyu sahipleri, mahkemeye koştular ve Teopot Dome skandalının su yüzüne çıkmasını sağladılar. Olay öylesine çirkindi ki Harding Kabinesi'ni düşürdü, tüm ülkenin midesini bulandırdı, Cumhuriyetçi Parti'ye sarsıntı geçirtti ve Albert B. Fall'u parmaklıklar arkasına gönderdi.

Fall ağır bir şekilde suçlandı. Toplumda hiç kimse onun kadar suçlanıp dışlanmamıştı. Fall bu durumdan pişmanlık duydu mu? Asla! Yıllar sonra Herbert Hoover, bir konuşmasında, Başkan Harding'in ölümüne bir arkadaşının ihanetinin neden olduğu anksiyete ve üzüntünün yol açtığını üstü kapalı bir şekilde açıkladı. Bayan Fall bunu duyduğunda, oturduğu koltuktan ayağa fırlayıp ağlamaya başladı. Kaderlerine lanetler yağdırarak yumruklarını sıkıyor ve haykırıyordu: "Ne! Fall, Harding'e ihanet mi etmiş? Benim kocam hiç kimseye ihanet etmedi. Bir ev dolusu altın bile kocama yanlış bir şey yaptıramazdı. Asıl ihanete uğrayan oydu ve onu çarmıha gerdiler, katlettiler."

İşte insan doğası böyle hareket ediyor, suçlu olan kişi kendisinden başka herkesi suçluyor. Hepimiz böyleyiz. Yarın birimiz birini eleştirmek istediğimizde Al Capone'u, "Çifte Tabancalı" Crowley'i ve Albert Taft'ı anımsayalım. Eleştirinin tıpkı posta güvercinlerine benzediğini ve bir gün mutlaka evine döndüğünü unutmayalım. Yanlışlığını düzeltmeye kalkışacağımız veya suçlayacağımız kişinin kendisini savunacağını ve karşılığında bizi suçlayacağını ya da nazik Taft gibi, "Başka nasıl davranabilirdim, anlamıyorum," diyebileceğini aklımızdan çıkarmayalım.

1865 yılı 15 Nisan sabahı, Abraham Lincoln'ün ölü bedeni John Wilkes Booth'un onu kurşunladığı Ford's Theater'ın karşısındaki ucuz bir pansiyonun yatakhanesinde uzatıldığı yerde yatıyordu. Lincoln uzun boylu olduğundan, bedeni ortası çökmüş bir karyolanın üzerine çapraz olarak konmuştu. Karyolanın başucundaki duvara Rosa Bonheur'un ünlü eseri At Pazarı'nın ucuz bir röprodüksiyonu asılmıştı. Gaz sobasının sarı alevleri titreşiyordu.

Lincoln'ün ölüsü orada öylece yatarken Savaş Bakanı Stanton "Burada dünyanın bugüne kadar gördüğü en büyük yönetici yatıyor," dedi.

Lincoln'ün insanlarla ilişkisindeki başarısının sırrı neydi? On yıl boyunca Abraham Lincoln'ün yaşamını inceledim ve *Lincoln The Unknown* (Bilinmeyen Yönleriyle Lincoln) adlı kitabımı yazmak ve yeniden yazmak için üç yılımı harcadım. Lincoln'ün kişiliğini ve ev yaşantısını incelemek için bir insanın yapabileceği en ayrıntılı ve yorucu çalışmayı yaptığıma inanıyorum. Özellikle Lincoln'ün insanlarla ilişki kurma yöntemini inceledim. O da başkalarını eleştiriyor muydu? Kuşkusuz evet. O gençliğinde Indiana, Pigeon Creek Jalley'de yaşarken, sadece eleştirmekle kalmayıp insanlarla alay etmiş, küçültücü şiirler ve mektuplar yazmış ve bunları bulunup okunmaları için kasabanın yollarına serpiştirmişti. Bu mektuplardan biri ömür boyu içini kavuracak bir kırgınlığa da neden olmuştu.

Lincoln, Illinois'te avukatlık yapmaya başladıktan sonra bile karşıt fikirli kişilere gazetelerde yayımlanan mektuplarıyla alenen sataşıyordu. Bir kez bu konuda çok aşırıya gitti. 1842 yılının sonbaharında, James Shields isimli hırçın ve kendini beğenmiş bir politikacıyı yerden yere vurarak komik duruma düşürdü. Lincoln onu, Sprinfield Journal gazetesinde yayımlanan imzasız bir mektubuyla öylesine hicvetti ki bütün kasaba kahkahadan kırıldı. Onurlu ve hassas bir kişiliği olan Shields haklı olarak öfkeden köpürdü. Mektubu kimin yazdığını araştırıp öğrendi; atına atladığı gibi Lincoln'ü buldu ve kendisini düelloya davet etti. Lincoln dövüşmek istemiyordu. Düellonun karşısındaydı, ama onurunu korumak zorunda kaldığından bu düellodan kaçamadı. Silah seçimi ona bırakılmıştı. Kolları uzun olduğu için süvari kılıcını seçti ve bir West Point mezunundan kılıçla dövüş dersleri aldı. Kararlaştırılan günde, Lincoln ve Shields, Missisippi ırmağı kıyısında bir kumsalda buluştular ve ölümüne dövüş için hazırlandılar. Neyse ki son anda tanıkları araya girdi ve düelloyu durdurdular.

Bu Lincoln'ün yaşamındaki en kötü olaydı. Bu olay ona,

insanlarla ilişki kurma sanatı konusunda, son derece değerli bir ders verdi. O günden sonra asla saldırgan bir mektup yazmadı. Hiç kimse ile alay etmedi, kimseyi küçük düşürmedi. Hatta o günden sonra hemen hemen hiç kimseyi eleştirmedi.

İç savaş sırasında Lincoln zaman zaman Potomac Ordu Komutanı'nı değiştirip yerine yeni bir general atamıştı. Hepsi de sırasıyla McClellan Pope, Burnside, Hooker, Meade trajik bir şekilde büyük hatalar yapıp Lincoln'ü umutsuzluğa düşürdüler. Halkın yarısı bu beceriksiz generalleri lanetleyip suçlarken Lincoln, "Hiç kimseyi lanetlememeliyiz, herkese yardım etmeliyiz," diyerek soğukkanlılığını korudu. Lincoln'ün çok sevdiği bir diğer söz de, "Yargılamayınız, çünkü siz henüz yargılanmadınız!"dır.

Bayan Lincoln ve diğer kişiler, Güneyli insanları acımasızca eleştirirken Lincoln, "Onları eleştirmeyin, onlar da benzer koşullarda bizim davranacağımız gibi davranıyorlar," demişti.

Eğer haklı olarak birini eleştirmesi gereken bir insan varsa, o kişi Lincoln'dü. Aşağıdaki olaya bir göz atalım:

Gettysburg Savaşı, üç gündür sürüyordu. 4 Temmuz 1863 gününün gecesi fırtına çıkmış, her yeri sel basmıştı. Lee güneye çekilmeye başladı. Yenik ordusu ile Potomac'a ulaştığında önündeki suları kabarmış geçit vermeyen nehir ile arkasındaki muzaffer Birleşik Devletler Ordusu'nun arasında kaldı. Lee tuzağa düşmüştü. Kaçamıyordu. Lincoln bunu fark etti. İşte karşısında Tanrı'nın ona sunduğu altın bir fırsat vardı; Lee'nin ordusunu ele geçirme ve savaşa o anda son verme fırsatı. Lincoln bu büyük umutla, savaş konseyini toplamadan hemen Lee'ye saldırması için Meade'e emir verdi. Bu emri bir telgraf ile bildirirken bir yandan da harekâtı hemen başlatması için Meade'e özel bir elçi yolladı.

Peki General Meade ne yaptı? Kendisine emredilenin tam aksini! Lincoln'ün emirlerine tepki göstererek Savaş Konseyi'ni toplantıya çağırdı. Kararı ertelemek için elinden geleni yaptı. Her türlü bahanenin yer aldığı telgraflar çekti. Lee'ye saldırmayı, göğüs göğüse savaşı reddetti. Sonunda ırmağın suları çekildi ve Lee, ordusu ile Potamac'ı geçip kurtuldu.

Lincoln öfkesinden çıldırmıştı. Oğlu Robert'a, "Ne demek bu?" diye bağırıyordu. "Hey büyük Tanrım! Ne demek bu? İki adım ötemizdeydiler, sadece kolumuzu uzatmamız yeterliydi, onları yakalamıştık. Buna karşın orduyu harekete geçirecek hiçbir şey söyleyemedim, yapamadım. Bu koşullar altında herhangi bir general Lee'yi yenebilirdi. Ben bile oraya gitsem, ona dayak atıp galip gelebilirdim."

Bu düş kırıklığı içinde oturup Meade'e aşağıdaki mektubu yazdı. Yaşamının bu döneminde Lincoln'ün sözlerini son derece sakınarak ve dikkatli bir şekilde kullandığını da unutmayın. 1863 yılında Lincoln'ün yazdığı bu mektuptaki sözler kullanabileceği en ağır azara eşdeğerdir.

"Sevgili General,

Lee'nin kaçışının ne büyük bir talihsizlik olduğunu anlayabildiğinizi sanmıyorum. Kolayca ele geçirebileceğimiz bir konumdayken üstüne gidebilseydik, son başarılarımızla birlikte, bu savaşa bir son verebilecektik. Bu durumda belirsiz bir zamana kadar savaş uzayıp gidecek. Geçen pazartesi, güvenlik içinde olduğumuz halde Lee'ye saldıramadığınıza göre, elinizdeki kuvvetin sadece üçte ikisini götürebilme olanağına sahip olduğunuz ırmağın güney yakasında nasıl başarılı olabilirsiniz? Bunu beklemek mantıksızlık olur ve zaten ben sizin bunu başarabileceğinize inanmıyorum. Altın fırsatı kaçırdık, bu nedenle anlatamayacağım kadar üzgünüm."

Meade bu mektubu okuduğu zaman ne yaptı dersiniz?

Meade bu mektubu hiçbir zaman görmedi. Lincoln mektubu postaya vermemişti. Mektup onun ölümünden sonra belgeleri arasında bulundu.

Sanırım (bu sadece bir sanı) Lincoln bu mektubu yazdıktan sonra pencereden dışarı baktı ve kendi kendine, "Dur bir dakika, belki de acele karar vermemeliyim. Ben Beyaz Saray'da rahat ve sakin otururken Meade'e saldırması için emir vermem çok kolay. Eğer Gettysburg'da olsaydım, bir hafta boyunca Meade'in gördüğü kadar kan görmüş olsaydım, yaralıların ve ölenlerin çığlıkları kulaklarımı çınlatsaydı belki ben de onun yaptığı gibi saldırı konusunda isteksiz davranırdım. Eğer ben de Meade kadar tedirginlik verici bir durumda olsaydım, belki de tıpkı onun yaptığını yapardım. Her neyse; olan oldu artık. Bu mektubu göndermek beni rahatlatacak, ama Meade'e kendini savunması için bir fırsat vereceğim ve o beni suçlayacak. Duyguları incinecek, bir komutan olarak gelecekte başarılı olması zor olacak ve belki de bu onun ordunun başından çekilmesine neden olacak," dedi.

Böylece Lincoln mektubu bir kenara bıraktı, çünkü daha önceki acı deneyimi sonucu acımasız eleştirinin hiçbir yararının olmayacağını öğrenmişti.

Theodore Roosevelt, başkanlığı sırasında, aklını karıştıran bir sorunla karşılaştığında sırtını koltuğuna yaslayıp Beyaz Saray'daki masasının karşısındaki duvarda asılı olan Lincoln'ün büyük boy tablosuna baktığını ve "Benim yerimde Lincoln olsaydı bu sorunu nasıl çözerdi?" diye kendi kendisine sorduğunu anlatmıştı.

Birini azarlama ya da eleştirme arzusu duyduğumuzda cebimizden bir beş dolar çıkarıp paranın üzerindeki Lincoln'ün resmine bakalım ve "Eğer Lincoln benim yerimde olsaydı bu durumda ne yapardı?" diye düşünelim.

Mark Twain arada sırada öfkeye kapılır ve yazdığı kâğıtları bile kıpkırmızı edecek türden mektuplar yazardı. Örneğin bir keresinde öfkesini kabartan bir adama, "Sana gereken şey bir defin ruhsatı. Ağzını açıp istemen yeterli, ben hemen gidip sana defin ruhsatını çıkartırım," demişti. Bir başka sefer yazılarındaki kelime ve noktalamaları doğru kullanmasını isteyen bir düzeltmen hakkında editöre şöyle yazmıştı: "Bundan sonra gönderdiğim metne sadık kalınız. Düzeltmeniniz önerilerini kendi kokmuş beynini düzeltmek için kullansın!"

Bu iğneli mektuplar Mark Twain'in kendini daha iyi hissetmesini sağlıyordu. Böylece içinde biriken öfkeyi dışa vurabiliyordu. Bunun kimseye zararı olmuyordu, çünkü Mark Twain'in eşi bu mektupları postaya vermeden ortadan kaldırıyordu.

Değiştirmek, düzene sokmak ve geliştirmek istediğiniz birini tanıyor musunuz? Güzel! Peki neden işe kendinizden başlamıyorsunuz? Tamamen bencil bir bakış açısıyla düşünecek olursak; insanın kendini değiştirip geliştirmesi, başkalarını değiştirip geliştirmekten çok daha yararlı ve çok daha tehlikesiz. Konfüçyüs, "Kendi kapının önü temiz değilken başkasının çatısındaki kardan yakınma!" diyor.

Genç olduğum ve başkalarını etkilemek için büyük çaba

harcadığım dönemde Amerikan edebiyat dünyasının ünlü yazarı Richard Harding Davis'e aptalca bir mektup yazmıştım. Bir dergiye yazarlar hakkında yazı hazırlıyordum ve Davis'e çalışma yöntemini sormuştum. Birkaç hafta önce birinden altında bir dipnot bulunan bir mektup almıştım. Dipnotta, "Dikte edilmiş ama okunmamıştır" yazıyordu. Çok etkilenmiştim. Mektubu yazanın çok büyük, çok yoğun ve çok önemli biri olduğu hissine kapılmıştım. Benim hiç iş yoğunluğum yoktu, ama Richard Harding Davis üzerinde bir etki bırakmaya heveslendiğimden mektubumun sonuna "Dikte edilmiş ama okunmamıştır" notunu ekledim.

Davis yeni bir mektup yazmaya bile tenezzül etmedi. Mektubumun altına "Kötü huyların hakkından yine kötü huylar gelir" sözlerini karalayıp bana geri gönderdi. Doğrusu ahmakça hareket etmiş ve bu azar sözcüklerini de hak etmiştim. Ama bir insan olduğumdan bu duruma içerledim. O kadar çok içerledim ki on yıl sonra Richard Harding Davis'in ölüm haberini okuduğumda -bunu söylemeye utanıyorum- ilk olarak onun bana yaşattığı acıyı anımsadım.

Eğer yıllar boyu sürecek ve ölünceye kadar unutulmayacak bir küskünlük veya kin oluşturmak istiyorsanız, iğneleyici bir eleştiride bulunun.

İnsanlarla ilişki kurarken, mantıklı yaratıklarla karşı karşıya olmadığımızı aklımızdan çıkarmayalım. Biz duygusal davranan, önyargıları olan, onuruna ve gururuna düşkün yaratıklarla iletişim kurmaya çalışmaktayız.

Acımasız eleştiri, İngiliz edebiyatına zenginlik katan yazarların en iyilerinden biri olan duygusal romancı Thomas Hardy'nin roman yazmaktan vazgeçmesine neden oldu. Eleştirilen İngiliz şair Thomas Chatterton intihar etti.

Gençliğinde dobralığı ve patavatsızlığı ile tanınan Benjamin Franklin insan ilişkisinde diplomasi kullanmayı öğrenip bu yeteneğinde o kadar ustalaştı ki onu Fransa'ya Amerika elçisi olarak atadılar. Bu başarısının sırrı neydi? Franklin bunu, "Hiç kimse hakkında kötü konuşmam, daima onların herkesin bildiği en iyi yönlerinden söz ederim," diyerek açıklıyordu.

Bir budala bile eleştirebilir, suçlayabilir, yakınabilir; nitekim pek çok budala böyle davranır.

Ama anlayışlı ve bağışlayıcı olmak için sağlam bir kişilik ve otokontrol gerekir.

Carlyle, "Büyük adam büyüklüğünü, küçük adamlara karşı sergilediği davranışıyla belli eder," demiştir.

Havacılık gösterilerinde sık sık yer alan ünlü deneme pilotu Bob Hoover, San Diego'da yapılan bir hava gösterisinden sonra Los Angeles'taki evine dönüyordu. *Flight Operations* (Hava Harekâtı) dergisinde anlatıldığına göre yerden 3000 fit yükseklikte uçarken motorlarının ikisi birden aniden duruvermişti. Hoover usta bir manevrayla uçağı indirmeyi başarmıştı. Uçak büyük yaralar almıştı ama hiç kimseye bir şey olmamıştı.

Bu acil inişten sonra Hoover'ın ilk işi uçağın yakıtını kontrol etmek olmuştu. Tam kuşkulandığı gibi, kullandığı İkinci Dünya Savaşı dönemine ait pervaneli uçağa gazyağı yerine jet yakıtı doldurulmuştu.

Havaalanına geri döndüğünde Hoover, uçağına bakım yapan teknisyeni görmek istemişti. Genç adam yaptığı hatanın üzüntüsünden hasta olmuştu. Hoover ona yaklaştığında gözyaşları sicim gibi yanaklarından süzülüyordu. Çok pahalı bir uçağın parçalanıp yitirilmesine neden olmuştu ve üç kişinin de yaşamlarını yitirmesine ramak kalmıştı.

Hoover'ın ne kadar öfkeli olabileceğini sanırım düşünebilirsiniz. Bu değerli ve onurlu pilotun sözlerinin dikkatsiz gencin yüzünde bir tokat gibi patlaması beklenirken, Hoover teknisyeni paylamamıştı; hatta eleştirmemişti bile. Bunun yerine güçlü kolunu genç adamın omzuna dolayarak, "Bunu bir daha yapmayacağından emin olduğumu göstermek için yarın F-51'imin bakımını senin yapmanı istiyorum," demişti.

Anne ve babalar çoğu zaman çocuklarını eleştirme isteği duyarlar. Size bunu yapmamanızı söylemeyeceğim. Sadece onları eleştirmeden önce Amerikan basın klasiği, *Father Forgets'i* (Baba Unutur) okumanızı önereceğim. Bu yazı ilk kez *People's Home Journal*'da yayımlandı. Yazının yazarının izniyle *Reader's Digest*'te yayımlanan kısaltılmış şeklini aşağıda bulacaksınız.

Baba Unutur makalesi yürekten kopup gelen duyguların aktarıldığı o küçük anların yazıya dökülmüş şeklidir. Pek çok okuyucunun yüreğindeki duyguyu yansıttığından herkesin bir kopyasını edinmek istediği bir makale olmuştur. Yazarı W. Livingston Larned'in söylediğine göre, ilk yayımlandığı günden bu yana *Baba Unutur* dergilerde, bültenlerde, yerel gazetelerde yüzlerce kez yer almıştır. Yazarından izin alınarak okullarda, kiliselerde, çeşitli platformlarda binlerce kez okunmuştur. Lise dergilerinde ve üniversite bültenlerinde kullanılması çok ilginçtir. Her nedense bazen küçücük bir anahtar birçok duygunun kapısını aralar. Bu yazı da onlardan biridir.

BABA UNUTUR
W. Livingston Larned

Dinle oğlum, Bunları sana sen uyurken söylüyorum. Küçücük elini yanağının altına sokmuşsun, nemli alnındaki sarı lülelerin yapış yapış ıslak. Odana bir hırsız gibi süzülerek girdim. Birkaç dakika önce kütüphanede oturmuş gazetemi okurken vicdan azabım nefes kesen bir dalga gibi üstüme geldi. Bir suçlu gibi yatağının başucuna geldim.

Neler mi düşündüm oğlum? Sabah sana kızmıştım. Okula gitmek üzere giyinirken seni azarladım, çünkü yüzünü ıslak havluyla öylesine silivermiştin. Ayakkabılarının kirli olduğunu görünce sana onları temizlettim. Bazı eşyalarını yere attığında sana öfkeyle bağırdım.

Kahvaltı ederken bir sürü kusurunu buldum. Yiyecekleri etrafına saçıyordun, lokmalarını çiğnemeden yutuyordun, ekmeğine çok fazla tereyağı sürmüştün. Sen oyun oynamaya gidiyordun, bense trenime yetişmek zorundaydım. Bana baktın, elini salladın ve "Güle güle babacığım," dedin. Ben ise kaşlarımı çattım ve "Dik dur!" dedim sana.

Akşamüzeri de durum farksızdı. Eve gelirken seni yere çömelmiş, arkadaşlarınla bilye oynarken buldum. Çorapların yırtılmıştı. Arkadaşlarının önünde seni küçük düşürdüm ve kolundan tutup eve götürdüm. Bu çoraplar çok pahalıydı ve giymek istiyorsan dikkatli olmalıydın. Düşün oğlum, bunları sana baban söylüyordu!

Hatırlıyor musun? Sonra çalışma odama girdin. Gözlerinde incinmiş bir ifade vardı. Kâğıtlarımın üzerinden sana baktığımda bir an için çıkmaya yellendin. "Ne istiyorsun?" diye bağırdım sana.

Hiçbir şey söylemeden koşup boynuma sarıldın ve beni öptün.

Hem de büyük bir sevgiyle; ilgisizliğin bile azaltamayacağı bir sevgiyle. Sonra koşarak dışarı çıktın.

Kâğıdım elimden düştü. Bana neler oluyordu? Sürekli senin hatalarını buluyordum. Seni böyle ödüllendiriyordum. Seni sevmediğim için değil bu; senden çok şey beklediğim için. Seni kendi çağımın değer yargılarına göre değerlendiriyorum çünkü.

Oysa ki senin pek çok güzel özelliğin var. Kalbin öylesine yüce ki! Bu gece gelip beni öpüşün de bunu kanıtlıyor.

Bu gece başka hiçbir şeyin önemi yok oğlum. Karanlıkta yatağının yanında diz çöktüm ve çok utanıyorum.

Bunları sana sen uyanıkken anlatsam da anlamazsın biliyorum. Ama yarın gerçek bir baba olacağım. Seninle oyun oynayacağım. Sen acı çektiğinde acı çekecek, sen güldüğünde güleceğim. Dilimin ucuna kötü şeyler geldiğinde dilimi ısıracağım. Kendi kendime sürekli, "O bir çocuk! O bir çocuk!" diyeceğim.

Ben seni büyük bir adam olarak gördüm. Oysa ki sen daha küçük bir çocuksun. Daha dün annenin kolları arasındaydın, başını onun omzuna dayamıştın. Ah, senden çok şey bekledim oğlum, çok şey bekledim.

İnsanları eleştirmek yerine onları anlamaya çalışalım. Ne yapmak istediklerini anlayalım. Anlayış, hoşgörü ve nezaket eleştiriden çok daha yararlıdır. "Bilmek affetmektir." Dr. Johnson'ın da söylediği gibi, "Tanrı bile insanı son gününe kadar yargılamaz." O halde neden biz yargılayalım?

BİRİNCİ PRENSİP

Eleştirmeyin, kınamayın ve şikâyet etmeyin!

II

İNSANLARLA İLİŞKİNİN SIRRI

Dünyada insanlara istediğinizi yaptırmanın tek bir yolu vardır. Bunu hiç düşündünüz mü? Evet, sadece tek bir yol. Karşımızdaki kişide işi yapma isteğini uyandırmak.

Unutmayın, başka hiçbir yol yok.

Hiç kuşkusuz, bir adamın sırtına tabancayı dayayıp size saatini vermesini sağlayabilirsiniz. İşgörenlerinizi silahla tehdit ederek onların sizinle işbirliği yapmalarını isteyebilirsiniz. Elinizde bir kırbaçla veya başka bir şeyle gözdağı vererek bir çocuğa da istediğinizi yaptırabilirsiniz. Ancak bu zorba yöntemler sakıncalıdır ve geri tepebilir.

Birine bir işi yaptırmanın tek yolu, ona istediğini vermektir.

Siz ne istiyorsunuz?

Sigmund Freud yaptığımız her işin iki güdüden kaynaklandığını söylüyor: Seks güdüsü ve büyük bir insan olma tutkusu.

Amerika'nın ünlü filozoflarından John Dewey ise bunu biraz daha farklı tanımlıyor. Dr. Dewey insan doğasındaki en önemli dürtünün "önemli olma tutkusu" olduğunu bildiriyor.

Ne istiyorsunuz? Çok fazla şey istemeseniz de, arzuladığınız şeyler az da olsa onları öyle şiddetli bir ısrarla istersiniz ki hiç kimse bunu görmezlikten gelemez. Pek çok kişinin ortak istekleri şunlardır:

1. Sağlık ve güvenli bir yaşam
2. Yiyecek
3. Uyku
4. Para ve paranın satın alabileceği şeyler
5. Ölümden sonra hayat
6. Cinsel doyum
7. Çocuklarla birlikte mutluluk ve esenlik
8. Önemli biri olma tutkusu

Biri dışında bütün bu istekler gerçekleşebilir. Ama neredeyse beslenme ve uyku kadar güçlü ve önemli olan, nadiren tatmin edilebilen bir tek istek vardır. Freud bu isteğe, "Büyük bir insan olma tutkusu" diyor. Dewey ise bunu "önemli olma tutkusu" diye adlandırıyor.

Lincoln bir mektubuna, "Herkes komplimandan hoşlanır," diyerek başlamıştı. William James, "İnsan doğasının temel unsuru beğenilme tutkusudur," diyordu. Dikkat ederseniz, James "dilek", "istek" veya "arzu" kelimelerini kullanmamış, "beğenilme tutkusu" demişti. Bu tutku insanın içini kemiren bir açlıktır. Kalpten gelen bu açlığı giderebilen kişi insanları avuçlarının içine alabilir ve o öldüğünde ölü gömücü bile üzülür.

Önemli olma tutkusu insanlarla hayvanlar arasındaki en belirgin farklılıktır. Bu konuda size bir örnek vermek istiyorum. Çocukluğumda Missouri'de bir çiftlikte yaşarken babam Duroc Jersey türü besili domuzlar ve beyaz yüzlü sığırlar yetiştiriyordu. Kasaba panayırlarındaki yarışmalarda bu domuz ve sığırlarımızı sergilerdik. Sayılamayacak kadar çok birincilik almıştık. Babam bu mavi ödül kurdelelerini beyaz bir çarşaf üzerine iğneliyor ve arkadaşları veya başka konuklar evimize geldiğinde bu çarşafı onlara gösteriyordu.

Domuzlar kazandıkları bu ödüllerle ilgilenmiyorlardı, ama babam bunları önemsiyordu. Bu ödüller ona önemli biri olduğu duygusunu veriyordu.

Eğer atalarımız önemli olmak için ateşli bir tutkuya sahip olmasalardı, bugünkü uygarlığa ulaşamazdık.

Önemli olma tutkusu Dickens'ın ölümsüz yapıtlarını yazmasını sağlamıştır. Yine bu tutku Sir Christopher Wren'in bestelediği değerli senfonilerin esin kaynağı olmuştur. Rockefeller'in hiç harcayamadığı milyonlarını kazanmasının ve kasabanızın en zengin ailesinin gereğinden büyük bir ev yaptırmasının nedeni de budur. Son moda elbiseler giyip en son model arabalar kullanmak ve parlak zekâlı çocuklarınızdan söz etmek istemeniz de yine bu tutku yüzündendir.

Bu tutku nedeniyle pek çok delikanlı ve genç kız çetelere katılıp suç işlemektedir. New York'ta polis komiserliği yapmış olan E. P. Mulrooney'e göre, genç suçluların çoğu kendini beğenmekte ve tutuklandıklarında ilk olarak kendilerini günün kahramanı yapan kişiliksiz gazeteleri görmek istemektedir. Sporcuların, sinema ve televizyon yıldızlarının veya politikacıların resimleri ile kendi resimlerinin aynı gazete sayfasını paylaşmasından aldıkları şeytani haz, hapsolma korkusunu bile akıllarına getirmemelerine neden olmaktadır.

Önemli olma tutkunuzu nasıl giderdiğinizi söylerseniz size nasıl bir kişi olduğunuzu söyleyebilirim. Karakterinizi belirleyen en önemli özellik budur.

Örneğin John D. Rockefeller önemli olma tutkusunu, hiç görmediği ve görmeyeceği milyonlarca yoksul insanın tedavisi için Pekin'de modern bir hastane yaptırarak gidermişti. Buna karşın Dillinger bu tutkusunu bir haydut, banka soyguncusu, bir katil olarak ün kazanarak tatmin etti. FBI ajanları peşindeyken Minnesota'da bir çiftlik evine sığındığında "Ben Dillinger'ım!" diye bağırmıştı. Bir numaralı halk düşmanı olmakla övünüyordu.

Dillinger ile Rockefeller arasındaki fark önemli olma tutkusunu farklı biçimde algılamalarından kaynaklanmaktadır. Tarih, insanların önemli olmak için verdikleri mücadelenin örnekleriyle doludur. George Washington bile "Saygıdeğer Amerika Birleşik Devletleri Başkanı" diye anılmak istemişti. Kolomb kendisine, "Okyanuslar Amirali ve Hindistan Valisi" unvanının verilmesini istiyordu. Kraliçe Catherine üzerinde "Saygıdeğer Majesteleri" yazmayan mektupları açmayı reddediyordu. Bayan Lincoln bir gün Beyaz Saray'da Bayan Grant'e dişi bir kaplan gibi bağırmıştı: "Ben izin vermeden nasıl oturabilirsiniz!"

Birçok milyoner, 1928 yılında Antarktika'ya giden Amiral Byrd'e maddi destekte bulunmuştu, çünkü hepsi buz dağlarına kendi isimlerinin verileceğini düşünüyorlardı. Victor Hugo Paris'e kendi adının verilmesini istiyordu. Shakespeare bile ailesi adına bir asalet arması yaptırarak ününe ün katmak istemişti.

İnsanlar kimi zaman ilgi toplamak ve önemli olduklarını hissetmek için hasta rolü bile oynarlar. Örneğin Bayan McKinley'i ele alalım. Bayan McKinley önemli olduğunu hissetmek için, Birleşik Devletler Başkanı olan kocasını önemli devlet işlerini bırakıp kendisi ile ilgilenmeye zorluyor, adamcağız karısının yanına uzanıp kollarını ona dolayarak saatlerce onu yatıştırmaya çalışıyordu. Bayan McKinley dişleri yapılırken de kocasının yanında olmasını istemişti. Bir keresinde Başkan McKinley, Bakan John Hay ile randevusu olduğundan onu dişçide yalnız bırakınca kıyameti koparmıştı. Yazar Mary Roberts Rinehart bir keresinde bana önemli olduğunu hissetmek isteyen, zeki ve hayat dolu bir genç kadının bakıma muhtaç bir hale geldiğini anlatmıştı. Bir gün bu kadın acı bir gerçekle karşı karşıya kalmıştı. Yaşlandığını hissediyordu; önünde uzayıp giden yalnız geçireceği yıllar vardı ve bekleyecek pek bir şeyi yoktu.

Kadıncağız üzüntüsünden yatağa düşmüştü. Tam on sene yaşlı annesi üçüncü kata inip çıkarak, tepsiyle yemek taşıyarak ona bakmıştı. Derken bir gün artık yorgun düşen yaşlı kadın yattığı yerde ölmüştü. Muhtaç kadın, birkaç hafta yatağında bitkin bir şekilde yatmayı sürdürmüş, sonra kalkıp giyinmiş ve tekrar normal yaşantısına dönmüştü.

Kimi yetkililere göre insanlar acımasız dünyanın realitesinde bulamadıkları önemsenme duygusunu akıl hastalarının düşsel dünyasında tadabilmek için en sonunda gerçekten akıllarını yitirebilirler. Amerika Birleşik Devletleri'ndeki akıl hastalarının sayısı, diğer hastalıklara yakalanan kişilerin toplamından daha fazladır.

Neden insanlar akıllarını yitirirler?

Bu kadar geniş kapsamlı bir soruyu hiç kimse yanıtlayamasa da bazı hastalıkların -örneğin frengi- bedene yayılarak beyin hücrelerini öldürdüğünü ve deliliğe neden olduğunu biliyoruz. Zihinsel hastalıkların yaklaşık yarısının alkol, toksin, yaralanma gibi fiziksel nedenlere bağlı olduğu bir gerçektir. Aklını yitiren insanların diğer yarısının beyin hücrelerinde ise hiçbir organik bozukluk bulunmamaktadır. Ölümlerinden sonra otopsi yapılıp beyin dokuları çok güçlü mikroskoplar altında incelendiğinde, onların beyin dokularının da en az bizimkiler kadar sağlıklı olduğu görülmektedir.

Bu insanlar niçin akıllarını yitiriyorlar?

Bu soruyu büyük bir psikiyatri hastanesinin başhekimine sordum. Bu konudaki bilgisi nedeniyle pek çok ödül almış bu değerli doktor, bana açık yüreklilikle bu insanların akıllarını niçin yitirdiklerini bilmediğini söyledi. Hiç kimse de bunu kesin olarak bilmiyor. Ancak aynı doktor, aklını yitiren pek çok insanın gerçek dünyada asla ulaşamadığı önemli biri olma tutkusuna bu deliler dünyasında kavuştuğunu söyledi. Sonra bana şu öyküyü anlattı:

"Şu sıralar, evliliği bir trajediye dönüşmüş bir hastam var. Bu kadın aşk, cinsel doyum, çocuk ve sosyal prestij isterken yaşam tüm umutlarını yıkmış. Kocası onu sevmiyormuş. Onunla aynı sofraya oturmak bile istemiyor, yemeğinin üst kattaki odasına götürülmesini istiyormuş. Kadının çocuğu ve hiçbir sosyal dayanağı yokmuş. Sonunda akli dengesini yitirdi ve sürekli kocasından boşanmanın ve kızlık soyadına dönmenin hayalini kurmaya başladı. Şu anda ise bir İngiliz aristokratı ile evli olduğunu sanıyor ve kendisine Lady Smith denmesini ısrarla istiyor.

"Çocuk konusuna gelince; her gece yeni bir bebek doğurduğunu sanıyor. Her muayenede onu gördüğünde, 'Doktor. dün gece bir bebek doğurdum,' diyor."

Yaşam genç kadının tüm düş gemilerini., gerçeğin sivri kayalarına çarparak parçalamış; fakat deliliğin güneşli farntastik adacığında tüm yelkenli gemileri, yelkenlerini şişiren rüzgârın şarkılarını söyleyerek limana ulaşmak için yarışmakta.

Trajik bir durum mu bu sizce? Bilemiyorum. Doktoru bana, "Elimi ona uzatıp aklını başına getirebilseydim, yine de bunu yapmazdım, çünkü bu haliyle çok mutlu," dedi.

Eğer bazı insanlar, önemli olma tutkularına ulaşabilmek için akıllarını yitiriyorlarsa, bizler onların bu deliliğine içtenlikle övgü yağdırarak ne büyük mucizeler yaratabiliriz, düşünebiliyor musunuz?

Amerikan iş dünyasında yılda bir milyon doların üstünde ücret alan ilk kişilerden biri de Charles Schwab'tı. (O zamanlar gelir vergisi yoktu ve haftada elli dolar kazanan bir insan iyi kazanıyor sayılırdı.) Andrew Carnegie onu 1921 yılında yeni kurduğu Birleşik Devletler Çelik Şirketi'nin ilk başkanlığına getirmişti. Schwab henüz otuz sekiz yaşındaydı. (Schwab daha sonra ABD Çelik'ten ayrılarak batmakta olan Bethletem Çelik Şirketi'ni satın almış ve onu Amerika'nın en çok kazanç getiren şirketi yapmıştır.)

Andrew Carnegie niçin Schwab'a yılda bir milyon dolar veya günde üç bin dolardan fazla para ödedi? Niçin? Schwab bir dahi miydi? Hayır. Schwab çelik üretimi konusunda diğer insanlardan daha çok şey mi biliyordu? Hayır. Charles Schwab bana yanında çalışanların pek çoğunun çelik üretimi konusunda ondan daha bilgili olduğunu anlattı.

Schwab bu paranın kendisine insan yönetimi konusundaki yeteneği nedeniyle ödendiğini söyledi. Bunu nasıl başardığını ona sordum. Sırrını size kendi sözleri ile aktaracağım. Bu sözler bronz bir levhaya yazılıp ülkedeki her evin, her okulun, her dükkânın, her ofisin duvarına asılmalı; çocuklara Latince fiil çekimleri veya Brezilya'ya düşen yıllık yağmur miktarı öğretileceğine bu sözler ezberletilmeli. Eğer uygulayabilirsek bu sözler sadece bizlerin değil, herkesin yaşamını değiştirebilir.

"Sahip olduğum en değerli niteliğin, insanlarda çalışma isteği uyandırabilme ve onların coşkuyla çalışmalarını sağlama yeteneği oludğunu biliyorum ve bunu onları yüreklendirmek, takdir etmek için kullanıyorum."

"Üstleri tarafından eleştirilmek kadar insanın çalışma hevesini kıran hiçbir şey yoktur. Ben kimseyi eleştirmem. İnsanların çalışmak için teşvik edilmelerinin gerekliliğine inanıyorum. Hataları görmezlikten gelir, övgü için fırsat kollarım. Bir şeyi çok beğenirsem bunu içtenlikle belirtir, övgü yağdırırım."

İşte Schwab'ın yaptıkları bunlardı. Peki sıradan insanlar neler yapıyorlar? Bunun tam tersini. Bir şeyden hoşlanmadıklarında astlarına bağırıp çağırıyorlar, beğendiklerinde ise hiçbir şey söylemiyorlar. Eski bir beyit şöyle diyor:

Kötüyü yap bir kere, kalmaz hiçbir söz işitmediğin,
İyiyi yap iki kere, sesini duy sessizliğin.

"Hayatım boyunca dünyanın birçok yerinde pek çok insanla karşılaştım," diyor Schwab. "Onaylayıp takdir edildiği zaman eleştirildiği zamana oranla çok daha fazla çaba harcamayan tek kişiye rastlamadım."

Schwab tüm semimiyetiyle Andrew Carnegie'nin olağaüstü başarısının en belirgin nedeninin bu olduğunu söylüyor. Carnegie çalışma arkadaşlarını gerek yalnızken gerekse toplum önünde sık sık överdi. Asistanlarını mezar taşında bile överek onurlandırmak istemişti. Kendisi mezar taşına yazılmak üzere, "Burada çevresine kendisinden daha akıllı insanları toplamayı bilen biri yatıyor," kitabesini hazırlatmıştı.

İnsanların değerini bilmek John D. Rockefeller'in işgören yönetimindeki başarısının gizli nedenlerinden biridir. Örneğin; ortaklarından Edward T. Bedford, Güney Amerika'da yaptığı bir iş sırasında şirketin bir milyon dolarını batırdığında Rockefeller onu eleştirebilirdi; ancak o, ortağının elinden geleni yaptığından emin olduğundan bunun hiç üstünde durmadı ve olay kapandı. Hatta Rockefeller olayda övgüye değer bir yön de buldu ve yatırımının yüzde altmışını kurtardığı için Bedford'u kutladı.

"Mükemmel bir iş başardın," dedi Rockefeller. "Biz yönetimin başındakiler bile bu kadar iyisini yapamazdık."

Arşivimdeki kupürler arasında hiçbir zaman gerçekleşmediğini bildiğim bir öykü var. Ancak gerçeği öylesine güzel yansıtıyor ki bunu tekrarlamak istiyorum.

Bu komik öyküye göre köylü bir kadın yorucu bir iş gününün sonunda çiftlikteki erkeklerin önüne saman dolu tabaklar koymuş. Adamlar, "Delirdin mi sen?" diye bağırdıklarında kadın, "Ne oldu?" demiş. "Fark etmediğinizi sanıyordum. Yirmi yıldır siz erkeklere yemek pişiriyorum ve bir gün bile sizden saman yemediğinizi belirten tek bir söz duymadım."

Birkaç yıl önce, evden kaçan evli kadınlara ilişkin bir araştırma yapıldığında genel kaçış sebebinin ne olduğu bulundu dersiniz? "Takdir edilmeme." Bahse girerim evden kaçan kocalara ilişkin bir araştırma yapılsa yine aynı sonuç alınır. Eşlerimize öyle fazla güveniyoruz ki onlara beğenilerimizi söylemeyi ve takdir etmeyi unutuyoruz.

Derslerimize katılanlardan biri karısının kendisinden ne istediğini anlattı. Bir grup kadınla birlikte kilisedeki kendini geliştirme programına katılan kadın kocasından daha iyi bir eşolabilmesi için yapması gereken altı şeyi söylemesini istemişti. Adam sınıfa şunları anlattı: "Bu isteği karşısında şaşırmıştım. Dürüst olmak gerekirse, değiştirmesi gereken altı şeyi kolaylıkla söyleyebilirdim. Ama Tanrım, o da benim değiştirmem gereken binlerce şey sayabilirdi. Bu nedenle bir şey söylemedim. Ona, 'Biraz düşüneyim, sabahleyin söylerim,' dedim.

"Ertesi sabah çok erken kalktım, çiçekçiye telefon ederek karım için altı tane kırmızı gül sipariş ettim. Üzerine de 'Değiştirmeni istediğim altı şey bulamadım, seni olduğun gibi seviyorum,' yazılı bir kart iliştirmelerini söyledim.

"O akşam eve geldiğimde kapıda beni kim karşıladı dersiniz? Bildiniz. Karımın gözleri yaşla doluydu. Kendisi istediği halde onu eleştirmediğim için son derece mutlu olduğumu söylememe gerek yok herhalde."

Broadway'in en ünlü yapımcısı Florenz Ziegfield, Amerikalı kızları üne kavuşturmakla ünlüydü. Kimsenin dönüp ikinci kez bakmayacağı kızları alıyor, onlara gizemli, büyüleyici bir görünüm kazandırarak sahnede parlamalarını sağlıyordu. Çok akıllıydı; kızların maaşlarını bir haftada 30 dolardan 175 dolara çıkardığı oluyordu. Çok da nazikti. Sahneye çıkan kızlara telgraflar gönderiyor, her kıza güzel bir gül armağan ediyordu.

Bir kez oruç tutma merakıma yenik düştüm ve altı gün altı gece hiçbir şey yemedim. Pek zorluk çekmedim. Altıncı günün sonunda ikinci güne oranla daha az açtım. Ancak biliyoruz ki ailesinin ya da işçilerinin altı gün boyunca bir şey yiyememelerine neden olan kişi kendini suçlu hisseder. Fakat onları altı gün, altı hafta, hatta altmış yıl boyunca takdir etmediği olur ve bunu hiç önemsemez. Oysa ki insanların yemek kadar övgü ve takdire de ihtiyacı vardır. Zamanının en iyi aktörlerinden olan Alfred Lunt, *Viyana'da Buluşma*'da başrol oynarken, "Kendime olan güvenimin desteklenip beslenmesi kadar hiçbir şeye ihtiyacım yok," diyordu.

Çocuklarımızın, dostlarımızın ve çalışanlarımızın fiziksel ihtiyaçlarını karşılayabiliriz, ama ya onların özgüven ihtiyaçlarını karşılayabiliyor muyuz? Onları patates ve pirzolayla besleyerek enerji kazanmalarını sağlıyoruz, ancak birkaç takdir sözüyle onların yıllar boyu hatırlayacakları hoş anılar yaratmalarını engelliyoruz.

Paul Hervey, bir radyo programında içten bir beğeninin bir insanın yaşamını nasıl değiştirdiğini anlatmıştı. Öykü şöyleydi: Yıllar önce Detroit'te bir öğretmen, Stevie Morris'ten sınıfta kaybolan bir fareyi bulmak için kendisine yardımcı olmasını istemişti.

Bu öğretmen, doğanın Stevie'ye sınıftaki hiç kimseye vermediği bir yetenek verdiğini çok iyi anlamış ve bunu değerlendirmişti. Doğa Stevie'ye kör olan gözlerine karşılık mükemmel bir çift kulak vermişti. Ama Stevie'nin güçlü kulakları ilk kez değerlendiriliyordu. Yıllar sonra Stevie bu olayın onun yaşamına yeni bir yön verdiğini anlatıyordu. O günden sonra kulaklarını kullanmaya başlamıştı. Daha sonra hepimizin bildiği sahne ismiyle Stevie Wonder olarak yetmişli yılların en ünlü şarkı sözü yazarı ve pop şarkıcısı oldu.

Bu satırları okuyan okuyucularımın şimdi şu sözleri söylediklerini duyar gibiyim: "Püf! Dalkavukluk! Yağcılık! Ben bunların hepsini denedim, hiçbir yaran yok. Hele zeki insanları asla etkilemez..."

Elbette yağcılık zeki insanları etkilemez; çünkü sahtedir, içten değildir, art niyetlidir. Hiçbir yararı olmayacaktır, olamaz da. Bununla birlikte, bazı insanlar takdir edilmeye öylesine açtırlar ki her şeyi yutmaya hazırdırlar; tıpkı açlıktan ölmek üzere olan bir insanın ot ve solucan yemesi gibi...

Kraliçe Victoria bile yağcılıktan çok hoşlanıyordu. Başbakan Benjamin Disraeli, kraliçe ile konuşurken bol miktarda yağ çektiğini itiraf etmişti. Başbakan, "Yağı mala ile sıvıyorum,"diyordu. Disraeli uzak ülkelere kadar yayılmış Britanya İmparatorluğu'nu yöneten en kibar, en becerikli, en usta adamlardan biriydi. Kendi dalında bir dâhiydi. Onun için doğru olan sizin veya benim için doğru olmayabilir, çünkü uzun vadede yağcılık yarardan çok zarar verir. Dalkavukluk bir tür kalpazanlıktır ve tıpkı kalp para gibi başkasına iletildiğinde başımızı belaya sokabilir.

Birini övmek ile yağ çekmek arasındaki fark nedir? Çok basit; birincisi içten, ikincisi yapmacıktır. İlki kalpten, ikincisi dudaklarımızın arasından çıkar. Biri çıkar gütmez, öteki çıkarcıdır. Biri herkes tarafından hoş karşılanır, öteki herkes tarafından kınanır.

Bir süre önce Mexico City'deki Chapultepec Sarayı'nda Meksikalı kahraman General Alvaro Obregon'un bir büstünü gördüm. Büstün altında General Obregon'un felsefesini yansıtan şu sözler yer alıyordu: "Sana saldıran düşmanlarından korkma, sana yağcılık yapan dostlarından kork."

Hayır! Hayır! Hayır! Ben size bir dalkavuk olun demiyorum. Asla böyle bir şey söylemem. Ben size yeni bir yaşam tarzından söz ediyorum. Tekrarlıyorum: *Ben size yeni bir yaşam tarzından söz ediyorum.*

Kral Beşinci George, Buckingham Sarayı'ndaki çalışma odasının duvarlarına altı atasözü astırmıştı. Bu atasözlerinden birinde, "Bana ucuz övgü sunmamayı ve bunu kabul etmemeyi öğretiniz," yazıyordu.

Bir dalkavuğun sözleri ucuz övgüden başka bir şey değildir. Bir zamanlar okuduğum şu sözleri tekrarlamakta yarar görüyorum: "Dalkavuk, karşısındaki kişiye aslında kendisi hakkında düşündüklerini söyler."

Ralph Waldo Emerson, "Hangi dili kullanırsan kullan, olduğundan farklı bir şey söyleyemezsin," diyor.

Eğer bütün yapmamız gereken dalkavukluk olsaydı herkes bu yöntemi kullanacaktı ve hepimiz insan ilişkilerinde birer uzman olacaktık. Eğer belli bir konuya yoğunlaşmamışsak zamanımızın % 95'ini kendimizi düşünerek geçiririz. Şimdi bir süre için kendimizi düşünmeyi bırakıp karşımızdaki insanın iyi yönlerini düşünmeye başlarsak ağzımızdan ucuz ve sahte yağcılık sözlerinin çıkmasını engelleyebiliriz.

Günlük yaşantımızda övgüyü hep ihmal ederiz. Eve iyi bir karne getirdiğinde çocuğumuzu övmeyi ihmal ederiz. Pasta pişirdiğinde veya bir kuş kafası yaptığında başarısız olursa onu yüreklendirmeyiz. Oysa hiçbir şey çocukları anne babalarının ilgisi ve onayı kadar mutlu edemez.

Bir dahaki sefer, lokantada biftek yediğinizde ahçıya bunun çok nefis olduğunu söyleyin, veya yorgun bir tezgâhtar sizinle ilgileniyorsa ona bunu takdir ettiğinizi bildirin.

Bir bakan, konferansçı, hatip, dinleyicilerine kendini parçalarcasına hitap edip bir tepki alamazsa hevesi kırılır. Tüm profesyoneller için geçerli olan durum ofiste, dükkânlarda, fabrikalarda çalışanlar, aile fertlerimiz ve arkadaşlarımız için de geçerlidir. İnsanlarla ilişkilerimizde hepimizin insan olduğumuzu ve takdir edilmek istediğimizi asla unutmamalıyız.

Günlük yaşantımızda yol alırken, ardımızda şükran duygularımızdan kıvılcım gibi parıldayan izler bırakmayı deneyelim. Bu küçük kıvılcımların nasıl dostluk ateşini yaktığını ve bize bir deniz feneri gibi yol gösterdiğini görüp şaşırabilirsiniz.

Connecticut'tan Pamela Dunham'ın görevleri arasında işini pek de iyi yapmayan bir hademeyi denetlemek de vardı. Diğer işgörenler bu hademeyle alay ediyor ve onun işini ne kadar üstünkörü yaptığını göstermek için koridorlara çöpler atıyorlardı. Durum öylesine kötüye gidiyordu ki üretim bile bundan etkileniyordu.

Pam bu adamı motive etmek için ne denediyse başarılı olmamıştı. Adamın zaman zaman çok iyi çalıştığını fark etti. Böyle zamanlarda herkesin önünde onu övmeye başladı. Adam her gün daha iyi çalışır olmuştu, sonunda büyük bir hevesle ve verimle çalışmaya başladı. Dürüst bir övgü, eleştiri ve alaydan daha başarılı olmuştu.

İnsanları inciterek onları değiştiremezsiniz. Kesip aynama yapıştırdığım eski bir özdeyiş var. Her gün ona göz atıyorum:

Bu yoldan ancak bir kere geçebilirim. Bu nedenle yapmak istediğim iyi işleri veya insanlara yapacağım iyilikleri şimdi yapmalıyım. Ertelememeli veya ihmal etmemeliyim, çünkü bir daha bu yoldan geçmeyeceğim.

Emerson, "Karşılaştığım herkes en az bir konuda benden daha üstün, bu nedenle öğreneceğim çok şey var," demişti.

Eğer bu söz Emerson için geçerliyse bizim için bin kez daha fazla geçerli. Kendi başarılarımızı, isteklerimizi bir kenara bırakalım ve diğer kişilerin iyi yönlerini düşünelim. Dalkavukluğu unutalım. İçten övgüler konusunda cömert davranalım. İnsanlar sözlerinize değer verecek ve siz unutsanız da yıllarca bunları hatırlayacaklardır.

İKİNCİ PRENSİP

Dürüst ve içten övgüyü esirgemeyin.

III

BUNU YAPABİLEN TÜM DÜNYANIN DESTEĞİNİ ALIR; YAPAMAYAN YAŞAMINI YALNIZ GEÇİRMEK ZORUNDA KALIR

Her yaz Maine'e balık avlamaya giderdim. Ben çilek ve krem şantiye bayılırım; ama her nedense balıklar solucan yemeyi seviyorlardı. Bu nedenle balık avına çıkarken kendi seçimime değil, onların isteğine kulak veriyordum. Oltamın ucuna krem şantili çilek yerine bir solucan veya çekirge takıyor ve balığa soruyordum: "Yemek istemez misin?"

İnsanları etkilemeye çalışırken neden aynı mantığı kullanmayalım?

Birinci Dünya Savaşı sırasında Büyük Britanya Başbakanı Llyod George'un yaptığı da buydu. Biri ona nasıl olup da Wilson, Orlando ve Clemenceau gibi diğer savaş liderleri unutulurken onun güçlü kalabildiğini sorduğunda, George zirvedeki yerini hâlâ korumasının tek bir nedeni olduğunu; bunu balığa göre yem takmasını öğrenmiş olmasına borçlu olduğunu söyledi.

Neden hep kendi istediklerimizden söz ediyoruz? Bu çok çocukça ve üstelik aptalca bir iş. Elbette sizi ilgilendiren şey kendi isteklerinizdir. Sonsuza kadar da bunlarla ilgilenmeye devam edeceksiniz ama bu başkasını ilgilendirmez. Bütün insanlar tıpkı sizin gibidir ve herkes kendi istekleriyle ilgilenir. Bu nedenle başkalarını etkilemek istiyorsanız, onların istediği şeylerden söz edin ve onlara bu isteklerine nasıl ulaşacaklarını gösterin.

Yarın birine bir şey yaptırmak istediğinizde bunu aklınızdan çıkarmayın. Örneğin, çocuklarınızın sigara içmesini istemiyorsanız bu konuda onlara nutuk çekmeye, ne yapmamalarını istediğinizi söylemeye kalkışmayın; bunun yerine onlara sigara içen birinin basketbol takımına giremeyeceğini veya koşu dalında ödül kazanamayacağını anlatın.

Karşınızdaki ister bir çocuk, ister bir şempanze, ister bir dana olsun, aynı noktayı göz önünde bulundurmanızda yarar var. Örneğin bir gün Ralph Waldo Emerson ve oğlu bir danayı ahıra sokmak istediler. Ne var ki onlar da herkesin yaptığı yanlışlığa düşüp kendi istekleri doğrultusunda hareket ettiler. Emerson itiyor, oğlu çekiştiriyordu; ama dana da tıpkı onlar gibi düşündüğünden, canının istediği gibi davranıyor, ayaklarını kasıp olduğu yerden ayrılmamakta direniyordu. İrlandalı hizmetçi bu zor durumu gördü. Hizmetçi kitaplar, makaleler yazamıyordu, ama en azından bu konuda Emerson'dan daha bilgiliydi. Daha doğrusu olaya bir at veya bir dananın gözüyle bakabiliyordu. Dananın ne isteyebileceğini düşündü, sonra bir ana gibi davranarak parmağını dananın ağzına soktu. Dana parmağını emmeye başlayınca yavaşça yol göstererek onu ahıra soktu.

Doğduğunuz günden beri yaptığınız her hareketi bir şey istediğiniz için yaptınız. Hayır kurumuna yaptığınız yüklü bağışı anımsıyor musunuz? Bu da aynı mantık çerçevesinde gerçekleştirdiğiniz bir davranış. Bu bağışı yaptınız, çünkü yardım elinizi uzatmak ve yararlı, güzel, cömert bir iş yapmak istediniz.

Eğer bu duyguyu tatma isteğiniz, paranızı elinizde tutma isteğinizden daha güçlü olmasaydı bu bağışı yapmazdınız. Bu bağışı bir müşteriniz istediği ve siz de bu isteği geri çevirmekten utandığınız için yapmış da olabilirsiniz. Kesin olan şey şu; siz bu bağışı istediğiniz için yaptınız.

Harry A. Overstreet, *Influencing Human Behavior* (İnsan Davranışını Etkilemek) adlı kitabında "Hareketlerimiz, temel tutkularımızdan kaynaklanır. İşte, evde, okulda veya politikada, karşıdaki kişiyi ikna edip bir şey isteyecek olan herhangi birine verilebilecek en iyi öğüt, karşısındaki insanda heves uyandırmaya çalışması olacaktır. Bunu yapabilen tüm dünyanın desteğini alır, yapamayan yaşamını yalnız geçirmek zorunda kalır," diyor.

Andrew Carnegie, (çalışmaya başladığında saatte iki sent kazanan ama sonra 365 milyon dolar bağış yapabilecek duruma gelen para babası İskoçyalı), insanları etkilemenin tek yolunun onların istekleri doğrultusunda konuşmak olduğunu çok genç yaşta öğrenmişti. Sadece dört yıl okula gitmişti, ama insanlara nasıl davranılacağını öğrenmeyi başarmıştı.

Bir örnekle bunu açıklayalım. Andrew'un yengesi iki oğlunu merak etmekten ölecek hale gelmişti. Çocuklar Yale'de okuyorlardı. Kendi işlerine öylesine dalmışlardı ki eve mektup yazmayı ihmal ediyorlar ve annelerinin meraktan deli olduğunu anlattığı mektuplarına bile aldırmıyorlardı.

Carnegie, iadeli taahhütlü bir mektup göndermese bile mutlaka mektubuna bir yanıt alacağına dair yüz dolara bahse girebileceğini söyledi. Önerdiği bahis kabul edilince yeğenlerine havadan sudan konulardan söz eden bir mektup yazdı ve altına her ikisine de beşer dolar gönderdiğini bildiren bir not ekledi.

Ancak parayı zarfa koymadı.

Çocukların "Sevgili Andrew Amca"larına, mektubuna eklediği dipnot için teşekkürlerini bildirdikleri yanıt mektup hemen geldi. Mektupta neler yazdıklarını siz de tahmin edebilirsiniz.

Bu konuda bir başka örnek, kursumuza katılan Ohio, Cleveland'dan Stan Novak tarafından anlatılmıştı. Stan bir akşam işten eve döndüğünde küçük oğlu Tim'i yerde tepinip çığlıklar atarken bulmuştu. Ertesi gün çocuk yuvaya başlayacaktı ve gitmek istemediği için huysuzluk yapıyordu.

Stan'in normal tepkisi çocuğu doğru odasına göndermek ve ertesi gün yuvaya gideceği için kendisini buna alıştırmasını söylemek olabilirdi. Başka yapabileceği bir şey yoktu. Fakat o gece bu şekilde davranmanın yuvaya başlayacak Tim için uygun olmayacağını fark etmiş ve durup düşünmüştü: "Eğer ben Tim olsaydım, yuvaya gitmek için istek duymamı sağlayacak şey ne olabilirdi?" Eşiyle birlikte Tim'in hoşlandığı işleri düşünmeye başlamışlardı; parmaklarıyla boya yapmak, şarkı söylemek, yeni arkadaş edinmek gibi... Sonra düşündüklerini eyleme geçirmişlerdi. "Eşim Lil ve büyük oğlum Bob ile mutfak masasının etrafına oturup parmaklarımızla boya yapmaya ve büyük keyif almaya başladık," diye anlatmıştı Stan. "Az sonra Tim masanın kenarından yaptıklarımızı izlemeye başladı. Çok geçmeden de boya yapmak istediğini söyledi. 'Şimdi olmaz, önce yuvaya gidip parmakla boya yapmayı öğrenmelisin,' dedik. Daha sonra coşkulu bir ses tonuyla onun anlayabileceği kelimeleri seçerek yuvada ne kadar keyif alabileceğini anlatmaya başladım. Ertesi sabah ilk ben uyanmıştım. Aşağı kata indiğimde Tim'i oturma odasındaki koltukta uyur buldum. 'Burada işin ne?' diye sorduğumda, 'Yuvaya gitmek için bekliyorum, geç kalmak istemedim,' diye yanıtladı. Tüm aile bireylerinin coşkulu davranışı hiçbir azar ve tehdidin yapamayacağı şekilde Tim'de istek uyandırmıştı."

Yarın siz de birine bir şey yaptırmak isteyebilirsiniz. Bir şey söylemeden önce bir an durup kendi kendinize sorun: "Bu insanda o işi yapma isteğini nasıl uyandırabilirim?"

Bu soru herhangi bir duruma hazırlıksız kalkışmamızı ve boş yere konuşmamızı önler.

Bir zamanlar New York'taki ünlü bir otelin balo salonunu bir dizi konferans vermek üzere her sezon yirmi geceliğine kiralardım.

Bir sezonun başında, ansızın bana daha önce ödediğimden üç misli fazla kiralama bedeli ödemem gerektiği bildirildi. Bu konudaki bilgi bana bütün biletler bastırılıp dağıtıldıktan ve duyurular yapıldıktan sonra ulaşmıştı.

Doğal olarak bu farkı ödemek istemiyordum, ama benim bu isteğimin otel idaresine iletilmesinin ne yararı olabilirdi? Onlar sadece kendi istediklerini almakla ilgileniyorlardı. Bununla birlikte birkaç gün sonra müdürle görüşmeye gittim.

"Mektubunuzu aldığımda şok geçirdim," dedim. "Ama sizi suçlamıyorum. Sizin yerinizde olsaydım, buna benzer bir mektubu ben de yazabilirdim. Bir otel müdürü olarak göreviniz en yüksek kazancı sağlamaktır. Eğer bunu yapmak istemezseniz işten atılabilirsiniz, atılmanız da gerekir. Şimdi bir kâğıt alalım ve bu kira artışında ısrar etmeniz halinde söz konusu olacak avantajlarınızı ve dezavantajlarınızı yazalım.

Bir dosya kâğıdı alıp ortasına yukarıdan aşağı bir çizgi çektim ve bir tarafına "avantajlar" diğer tarafına "dezavantajlar" yazdım.

"Avantajlar" başlığının altına "Balo salonu boş" cümlesini yazdıktan sonra, "Balo salonu boş kalınca, burayı balo, genel kurul gibi toplantılar için kiralayabilirsiniz. Bu büyük bir avantajdır," diyerek sözlerime devam ettim. "Bu tür toplantılarda, konferans dizisinden daha fazla kazanç elde edebilirsiniz.

"Bir de zararlara bakalım. Benim sayemde gelirinizi artıracağınıza azaltacaksınız. Hatta geliriniz tamamen ortadan kalkacak, çünkü ben bu kirayı ödeyemem. Bu yüzden konferanslarımı başka bir yerde vermek zorunda kalacağım.

"Bir başka dezavantaj daha var. Bu konferanslara çok sayıda eğitimli ve kültürlü insan geliyordu. Bu da oteliniz için iyi bir reklam oluyordu değil mi? Gazeteye beş bin dolarlık reklam verseydiniz böylesine iyi bir reklam yapamazdınız. Bu da önemli bir şey."

Bunları yazdığım kâğıdı yöneticiye uzattım ve "Hepsini değerlendirip kararınızı bana bildirirsiniz," dedim.

Kiralama bedelinin yüzde üç yüz yerine sadece yüzde elli arttığını bildiren mektubu ertesi gün aldım.

Bu indirimi, ne istediğim konusunda tek bir söz söylemeden elde ettiğime dikkatinizi çekmek isterim. Ben sadece karşımdaki kişinin beklentilerinden ve bu isteklerini nasıl karşılayabileceğinden söz etmiştim.

Eğer herhangi bir insan gibi davransaydım ve doğal bir tepkiyle müdürün odasına fırtına gibi dalarak, "Biletlerin basıldığını, duyuruların yapıldığını bildiğiniz halde nasıl oluyor da kiralama bedelini yüzde üç yüz artırabiliyorsunuz? Yüzde üç yüz! Gülünç! Saçma! Ödemeyeceğim!" deseydim o zaman ne olacaktı? Bir tartışma başlayacaktı. Tartışmalar nasıl sonuçlanır bilirsiniz. İkimiz de öfkeden deliye dönecektik. Onu yanlış davrandığı konusunda ikna etsem bile onuru sözünden dönmesini ve geri adım atmasını engelleyecekti.

İnce bir sanat olan insan ilişkileri konusunda en güzel sözlerden biri de Henry Ford tarafından söylenmişti. "Başarının sırrı kendinizi karşınızdaki insanın yerine koyabilme yeteneğine sahip olmak ve olaylara kendi bakış açınızın yanı sıra onun bakış açısıyla da bakabilmektir," diyordu Henry Ford.

Bu öylesine yalın ve açık bir gerçek ki herkes kolayca anlayabilir. Ancak ne yazık ki insanların yüzde doksanı bunu ihmal ediyor. Örnek mi istiyorsunuz? Yarın masanıza gelen mektupları gözden geçirin, pek çoğunun bu sağduyu yasasını çiğnediğini göreceksiniz.

Amerika'nın her bölgesinde ofisleri bulunan bir reklam ajansının radyo bölüm başkanı tarafından yazılmış şu mektubu ele alalım. Bu mektup ülkedeki yerel radyo istasyonu yöneticilerine gönderilmişti.

(Her paragraf hakkındaki fikirlerimi parantez içine belirttim.)

Bay John Blank,
Blankville,
Indiana

Sayın Bay Blank,
Şirketimiz radyo alanında lider reklam ajansı olma özelliğini korumak istemektedir.

(Şirketinizin ne istediği kimin umurunda? Ben kendi sorunlarımı düşünüp kaygılanıyorum. Banka ipotekli evime haciz koyuyor, böcekler çiçeklerimi yok ediyor, dün borsa inişe geçti. Bu sabah sekiz on beş banliyö trenini kaçırdım. Dün gece Jones'ların danslı toplantısına çağrılmadım. Doktorum yüksek tansiyon, nevrit ve kepek sorunum olduğunu söyledi. Sonra ne oldu? Kaygı içinde bu sabah ofisime geliyorum, mektupları açıyorum ve kendini beğenmiş bir züppe bana şirketinin ne istediğinden söz ediyor. Püf! Eğer mektubunun nasıl bir etki bıraktığının farkına varsaydı, reklamcılık işini bırakıp koyun parazit ilacı imalatına başlardı.)

Bu ajansın ulusal reklam payı yayın ağının temel direğidir. Radyo istasyonlarının yayın saatlerinde bize ayrılan zaman dilimleri ajansımızın her yıl en önde gelen ajans olmasını sağlamıştır.

(En büyük, en zengin, en üstün sizsiniz öyle mi? Ne olmuş yani? General Motors, General Electric ve Amerika Birleşik Devletleri Ordusu Generalleri'nin toplamı kadar büyük olsanız bile benim gözümde beş para etmezsiniz! Eğer yarım akıllı sinekkuşu kadar bile aklınız olsaydı benim sadece kendi büyüklüğümle ilgilendiğimi anlardınız. Sizin ne kadar büyük olduğunuzla ilgilenmiyorum. Sizin muhteşem başarınızı anlatan bu sözler benim kendimi küçük ve önemsiz hissetmeme yol açıyor.

Radyo istasyonları ile ilgili bilgiler konusunda son sözü söyleyen bir firma olarak bu payımızı hizmetinize sunmayı arzuluyoruz.

(Arzuluyorsunuz! Siz arzuluyorsunuz. Siz tam anlamıyla budalasınız. Ben sizin veya Amerika Cumhurbaşkanı'nın ne arzuladığı ile ilgilenmiyorum. Size bir kere daha sadece kendi arzularımla ilgilendiğimi söyleyeyim. Ama siz bu saçma mektubunuzda benim arzularımla ilgili tek bir kelime bile söylemediniz.)

Bu nedenle haftalık radyo istasyonları bilgileri listesinde firmamızı tercih edilen firmalar listesine koyun ve şirketin reklam saatlerini belirlemesine yardım edecek her türlü ayrıntıyı ekleyin.

(Tercih edilen firmalar listesi ha! Ne yüzsüzlük! Önce şirketinizin büyüklüğünden söz edip kendimi önemsiz hissetmeme neden oluyorsunuz. Sonra da sizi tercih etmemi istiyorsunuz. Üstelik "lütfen" bile demiyorsunuz.)

Bu mektuba hemen karşılık vermeniz ve son etkinliklerinizi bildirmeniz her iki taraf için de yararlı olacaktır.

(Seni aptal! Bana fotokopi ile çoğaltıp sonbahar yaprakları gibi ülkenin her yerine dağıtılmış ucuz bir mektup gönderiyorsun, sonra da ben borçlarım, çiçeklerim ve tansiyonum için üzülürken benden "hemen" özel bir cevap vermemi istiyorsun. "Hemen" derken ne demek istiyorsun? Benim de en az senin kadar meşgul olduğumu ya da en azından öyle olduğumu düşünmekten hoşlandığımı bilmiyor musun? Bu arada sana bana emir verme hakkını kim veriyor? İki taraf için de yararlı olacak diyorsun. Neyse, biraz olsun benim açımdan da düşünmeye başlamışsın. Yine de bunun benim için ne yararı olacağını açıklamamışsın.)

Saygılarımla,
JohnDoe
Radyo Departmanı Genel Müdürü

Not: Blankville Journal'da yayımlanmış olan yazının kopyası ilginizi çekebileceği düşünülerek eklenmiştir. Radyo istasyonunuzda yayımlamayı isteyebilirsiniz.

(En sonunda dipnotta sorunlarımdan birini çözümleyebilecek bir öneride bulundunuz. Niçin mektubunuza bu satırlarla başlamadınız? Bunu size söylememin ne yararı var ki! Bu gibi saçma, budalaca şeyler yazan bir reklamcının zihinsel bir bozukluğu var demektir. Size son etkinliklerimizi anlatan bir mektup yazmama hiç gerek yok. İhtiyacınız olan şey troid bezleriniz için bir şişe iyot.)

Yaşamını reklamcılığa adamış ve insanları satın alma yönünde etkilemek isteyen uzman bir kişi böyle bir mektup yazarsa, bir kasaptan, bir fırıncıdan, bir tamirciden ne bekleyebiliriz?

İşte size bir başka mektup örneği: Bu, büyük bir taşıma şirketinin yöneticisi tarafından kurs öğrencilerimizden Edward Vermylen'e yazılmış. Önce bu mektubu okuyun. Daha sonra size, bu mektubu alan kişinin nasıl etkilendiğini anlatacağım.

A. Zerega's Sons, Inc.
28 Front Caddesi
Brooklyn, N.Y.11201
Bay Edward Vermylen'in dikkatine,

Sayın baylar,

Taşınacak malların bir bölümü ikindi üzeri elimize ulaştırıldığından tren istasyonundaki şehir dışı gönderme işlemlerimiz aksamıştır. Bu durum iş yığılmasına, bir kısım işçinin fazla mesai yapmasına, kamyonlarımızın yola çıkışının gecikmesine ve yük kasalarının yük trenine geç ulaşmasına neden olmaktadır. 10 Kasım günü şirketinizin yolladığı 510 parça mal öğleden sonra 16:20'de elimize geçmiştir. Malın bize geç ulaşmasından dolayı istenmeyen sonuçları önlemek için bize yardımcı olmanızı rica ediyoruz. Malı bize gönderdiğiniz günlerde kamyonun bize daha erken ulaşmasını veya bir kısmının sabah elimize geçmesini sağlayabilir misiniz?

Bu düzenleme kamyonlarınızın daha çabuk boşaltılması ve işlerimizin günü gününe yürütülmesi açısından size yarar sağlayacaktır.

Saygılarımla J B
Yöneticisi

A. Zerega's Sons şirketinin satış müdürü olan Bay Vermylen bu mektubu okuduktan sonra aşağıdaki yorumu da ekleyerek bana yolladı:

Bu mektup amaçladığının tam tersi bir etki yaptı. Mektup, taşıma şirketi terminalindeki güçlükleri anlatarak başlıyordu. Doğrusunu söylemek gerekirse bunun bizi pek ilgilendirdiği söylenemez. Daha sonra bize uygun olup olmadığı sorulmadan kendilerine yardımcı olmamız isteniyordu. Son olarak da eğer biz yardımcı olursak kamyonlarımızın daha çabuk boşaltılacağı ve taşıma işinin günü gününde yapılabileceği söyleniyordu.

Bir başka deyişle, bizim ilgimizi çeken en önemli nokta en sona bırakılmıştı ve mektup işbirliğinden çok bir karşı çıkma isteği uyandırıyordu.

Bu mektubu tekrar yazarak geliştirip düzeltmeyi deneyelim. Sorunlarımızı anlatarak zaman kaybetmeyelim. Henry Ford'un önerdiği gibi olaya karşımızdaki insanın bakış açısıyla yaklaşarak kendi fikrimizi ekleyelim.

Aşağıda mektubun düzeltilmiş şeklini bulacaksınız. Belki mükemmel değil, ama yine de öncekinden daha iyi değil mi?

Bay Edward Vermylen
A. Zerega's Sons Inc. 28 Front Caddesi.
Brooklyn N.Y. 11201

Sayın Bay Vermylen,

Şirketiniz on dört yıldan beri en iyi müşterilerimizden biridir. Bu nedenle bizi seçtiğiniz için size minnettarız ve hakkınız olan en iyi hizmeti en hızlı şekilde vermeye hazırız. Ancak 10 Kasım'da olduğu gibi kamyonlarınız yüklü miktarda bir malı öğleden sonra getirecek olursa size bu hizmeti vermemize olanak kalmayacağını üzülerek bildirmek zorundayız. Niçin mi? Çünkü müşterilerimizden pek çoğu daha teslimatlarını öğleden sonra yapmaktadır. Doğal olarak bu bir iş yığılmasına neden olmaktadır. Sonuçta kaçınılmaz olarak kamyonlarınız limanda beklemekte ve kimi zaman da yükünüz yerine geç ulaşmaktadır.

Bu istenmeyen bir durum, ama düzeltilebilir. Eğer yükünüzü limana olanak varsa sabah gönderebilirseniz, bununla hemen ilgilenebiliriz. Böylece işçilerimiz de evlerine erken gidip akşam yemeğinde sizin ürettiğiniz lezzetli makarna ve şehriyeleri afiyetle yiyebilirler.

Malınız bize ne zaman ulaşırsa ulaşsın size anında hizmet vermek için elimizden gelen gayreti göstereceğiz.

Çok işiniz olduğunu biliyorum. Lütfen bu mektuba yanıt verme zahmetine katlanmayın.

En içten dileklerimle
J B Yöneticisi

New York'ta bir bankada çalışan Barbara Anderson oğlunun sağlık sorunu nedeniyle Phoenix, Arizona'ya taşınmak istiyordu. Kursumuzda öğrendiği ilkeleri kullanarak şu mektubu yazdı ve Phoenix'teki on iki bankaya postaladı.

Sayın yönetici,

On yıllık bankacılık deneyimimin sizinki gibi gelişmekte olan bir bankanın ilgisini çekeceğini umuyorum.

New York'taki Bankers Trust Firması'nda bugünkü görevim olan şube müdürlüğüne getirilmeden önce çeşitli görevlerde bulundum ve müşteri ilişkileri, krediler, yatırım ve yönetim gibi birçok konuda bilgi sahibi oldum.

Mayıs ayında Phoenix'e yerleşeceğimden sizin gelişmenize ve kazancınıza katkıda bulunabilirim. 3 Nisan'da bir haftalığına Pho-

enix'e geleceğim. Eğer bankanızın hedefine ulaşmasında size nasıl yardımcı olabileceğimi gösterme fırsatını bana sağlarsanız size minnettar kalırım.

Saygılarımla
Barbara C. Anderson

Bayan Anderson bu mektubuna yanıt aldı mı? Ne dersiniz? On iki bankadan on biri onu görüşmeye çağırdı ve Bayan Anderson'ın önüne kabul edebileceği birçok seçenek çıktı. Bayan Anderson iş istediğini yazmamıştı. Onlara yardım etmek istediğini bildirmişti. Kendi isteklerine değil, onların isteklerine yönelmişti.

Bugün binlerce satıcı çok az ücret karşılığı yorgun ve cesaretleri kırılmış olarak kaldırımları aşındırıyor. Niçin? Çünkü onlar sadece kendilerinin ne istediğini düşünüyorlar.

Bizim bir şey satın almak isteyip istemememiz onlar için önemli değil. Üstelik bir şey almak istersek bunu çarşıya çıkıp da alabiliriz. Ne yazık ki satıcılar da biz de yalnızca kendi isteklerimizle ilgileniyoruz.

Bir satıcı elindeki malın ya da yaptığı hizmetin sorunlarımızın çözümüne yardımcı olacağını bize gösterse malını satmaya çalışmasına gerek kalmaz, çünkü biz bu malı kendiliğimizden satın alırız. Müşteri satın almaktan hoşlanır, kendisine bir şey satılmasından değil.

Pek çok pazarlamacı olaya müşteri açısından bakmayıp yaşamları boyunca bir şeyler satmaya çalışır. Örneğin ben New York'un merkezinde yer alan ve müstakil evlerin bulunduğu Forest Hills mahallesinde yaşadım. Bir gün istasyona doğru koşarken yıllarca Long Island'da emlakçılık yapan bir beyle tanıştım. Kendisi Forest Hills'i çok iyi tanıyordu. Bu nedenle ona evimin çelik karkas mı yoksa boşluklu tuğla ile yığma mı olduğunu sordum. Bilmediğini, Site Birliği'nden öğrenebileceğimi söyledi. Bunu ben de biliyorum.

Ertesi sabah ondan bir mektup aldım. Bana öğrenmek istediğim bilgiyi mi veriyordu? Bunu telefonla birkaç dakika içinde öğrenebilirdi. Ama hayır, telefon etmemişti. Mektubunda sorumun yanıtını telefon ederek öğrenebileceğimi tekrarlıyor ve sigorta işlerimi kendisine vermemi söylüyordu.

İsteği bana yardımcı olmak değildi. O sadece kendisine yardım etmek istiyordu.

Birmingham, Alabama'dan J. Howard Lucas aynı şirkette çalışan iki pazarlamacının benzer bir olayda nasıl davrandıklarını anlattı.

"Birkaç yıl önce küçük bir şirketin yönetim kurulunda çalışıyordum. Çok yakınımızda büyük bir sigorta şirketinin şubesi vardı. Bizim şirketimizle Carl ve John diye söz edeceğim iki sigorta temsilcisi ilgileniyordu.

"Bir sabah Carl ofisimize geldi ve söz arasında şirketinin yöneticiler için yeni bir hayat sigortası yapmaya başladığını, eğer ilgilenirsek daha sonra tekrar uğrayıp daha fazla bilgi verebileceğini söyledi.

"Aynı gün kahve molasından dönerken kaldırımda John bizi gördü ve 'Hey Luke!' diye bağırdı. 'Bir dakika durun. Siz dostlarıma müthiş bir haberim var.' Koşturarak geldi ve coşkulu bir tavırla o gün şirketinin yöneticiler için bir hayat sigorta sı yapmaya başladığını anlattı. (Sabah Carl'ın söz ettiği sigorta poliçesiydi bu.)

"İlk poliçeleri bizim almamızı öneriyordu. Bize sigortanın kapsamı konusunda bazı önemli bilgiler verdikten sonra, 'Bu yepyeni bir poliçe. Bu nedenle yarın merkez şirketimizden birisinin gelip size bunları ayrıntılarıyla açıklamasını sağlayacağım. Bu arada siz başvuru formlarını imzalarsanız zamandan kazanırız ve gelen kişi daha iyi bilgi verir,' dedi.

"Öylesine coşkuluydu ki bizi de bu poliçeyi almak için heveslendirdi, üstelik daha detaylarını bile bilmiyorduk. Bu bilgiler bize ulaştırıldığında John'un sözlerinin teyit edildiğini gördük. John bize poliçe satmakla kalmayıp daha sonra sigortamızı iki misline çıkarmayı da başardı.

"Carl da bu satışı yapabilirdi. Ama o bizde poliçelerle ilgilenmemizi sağlayacak hiçbir heves ve istek uyandırmamıştı."

Dünya sadece başkasından para kapmaya çalışan ve kendi çıkarını düşünen insanlarla dolu.

Bu nedenle karşılık beklemeden başkalarına hizmet eden kişiler çok büyük avantajlar sağlayabilirler. Onlarla yarışacak kimse yoktur. Amerikan iş dünyasının liderlerinden ünlü bir avukat Owen D. Young bir kez, "Kendisini karşısındakinin yerine koyabilen ve onun aklından geçenleri anlayabilen insan, kesinlikle geleceği ile ilgili bir kuşkuya kapılmamalıdır," demişti.

Bu kitaptan tek bir şey öğrenebilirseniz, bu, olayları karşınızdaki kişinin bakış açısından da görebilme eğilimi olacaktır. Bu bile mesleki yaşantınızın temel taşlarından birini oluşturabilir.

Olaya karşınızdakinin gözü ile bakabilmek, onda istek ve heves uyandırmak, sadece onu sizin yararınıza ve onun zararına olabilecek bir iş yapmaya yönlendirmek demek değildir.

Bu alışverişten her iki taraf da kârlı çıkmalıdır. Bay Vermylen'e yazılan mektuptaki öneri sonucunda hem gönderici hem alıcı yarar sağlamaktadır. Diğer örnekte hem banka hem de Bayan Anderson kazançlıdır. Banka çok değerli bir eleman kazanmış, Bayan Anderson çok iyi bir iş bulmuştur.

John'un Bay Lucas'a sattığı sigorta poliçesi örneğinde de her iki taraf kazanmıştır. İstek ve hevesi uyandırarak her iki tarafın da kazançlı çıkmasına ilişkin bir diğer örnek de Worwick, Khode Island'dan Michael E. Whidden tarafından verilmiştir. Mike, Shell benzin şirketinin taşra pazarlamacısıydı. Kendi yöresindeki bir numaralı pazarlamacı olmak istiyordu ve benzin istasyonlarından biri bunu engelliyordu. Bu istasyon işyerini temiz tutma isteği olmayan yaşla bir adam tarafından işletiliyordu. İstasyon öyle kötü durumdaydı ki satış grafiği bile düşüyordu.

Yönetici, Mike'ın istasyonun kalitesini yükseltmek konusundaki tüm önerilerine ve ricalarına kulak tıkıyordu. Bir sürü deneme ve karşılıklı konuşmadan sonra (hiçbiri başarılı olmamıştı) Mike adamı yeni bir Shell benzin istasyonunu görmesi için davet etmeye karar verdi.

Adam yeni istasyonda gördüklerinden öylesine etkilenmişti ki Mike bir dahaki ziyaretinde istasyonun temizlenmiş olduğunu ve satışların arttığını gördü.

Bütün o konuşma ve tartışmalar başarılı olmamıştı, ama modern bir istasyon gösterilerek yöneticideki isteğin uyandırılması Mike'ın hedefine ulaşmasına yardımcı olmuştu. Bu hem Mike hem de yönetici için kazançlı bir durumdu.

Pek çok insan okullara giderek okumayı ve matematiği öğrenir, ama kendi beyninin işlevinin farkına bile varmaz.

Bir tarihte büyük bir air-condition şirketi olan Carrier'de göreve başlayacak olan üniversite öğrencilerine "Etkili Konuşma" dersleri veriyordum. Gençlerden biri serbest saatlerinde basketbol oynamak istiyordu. Bunun için arkadaşlarına, "Dışarı çıkıp basketbol oynamak istiyorum. Bu oyunu çok seviyorum, ama kaç kez jimnastik salonuna gittiysem de oyun kuracak sayıda adam bulamadığımdan oynayamadım," diyordu. "Geçen akşam bir iki kişiyle potaya top atıp durduk ve bakın gözüm mosmor oldu. Yarın gece hepinizin gelmesini bekliyorum. Ben basketbol oynamak istiyorum."

Bu genç sizin isteklerinize ilişkin bir şey söyledi mi? Hiç kimse jimnastik salonuna gitmek istemezse siz niye gidesiniz? Onun ne istediği ile ilgilenmiyorsunuz. Üstelik gözünüzün morarmasını da istemezsiniz.

Profesör Overstreet'in akılcı öğüdünü tekrarlayalım: "Önce karşınızdaki insanda istek uyandırın. Bunu başaran tüm dünyanın desteğini alır. Başaramayan yaşamını yalnız sürdürmek zorunda kalır."

Eğitim kursundaki öğrencilerden biri küçük oğlu için endişeleniyordu. Çocuk çok zayıftı ve düzenli yemek yemeyi reddediyordu. Ailesi onu azarlıyor ve söyleniyordu; "Annen bunu yemeni istiyor. Baban büyüyüp kocaman bir adam olmanı bekliyor."

Çocuk bu ricalara aldırmıyordu.

Beyni bir atınkinden büyük olmayan biri bile üç yaşındaki bir çocuğun otuz yaşındaki babasının görüşlerine sahip olmasını bekleyemez. Öyleyse baba ne bekliyordu? Çocuğun karşı çıkıp direnmesini mi? Bu çok saçma. Sonunda baba bunu anladı. Kendi kendine şöyle dedi: "Bu çocuk ne istiyor?" Onun isteği ile benim isteğim aynı doğrultuda nasıl birleşebilir?"

Böyle düşünmeye başladıktan sonra babanın işi kolaylaştı. Çocuğun üç tekerlekli bir bisikleti vardı ve onunla Brooklyn'deki evlerinin önündeki kaldırımda aşağı yukarı dolaşmayı seviyordu. Birkaç ev aşağıda daha büyük yaşta, haylaz bir çocuk oturuyordu ve her gün çocuğun bisikletini zorla onun altından çekip kendisi biniyordu.

Çocuk doğal olarak ağlayarak annesine koşuyor, anne de dışarı çıkıp yaramaz çocuğun elinden bisikleti alıyor ve tekrar oğlunu bindiriyordu.

Küçük oğlan ne istiyordu? Bunu çözmek için Sherlock Holmes olmaya gerek yok.

Onuru, öfkesi, önemli olma tutkusu (insanoğlundaki en önemli duygular) onu öç almaya, bu yaramaz çocuğun burnuna yumruk atmaya itiyordu. Babası oğluna, yemeklerinin annesinin istediği şekilde yerse bir gün gelişip o çocuğu yenebileceğini söyledi. Bu sözlerden sonra yemek sorunu çözüldü. Büyüyüp kendisini küçük düşüren bu zorbayı yenebilmek için küçük oğlan ıspanak, lahana, balık ve önüne her geleni yemeye başladı.

Bu sorunu çözen anne baba bu kez çocuğun bir başka sorununu ele aldılar. Çocuk yatağını ıslatıyordu.

Küçük oğlan babaannesiyle yatıyordu. Büyükanne her sabah uyandığında çarşafın ıslak olduğunu görünce, "Johny dün gece yine yapmışsın!" dediğinde, çocuk "Hayır, ben yapmadım, sen yaptın," diyordu.

Azarlamak, pataklamak, utandırmak, anne babasının bunu yapmasını istemediğini söylemek yararsızdı. Hiçbiri yatağın kuru kalmasını sağlayamıyordu. Anne baba oturup, "Biz bu oğlanın yatağı ıslatmasını nasıl önleyebiliriz?" diye düşündüler.

Çocuk ne istiyordu? Öncelikle büyükannesi gibi gecelik giymek yerine babası gibi pijama giymek istiyordu. Babaanne çocuğun bu huyundan öylesine bıkmıştı ki eğer bu işe yarayacaksa seve seve ona pijama alacağını söyledi. İkinci olarak, çocuk kendisinin bir karyolası olmasını istiyordu. Büyükanne bu isteğe karşı çıktı.

Annesi çocuğu Brooklyn'de bir mağazaya götürdü ve satıcı kıza göz kırparak "Size alışveriş yapması için bir küçük bey getirdim," dedi.

Satıcı kız çocuğa önem verdiğini hissettirmek için, "Küçük bey, size nasıl yardımcı olabilirim?" diye sordu.

Çocuk büyük bir adam gibi sırtını dikleştirerek, "Kendime bir yatak satın almak istiyorum," diye yanıt verdi.

Anne almayı düşündüğü yatağı satıcı kıza işaret ederek yine göz kırptı ve satıcı kız da çocuğun o yatağı satın alması için elinden geleni yaptı.

Yatak ertesi gün eve geldi. O gece babası geldiğinde, çocuk onu karşılamak için koşa koşa kapıya giderken bir yandan da haykırıyordu: "Babacığım, babacığım, hemen yukarı çıkalım. Aldığım yatağı gör!"

Babası yatağı gördüğünde Charles Schwab'ın öğüdünü uyguladı. "Beğenisinde içten, övgüsünde cömert" davrandı. "Bu yatağı ıslatmayacaksın değil mi?" diye sordu sonra.

"Hayır, hayır, asla! Bu yatağı ıslatmayacağım!" dedi çocuk ve bu sözünü de tuttu. Çünkü söz konusu olan kendi onuruydu. Bu onun yatağıydı. Kendisi satın almıştı.

Küçük bir adam gibi pijama giyiyordu artık ve bir küçük adam gibi davranmalıydı. Bunu da yaptı.

Eğitim kursumuzdaki bir başka baba, mühendis K. T. Dutschmann da üç yaşındaki kızına kahvaltı yaptıramıyordu. Paylama, yalvarma, dil dökme taktikleri boşa çıkmıştı. Anne baba kendilerine sordular: "Onda kahvaltı yapma isteğini nasıl uyandırabiliriz?"

Küçük kız annesini taklit etmeye bayılıyordu. Onun gibi büyük bir hanım olmak istiyordu. Anne ve babası bir sabah onun bir iskemleye oturup kahvaltıyı hazırlamasına izin verdiler.

Babası mutfağa girdiğinde kız mısır gevreğine süt koymuş karıştırıyordu. Babasını görünce, "Bak babacığım, sabah kahvaltıyı ben hazırladım!" diye sevinçle bağırdı.

O gün küçük kız kimsenin dil dökmesine gerek kalmadan, iki tabak dolusu mısır gevreği yedi. Kendini önemli hissetmişti ve bunun nedeni kahvaltıyı hazırlayıp kendini kanıtlamasıydı.

William Winter, "Kendini kanıtlamak, insan doğasının en temel gereksinmesidir," der. Bunu niçin iş yaşantısında uygulamayalım? Örneğin diyelim ki parlak bir fikrimiz var. Karşımızdaki insan bu fikrin bize ait olduğunu düşüneceği yerde bırakalım kendisi aynı sonuca ulaşsın. O zaman bu fikri benimser, kendi fikri sanır ve onu sık sık kullanır.

Unutmayın; ilk önce karşınızdaki insanda istek uyandırın. Bunu yapan bütün dünyanın desteğini alır. Yapamayan yaşamını yalnız sürdürmek zorunda kalır.

ÜÇÜNCÜ PRENSİP

Karşınızdakinde istek uyandırın.

BİRİNCİ BÖLÜMÜN ÖZETİ

İNSANLARLA İLİŞKİLERDE TEMEL YÖNTEMLER

BİRİNCİ PRENSİP

Eleştirmeyin, kınamayın ve şikâyet etmeyin.

İKİNCİ PRENSİP

Dürüst ve içten övgüyü esirgemeyin.

ÜÇÜNCÜ PRENSİP

Karşınızdakinde istek uyandırın.

İKİNCİ BÖLÜM

İNSANLARIN SİZDEN HOŞLANMASINI SAĞLAMANIN ALTI YOLU

I

BUNU UYGULAYIN VE HER YERDE İYİ KARŞILANIN

Dost kazanmanın yollarını öğrenmek için neden bu kitabı okuyorsunuz? Niçin dünyada en çok dostu olduğu bilinen kişinin yöntemlerini öğrenmiyorsunuz? Kim bu kişi? Onunla yarın sokakta yürürken karşılaşıp tanışabilirsiniz. Ona üç metre yaklaştığınızda kuyruğunu sallamaya başlar. Eğer durup başını okşayacak olursanız, neredeyse postunun içinden sıyrılırcasına aşağı yukarı zıplayıp sizi ne kadar sevdiğini göstermeye çalışır. Bu sevgi gösterisinde bir artniyet olmadığını bilirsiniz. Ne size taşınmaz bir mal satmak ne de sizinle evlenmek istemektedir.

Yaşamak için çalışmak zorunda olmayan tek hayvanın köpek olduğunu düşündünüz mü? Tavuk yumurtlamak, inek süt vermek, kanarya ise şarkı söylemek zorundadır. Köpek ise karnını doyurmak için size sevgi göstermekten başka bir şey yapmaz.

Beş yaşındayken babam bana küçük, sarı tüylü bir köpek yavrusu almıştı. O, benim çocukluğumun ışık ve neşe kaynağıydı. Her akşamüstü saat dört buçuk sularında ön avluda oturur, güzel gözlerini patikaya diker ve sesimi duyar duymaz veya sefertasımı sallayarak yandaki fundalıklara doğru yürüdüğümü görür görmez bir ok gibi yerinden fırlar, yokuş aşağı nefes nefese koşarak keyifle sıçrar, çılgınca sesler çıkarırdı.

Tippy ile beş yıl arkadaşlık ettik. Sonra trajik bir gecede bir yıldırım düşmesi sonucu üç metre uzağımda öldü. Tippy'nin ölümü çocukluğumun en büyük acısıdır.

Sen psikoloji ile ilgili bir kitap okumadın Tippy. Buna ihtiyacın yoktu. Biliyordun ki başkalarıyla içtenlikle ilgilenirsen iki ay içinde, başkalarının seninle ilgilenmesini sağlamak için iki yıl uğraştığın, halde edinemediğin dostlardan çok daha fazlasını edinebilirsin.

Başkalarının kendisi ile ilgilenmesini sağlamak için yaşamı boyunca çaba sarf eden birçok insan tanıyoruz.

Elbette buna hiç gerek yok. İnsanlar size ilgi duymuyorlar. Bana da ilgi duymuyorlar. Onlar sabah, öğle ve akşam saatlerce kendileri ile ilgileniyorlar.

New York Telefon Şirketi, telefon konuşmalarında insanların en sık kullandığı kelimeyi bulmak için bir araştırma yapmıştı. Sonucu siz de tahmin edebilirsiniz: "Ben... Ben... Ben..." 500 telefon görüşmesinde tam 3900 kere "Ben... Ben... Ben..." denmişti.

Sizin de içinde bulunduğunuz bir grup fotoğrafına baktığınızda önce kimi görmeye çalışırsınız? Kendinizi değil mi?

Eğer sadece insanları etkilemek ve onların bizimle ilgilenmelerini sağlamak istiyorsak gerçek ve içten dostlara sahip olamayız. Gerçek dostlar bu yolla edinilemez.

Napolyon bunu denemişti. Son görüşmelerinde Josephine'e "Yeryüzündeki şanslı kişiler gibi ben de çok mutlu oldum. Ancak bugün yeryüzünde güvenebileceğim tek kişi sensin," demişti.

Viyanalı ünlü psikolog Alfred Adler, *What Life Should Mean To You* (Yaşam Size Ne İfade Etmeli) adlı bir kitap yazmıştı. Bu kitapta, "Yaşamda en çok zorluk çeken kişi dostlarıyla ilgilenmeyen kişidir ve bu kişi başkalarına zarar verir," demekteydi.

Psikoloji ile ilgili tonlarca kitap okumuş olabilirsiniz ama bu denli etkileyici bir ifadeye rastladınız mı? Bu sözler anlam açısından öylesine zengin ki bir kez daha tekrarlayacağım.

Yaşamda en çok zorluk çeken kişi dostlarıyla ilgilenmeyen kişidir ve bu kişi başkalarına zarar verir. İnsanlığın yaşadığı başarısızlıklar bu kişiler yüzündendir.

Bir kez New York Üniversitesi'nde kısa öykü yazma kurslarına gidiyordum. Kurs öğretmenimiz tanınmış bir derginin editörüydü. Bize her gün masasına yığılan düzinelerce öyküden bir iki paragraf okuyarak yazarın insanları sevip sevmediğini anlayabildiğini söyledi. "Eğer bir yazar insanları sevmiyorsa, hiç kimse onun öykülerini beğenmez," dedi.

Bu deneyimli editör roman yazımı hakkındaki konuşmasını iki kere keserek, "Size vaaz veriyor gibi görünüyorsam özür dilerim," demişti. "Size tıpkı bir vaiz gibi görünebilir, sizinle öyle konuşuyor olabilirim; ama eğer başarılı bir öykü yazarı olmak istiyorsanız insanlarla ilgilenmenin şart olduğunu bilmelisiniz." Eğer bu özellik öykü yazmak için gerekliyse bunun yüz yüze görüşmek zorunda olduğunuz insanlar için çok daha önemli olduğunu bilmelisiniz.

Broadway'deki son gösterisinde, Howard Thurston'ın soyunma odasında bir akşam geçirdim. Thurston sihirbazlar kralı olarak kabul görmüş bir kişiydi. Kırk yıl boyunca bütün dünyayı dolaşmış, illüzyon numaralarıyla izleyicileri büyülemişti. Gösterilerini 60 milyon kişi para ödeyerek izlemişti ve Thurston yaklaşık 2 milyon dolar kazanmıştı.

Bay Thurston'a başarısının sırrını sordum. Bunun eğitimiyle bir ilişkisi yoktu, çünkü daha küçük bir çocukken evinden kaçmış, bir serseri hayatı sürmeye başlamıştı. Yük vagonlarında seyahat etmiş, samanlıklarda yatmış, kapı kapı dolaşarak yiyecek dilenmişti. Okumayı tren rayları kenarındaki yol levhalarındaki yazılara bakarak öğrenmişti.

Sihirbazlık bilgisi çok mu fazlaydı? Hayır. Göz boyama konusunda yüzlerce kitap yazıldığını ve binlerce kişinin bu konuda en az kendisi kadar bilgi sahibi olduğunu söyledi. Ama onda diğer kişilerde olmayan iki şey bulunmaktaydı. Birincisi kişiliğini işine yansıtabilme yeteneğiydi. O usta bir şovmendi. İnsan doğasını çok iyi tanıyordu. Yaptığı her şey, her jesti, sesinin tonlaması, hatta kaşını kaldırması bile önceden dikkatle prova ediliyordu. Hareketleri saniyelere göre ayarlanıyordu. Buna ek olarak Thurston insanlarla gerçek anlamda ilgileniyordu. Bana pek çok sihirbazın izleyicilerine bakarak kendilerine, "İşte karşımda bir sürü aptal oturuyor, onları kolaylıkla kandırabilirim," dediğini söyledi. Thurston'ın yöntemi tamamen farklıydı. Sahneye her çıkışında kendine, "Bu insanlar beni görmeye geldiği için onlara minnettarım. Onlar yaşamımı kolay bir şekilde kazanmamı sağlıyorlar. Onlara verebileceğimin en iyisini vermeliyim," diyordu.

Kendi kendine, "İzleyicilerimi seviyorum" sözcüklerini tekrar tekrar söylemeden asla sahneye adım atmadığını anlattı. Bu çok mu komik? Ne isterseniz onu düşünebilirsiniz. Ben sadece gelmiş geçmiş en ünlü sihirbazın kullandığı bu reçeteyi hiçbir yorum yapmadan size sunuyorum.

Pennsylvania'dan George Dyke arazisinin üzerinden geçen yeni otoban yapıldığında otuz yıldır işlettiği benzin istasyonundan olmuş ve emekliye ayrılmak zorunda kalmıştı. Emekliliğin boş geçen günleri bir süre sonra can sıkıntısına neden olmuştu ve Dyke boş zamanını eski kemanını çalarak müzikle değerlendirmeye başlamıştı. Kısa süre sonra müzik dinlemek için sağa sola seyahat etmeye başladı. Gittiği yerlerde keman çalanlarla sohbet ediyordu.

Kendine has alçakgönüllü ve dostça tavrı ile tanıştığı her müzisyenin özgeçmişini ve ilgilendiği konuları öğrenmek gerçekten hoşuna gidiyordu. Kendisi çok iyi keman çalamasa da bu branşta çalışan pek çok kişi ile dostluklar kurdu. Yarışmalara katıldı ve kısa sürede Birleşik Devletler'in doğu bölgesindeki folk müzik seven kişiler tarafından tanınmaya başladı. Onun adını duyduğumuzda yetmiş iki yaşına gelmişti ve yaşamının her dakikasından müthiş keyif alıyordu. Başka insanlarla ilgilenerek, başkalarının unlarını eleyip eleklerini astığı yaşta kendine yepyeni bir yaşam hazırlamıştı.

Theodore Roosevelt'in herkesi şaşırtan popülaritesinin sırlarından biri de budur. Hizmetçileri bile onu seviyordu. Uşağı James E Amos, *Theodore Roosevelt, Hero to its Valet* (Theodore Roosevelt, Uşağının Kahramanı) isimli bir kitap yazmıştı ve bu kitabında şu olayı anlatıyordu:

"Bir gün karım, Başkan'a bıldırcınlarla ilgili bir soru sordu. O güne kadar hiç bıldırcın görmemişti. Başkan ona bıldırcınları detaylarıyla anlattı. Bir süre sonra kulübemizin telefonu çaldı. (Amos ve karısı Roosevelt'in Oyster Bay'deki malikânesinin arazisindeki küçük bir kulübede kalıyorlardı.) Telefonu karım açtı. Arayan Bay Roosevelt'in ta kendisiydi. Aramasının nedeni penceremizin dışında bir bıldırcın olduğunu ve bakarsak onu görebileceğimizi söylemek istemesiydi. Başkan böyle küçük ayrıntılara önem verirdi. Evimizin yanından her geçtiğinde, ortalıkta görünmesek bile, "Huuuu! Annie!" veya "Hu-uuu! James!" diye seslendiğini duyardık. Dostça bir selamlamaydı bu."

Uşağına bile kendisini bu denli sevdiren bu adamı başkalarının da sevmesinden daha doğal ne olabilir?

Bir gün Roosevelt Beyaz Saray'a gittiğinde Başkan ve Bayan Taft orada değillerdi. Onun mütevazı kişilere olan gerçek ilgi ve sevgisini Beyaz Saray'daki bütün hizmetçilerin ve hatta bulaşıkçıların bile isimlerini bilmesinden anlayabiliriz.

"Bay Roosevelt mutfakta çalışan Alice'i gördüğünde," diye yazıyor Archie Butt, "ona hâlâ mısır ekmeği yapıp yapmadığını sordu. Alice ona bazen hizmetkârlar için yaptığını, ama ev halkından kimsenin mısır ekmeği yemediğini söyledi. 'Ağızlarının tadını bilmiyorlar!' diye gürledi Roosevelt. 'Başkanı gördüğümde ona söyleyeceğim.'"Alice ona bir dilim getirdi. Başkan mısır ekmeğini yiye yiye ofise giderken yol üstünde rastladığı bahçıvan ve işçilerin de hatırını soruyordu.

"Geçmişte olduğu gibi yine herkese ismiyle hitap ediyordu. Beyaz Saray'da 40 senedir baş teşrifatçı olarak görev yapan Ike Hoover, 'İki yıldır bu kadar mutlu olmamıştık ve hiçbirimiz o günü 100 dolara bile değişmezdik,' diyordu gözleri yaşla dolarak."

Görünüşte önemsiz kişilere duyduğu ilgi, New Jersey'de satış temsilciliği yapan Edward M. Sykes'ın bir müşteriyi yeniden kazanmasını sağladı.

"Yıllar önce Massachusetts yöresinde Johnson & Johnson firması adına müşterileri ziyaret ediyordum," diye anlatıyor Sykes. "Müşterilerimden biri Hingham'da bir marketti. Bu dükkâna her girişimde dondurma makinesindeki ve tezgâhtaki satıcılar ile selamlaşır, bir iki dakika konuşur, sonra siparişini almak üzere dükkân sahibine yönelirdim. Bir gün dükkân sahibine gittiğimde adam bundan böyle Johnson ürünleri satın almak istemediğini, çünkü firmanın daha çok gıdalar ile ilgilendiğini söyledi. Bana kuyruğumu bacaklarının arasına sıkıştırıp oradan ayrılmak düştü. Birkaç saat araba ile etrafa dolanıp durduktan sonra en azından bir kere daha uğramaya karar verdim, çünkü durumu açıklamaları gerekiyordu.

"İçeri girdiğimde her zaman yaptığım gibi satış elemanlarıyla selamlaştım ve patrona doğru yürüdüm. Adam gülümseyerek, "Hoş geldiniz!" dedi ve her zamankinin iki misli bir sipariş verdi. Şaşkınlıkla ona baktım ve bir iki saat önceki son ziyaretimden bu yana neyin değiştiğini sordum. Dondurma makinesinin arkasındaki genci işaret etti. Ben ayrıldıktan sonra delikanlının gelerek onu ve dükkândaki diğer satış elemanlarını selamlayıp adam yerine koyan ender satış temsilcilerinden biri olduğumu söylediğini anlattı. Delikanlı, eğer bir adamla iş yapılacaksa benim buna layık olduğumu da eklemiş. Patron ona hak vermiş. Bundan sonra sadık müşterim oldular.. Bir satış temsilcisinin insanlarla gerçekten ilgilenmesinin onun en önemli niteliği olduğunu asla unutmadım. Karşıdaki kişinin kimliği ne olursa olsun önemli değildi."

Kişisel deneyimlerim sonucu anladım ki eğer onlarla içtenlikle ilgilenirseniz, peşinden en fazla koşulan önemli insanların bile dikkatini çekebilir, zamanlarını size ayırmalarını ve sizinle işbirliği yapmalarını sağlayabilirsiniz. Bunu size şu örnekle açıklayabilirim:

Yıllarca önce Brooklyn Fen ve Edebiyat Enstitüsü'nde roman ve hikâye yazımı üzerine bir kurs düzenlemiştim. Kathleen Norris, Fannie Hurst, İda Tarbell, Albert Payson Terhune ve Rupert Hughes gibi ünlü ve işleri başlarından aşkın yazarların da gelip kendi deneyimlerini anlatmalarını istedik. Bu nedenle her birine çalışmalarını ne kadar çok beğendiğimizi, önerilerine gereksinme duyduğumuzu ve başarılarının sırrını öğrenmek istediğimizi bildirdiğimiz mektuplar yazıp yolladık. Her mektubun altında yaklaşık yüz elli öğrencinin imzası vardı. Konuşma hazırlayamayacak kadar meşgul olduklarını bildiğimizi söyleyerek yaşamları ve çalışma yöntemleri ile ilgili bir sorular listesini de mektuplara ekledik. Bu hoşlarına gitti. Kimin hoşuna gitmez ki? Sırf bu nedenle bize yardımcı olmak üzere evlerinden kalkıp geldiler.

Aynı yöntemi kullanarak, Theodore Roosevelt'in kabinesinde hazineden sorumlu bakan Leslie M. Shaw, George W. Wckersham; Taft'ın kabinesinden Adalet Bakanı William Jennings Bryan, Franklin D. Roosevelt ve diğer birçok ünlünün kursa gelip öğrencilerle konuşmasını sağladım.

İster fabrika işçisi, ister büro memuru, ister tahtına kurulmuş kral olalım, hepimiz bize hayranlık duyan insanları severiz. Alman kayser örneğini ele alalım. Kayser, Birinci Dünya Savaşı'nın son bulduğu günlerde yeryüzünün en çok nefret edilen, en kınanan kişiydi. Kendi milleti de ona sırt çevirince canını kurtarmak için Hollanda'ya kaçmıştı. Kaysere duyulan nefret öylesine şiddetliydi ki milyonlarca insan onu lime lime parçalamaya veya kazığa oturtup yakmaya can atıyordu. Bu öfke ormanının yangını içinde küçük bir çocuk kaysere ona duyduğu sevgi ve hayranlığı bildiren bir mektup göndermişti. Bu küçük çocuk, diğer insanlar ne düşünürse düşünsün, kendisinin kayseri imparatoru olarak daima seveceğini yazmıştı. Bu mektuptan çok duygulanan kayser çocuğu yanına çağırmıştı. Çocuk onu görmeye geldi, annesini de birlikte getirdi ve kayser çocuğun annesiyle evlendi. O küçük çocuğun dost kazanma ve insanları etkileme yöntemi konusunda yazılmış bir kitabı okumasına gerek yoktu. O, içgüdüsel olarak bunu biliyordu.

Eğer dost edinmek istiyorsak insanlar için bir şeyler yapmaya hazır olalım. Zamanımızı, enerjimizi onlara ayıralım. Gocunmadan, duyarlılıkla onlar için bir şeyler yapalım.

Windsor Dükü Galler Prensi olduğunda Güney Amerika'ya gitmesi gerekti. Yola çıkmadan önce konuşmasını ziyaret ettiği ülkenin diliyle yapabilmek için aylarca İspanyolca öğrendi. Sonuçta Güney Amerikalılar ona bayıldılar.

Yıllardır dostlarımın doğum günlerini öğrenmeyi kendime iş edindim. Nasıl mı? Astrolojiye karşı en ufak bir inancım olmamasına karşın karşımdaki kişiye doğum tarihi ile kişiliği ve eğilimleri arasında bir ilişki olup olmadığına inanıp inanmadığını sorarak başlıyorum. Sonra bana doğum gününü söylemesini istiyorum. Diyelim ki 24 Kasım. Kendi kendime "24 Kasım, 24 Kasım" diye tekrarlıyorum ve o kişi sırtını döndüğü anda bunu bir kenara yazıyor ve sonra doğum tarihleri için hazırlanmış defterime geçiriyorum. Her yılın başında bu tarihleri takvimimde işaretliyorum. Böylelikle hiçbiri dikkatimden kaçmıyor. Günü geldiğinde mutlaka telgraf veya mektubum arkadaşıma ulaşıyor. Öylesine etkili oluyor ki bu! Çoğunlukla yakınlarımın doğum gününü anımsayan tek kişi ben oluyorum.

Dost edinmek istiyorsanız insanları coşkulu, canlı bir şekilde selamlayın. Biri size telefon ettiğinde de aynı şekilde davranın. Alo dediğinizde, sesinizin tonundan karşınızdaki kişi sizi aradığı için ne kadar mutlu olduğunuz anlaşılsın. Pek çok şirket, santral memurlarını telefonlara coşkulu ve ilgili bir yanıt vermeleri için eğitir. Arayanlar o şirketin kendileri ile gerçekten ilgilendiğini hissetmelidir. Yarın telefona yanıt verirken bunu unutmayalım. Karşınızdaki kişiye ilgi duyduğunuzu göstermek size sadece dost değil, sadık müşteriler de kazandırır.

New York'taki Amerikan Ulusal Bankası'nın yayımladığı bültenlerin birinde müşterilerden Modeline Rosedale'ın bir mektubu yer almıştı. Mektupta şunlar yazılıydı: "Personelinizi ne kadar takdir ettiğimi bilmenizi isterim. Hepsi çok saygılı, kibar ve yardımcı olmaya istekli. Uzun süre kuyrukta bekledikten sonra bir memurun sizi güler yüzle karşılamasının ne kadar keyifli olduğunu anlatamam.

"Geçen sene annem beş ay hastanede yatmıştı. Memurlarınızdan Marie Petrucello her ona gidişimde annemle ilgilendiğini göstererek bana onun hatırını sordu."

Bayan Rosedale'ın bu banka ile çalışmaya devam edip etmediği konusunda bir kuşkunuz olabilir mi?

New York'un büyük bankalarından birinde çalışan Charles R. Walters bir şirketle ilgili gizli bir rapor yazmakla görevlendirilmişti. Gerçekleri bilen birine gereksinmesi vardı. Bay Walter başkanın odasına alındığında, genç bir kadın kapıdan başını uzatarak o gün hiç pulunun olmadığını söyledi.

Başkan, Bay Walters'a on iki yaşındaki oğlu için pul biriktirdiğini açıkladı.

Bay Walters geliş nedenini açıklayıp sorular sormaya başladı. Başkan ketum davranıyordu. Sadece genel konulara değiniyor, soruları üstünkörü geçiştiriyordu. Konuşmak istemediği belliydi. Görüşme son derece verimsiz geçti.

Bay Walters öyküyü sınıfta anlatırken, "Doğruyu söylemek gerekirse ne yapacağımı bilemiyordum," dedi. "Sonra sekreterinin ona söylediklerini hatırladım; pullar ve on iki yaşındaki oğlu. Derken başkanın dış işler bölümünde pul biriktirdiğini söylediğini anımsadım. Dünyanın dörtbir yanından gelen pullar.

"Ertesi gün tekrar uğrayarak ona oğlu için pul getirdiğim yolunda bir mesaj gönderdim. Hemen içeri çağrıldım. Eğer başkan meclis üyeliğine seçilmiş olsaydı benim elimi daha coşkulu bir biçimde sıkamazdı. Yüzü gülüyor, işbirliğine hazır görünüyordu. 'George'cuğum buna bayılacak!' diyordu sürekli.

"Yarım saatimizi pullar hakkında konuşup oğlunun resmine bakarak geçirdik. Başkan daha sonra bir saatini bana istediğim bilgileri vermeye ayırdı. Üstelik ben bunu yapmasını istememiştim bile. Bildiği her şeyi bana anlattıktan sonra yardımcılarını çağırarak onları da sorguladı. Bazı iş arkadaşlarına telefon etti. Beni olaylar, rakamlar, raporlar, yazışmalarla ilgili her türlü bilgiyle donattı. Gazetecilerin deyimiyle tam dört ayak üstüne düşmüştüm."

İşte başka bir örnek.

Philadelphialı C. M. Knaphle yıllarca bir mağazalar zincirine yakıt satmak için uğraşmıştı. Ancak bu kuruluş yakıtını şehir dışındaki bir sahadan almaya devam ediyordu.

Bay Knaphle bir gece sınıfta bir konuşma yaparak mağazalar zincirine olan öfkesini kustu ve onları ülke için bir baş belası olarak nitelendirdi.

Bu arada onlara neden satış yapamadığını da çok merak ediyordu.

Ona değişik yöntemler uygulamasını söyledim. Kısaca anlatırsak olan biten şuydu: Sınıfta kursa katılanlar arasında mağazalar zinciri sisteminin ülkeye yarar mı zarar mı verdiği konusunda bir tartışma başlattık.

Önerim üzerine Knaphle karşıt görüşte olacaktı. O da mağazalar zincirini savunmayı kabul etti ve sevmediği kuruluşun yöneticilerinden biriyle görüşmeye gitti.

"Yakıt satmak için gelmedim buraya. Bana yardımcı olmanızı istiyorum," dedi. Tartışmadan söz ederek, "Yardımınızı istemeye geldim. Bana bu konuda öğrenmek istediklerimi anlatabilecek sizden yetenekli birini tanımıyorum," diye ekledi. "Bu tartışmayı kazanmak istiyorum. Bana yardım ederseniz size minnettar kalırım."

Öykünün kalan kısmını Bay Knaphle'dan dinleyelim.

'Yöneticiden sadece bir dakikasını bana ayırmasını rica etmiştim. Bunun üzerine benimle görüşmeyi kabul etmişti. Neden görüşmek istediğimi açıkladığımda bana oturmamı söyledi ve tam bir saat kırk yedi dakika boyunca benimle konuştu. Mağazalar zinciri konusunda bir kitap yazmış olan bir diğer yöneticiyi çağırdı. Sonra Ulusal Mağazalar Zinciri Birliği'nden bu konuda yapılmış bir araştırmanın bir kopyasını getirtti. Zincirin insanlığa gerçek bir hizmet verdiğine inanıyordu. Yüzlerce yere hizmet götürdüğü için gurur duyuyordu. Konuşurken gözleri parlıyordu. Benim de konuşmayı gözlerimi açarak dinlediğimi ve pek çok şey öğrendiğimi itiraf etmeliyim. Görüşüm tamamen değişmişti.

"Ayrılırken beni kapıya kadar geçirdi. Kolunu omzuma dolayıp tartışmada başarı diledi. Ona tekrar uğrayıp sonucu bildirmemi rica etti. Son sözleri, 'Önümüzdeki bahar yine beni görmeye gelin. Size yakıt siparişi vermek istiyorum,' oldu.

"Benim için bu bir mucizeydi. Ben ona teklif etmeden o yakıt siparişi vermek istemişti. İki saat onunla ve sorunları ile ilgilenerek on yıldır benimle ve ürünümle ilgilenmesi için uğraşarak ulaşamadığım başarıya ulaşmıştım."Siz yeni bir gerçeği keşfetmediniz Bay Knaphle. İsa'nın doğumundan yüz yıl önce Romalı şair Publilius Syrus, 'Başkaları bizimle ilgilendiği zaman biz de onlarla ilgileniyoruz," demişti.

İlgi göstermek de insan ilişkilerindeki diğer ilkeler gibi samimi ve yürekten olmalıdır. İlgi gösteren kişi kadar ilgi gösterilen kişi de kazanmalıdır.

New York Long Island'daki kursumuza katılan Martin Gingsberg bir hemşirenin onu gösterdiği özel ilginin yaşamını nasıl etkilediğini anlatmıştı.

"O gün Şükran Günü'ydü ve ben on yaşındaydım. Şehir hastanesinin yoksullar koğuşunda yatıyordum ve ertesi gün önemli bir ameliyat geçirecektim. Önümde sadece acı dolu aylar olduğunu biliyordum. Babam ölmüştü. Annemle ben küçük bir apartman dairesinde kalıyorduk ve devlet yardımı ile geçiniyorduk. O gün annem beni görmeye gelememişti.

"Gün bitimine doğru beni bir yalnızlık duygusu ve üzüntü sarmıştı. Annemin de evde yalnız olduğunu ve benim için endişelendiğini biliyordum. Birlikte olacağı, birlikte yemek yiyeceği kimsesi, hatta Şükran Günü yemeği hazırlayacak parası bile yoktu.

"Gözümde yaşlar birikmişti. Başımı yastığın altına sokup örtüyü çektim. Sessizce ağlamaya başladım. Öylesine acı çekiyordum ki bedenim acılar içinde kıvranmaya başladı.

"Genç bir hemşirelik okulu öğrencisi benim hıçkırıklarımı duyup yanıma geldi. Örtüyü kaldırıp gözyaşlarımı sildi. Bana kendisini yalnız hissettiğini, o gün çalışmak zorunda olduğundan ailesiyle birlikte olamadığını anlattı. Onunla birlikte yemek yemek isteyip istemeyeceğimi sordu. İki tepsi yiyecek getirdi; dilimlenmiş hindi, patates püresi, dondurma ve böğürtlen sosu yedik. Benimle konuştu ve korkularımı yatıştırdı. Nöbeti o gün saat dörtte bittiği halde fazla mesai yaparak on bire kadar kaldı. Benimle oyunlar oynadı ve ben uyuyana kadar yanımda kaldı.

"On bir yaşımdan bu yana pek çok Şükran Günü geldi geçti; ama ben o günü hiç unutmadım. Bir yabancının sıcaklığı ve özel ilgisi bütün korkularımı, yalnızlığımı, üzüntülerimi yenmişti."

Eğer başkalarının sizi sevmesini istiyorsanız, eğer gerçek dostlar edinmek istiyorsanız ve eğer kendinize olduğu kadar başkalarına da yardım etmeyi diliyorsanız bu kuralı aklınızda tutun:

BİRİNCİ PRENSİP

Başkalarıyla içtenlikle ilgilenin!

II

İYİ BİR İLK ETKİ UYANDIRMANIN BASİT BİR YOLU

New York'ta bir partide konuklardan biri olan mirasyedi bir kadın herkesin üzerinde hoş bir etki bırakmak istiyordu. Samur kürk, elmas ve inciler için küçük bir servet harcamıştı. Fakat çehresi için hiçbir şey yapmamıştı. Yüzü huysuzluğunu ve bencilliğini etrafa yansıtıyordu. Herkesin bildiği bir şeyi o hâlâ kavrayamamıştı. Aslında bir kişinin yüzündeki ifade, üzerine giydiği giysiden çok daha önemliydi.

Charles Schwab bir gülüşünün bir milyon dolar değerinde olduğunu söylemişti. Sözleri gerçeği yansıtıyordu. Çünkü Schwab'ın kişiliği, cazibesi, kendini insanlara sevdirme yeteneği onu olağanüstü başarılı kılıyordu. Kişiliğinin en hoş unsurlarından biri de büyüleyici gülümsemesiydi.

Hareketler sözcüklerden daha fazla şey ifade eder. Bazen bir gülümseyiş, "Seni seviyorum. Beni mutlu ettin. Seni gördüğüme sevindim," diyebilir.

Köpeklerin de sevilmesinin sebebi bu. Bizleri görünce o kadar seviniyorlar ki üzerimize atlıyorlar. Tabii doğal olarak biz de onları gördüğümüzde mutlu oluyoruz.

Bir bebek gülümsemesi de aynı etkiyi yaratır.

Daha önce hiç bir doktorun bekleme salonunda bulunup, sabırsızlıkla bekleyenlerin asık suratlarına dikkat ettiniz mi? Missouri, Raytown'da veterinerlik yapan Dr. Stephen K. Sproul, bekleme odasının, evcil hayvanlarını muayene ettirmek için bekleyenlerle dolu olduğu tipik bir bahar gününü anlattı. Hiç kimse birbiriyle konuşmuyordu. Büyük bir olasılıkla her biri, o muayenehanede boşa vakit harcamak yerine yapabileceği düzinelerce farklı şeyi düşünüyordu. Doktor şöyle diyordu: "Kucağında dokuz aylık bir bebek ve bir kedi yavrusu ile genç bir kadın bekleme salonuna geldiğinde, içeride altı ya da yedi kişi vardı. Büyük bir şans eseri genç kadın, beklemekten oldukça sıkılmış olan kibar bir adamın yanına oturdu. Genç adamın bundan sonra fark ettiği ilk şey bebeğin, bebeklere özgü o kocaman gülümseme ile ona dönüp bakması oldu. Bu durumda adam ne yaptı? Tabii ki herkesin o an yapacağı şeyi yaptı; o da bebeğe gülümsedi. Kısa sürede genç kadın ve kibar bey, genç kadının bebeği ve kibar beyin torunu hakkında koyu bir sohbete başladılar. Daha sonra bu sohbete salonda bekleyen diğer insanlar da katıldılar ve böylece sıkıntı ve gerilim yerini hoş ve eğlenceli bir deneyime bıraktı."

İçten olmayan bir sırıtıştan mı söz ediyoruz? Hayır. Kimse buna aldanmaz. Biz bunun yapmacık olduğunu bilir ve kınarız. Ben gerçek, yürek ısıtan, içten bir gülümsemeden söz ediyorum.

Michigan Üniversitesi'nde psikolog olan Prof. James V. McConnell gülümseme hakkındaki düşüncelerini şöyle açıklıyordu. "Gülümseyen insanlar, daha iyi öğretmeye, yaşamaya, satış yapmaya ve daha mutlu çocuklar yetiştirmeye yatkındır. Bir gülümsemede, azardan çok daha fazla bilgi gizlidir. Cesaret vermenin cezalandırmadan daha etkili bir öğretim aracı olmasının nedeni budur."

New York'taki büyük bir mağazanın personel müdiresi bana, asık suratlı yüksek eğitimli biri yerine, ilkokulu bile bitirememiş ama hoş bir gülümsemesi olan birini işe almayı tercih edeceğini söyledi.

Görülmeyen bir gülümsemenin bile etkisi çok güçlüdür. Amerika Birleşik Devletleri'ndeki telefon şirketleri, hizmet veya ürünleri telefonla pazarlayanlara yönelik "telefonun gücü" adlı bir programa sahipler. Bu program, telefonda konuşurken gülümsemeyi önerir. "Gülümsemeniz" sesinize yansıyacaktır.

Ohio Cincinnati'deki bir şirketin bilgisayar departmanı yöneticisi Robert Cryer, nitelikli işgücü gerektiren bir göreve uygun birini bulmayı nasıl başardığını anlatıyor:

"Çaresizlik içinde, kendi bölümüm için bilgisayar alanında doktora yapmış birini arıyordum. Sonunda Purdue Üni-versitesi'nden mezun olmak üzere olan ve gerekli niteliklere sahip genç bir adam olduğunu keşfettim. Pek çok telefon görüşmesinden sonra genç adamın benimkinden daha büyük ve tanınmış birçok şirketten teklif almış olduğunu öğrendim. Benim teklifimi kabul edince çok sevinmiştim. İşe başladıktan sonra neden bizi seçtiğini sordum. Bir an durdu ve şöyle dedi: 'Sanırım bunun nedeni diğer şirketlerin müdürlerinin benimle çok soğuk, işadamı edası içinde konuşmaları ve bu durumun kendimi sıradan bir kişi gibi hissetmeme neden olmasıydı. Sizin sesiniz telefonda sanki benimle konuştuğunuza çok sevinmişsiniz ve şirketinizin bir parçası olmamı gerçekten istiyormuşsunuz gibi geliyordu.' İnanın hâlâ telefonda konuşurken gülümserim."

Amerika'daki en büyük lastik üreticilerinden birinin yönetim kurulu başkanı bana, yaptığı gözlemler sonucunda, insanların yaptıkları işten zevk aldıkları sürece başarılı olduklarını gördüğünü söyledi. Bu endüstri lideri, yalnızca çok çalışmanın tüm kapıları açacağına dair söylenmiş eski bir söze fazla önem vermiyor, "İşlerini yürütürken çok iyi zaman geçirdikleri için çok başarılı olan insanlar tanıdım. Fakat eğlence işe dönüşünce bu insanların da değiştiğini gördüm. İş de artık sıkıcı bir hale gelmişti. İşin keyfi kaçmıştı ve başarısız oldular," diyordu.

Eğer insanların sizinle tanıştıklarında iyi vakit geçirmelerini bekliyorsanız, siz de onlarla tanışınca iyi vakit geçirmelisiniz.

Binlerce işadamından, bir hafta boyunca günün her saatinde birine gülümsemelerini ve sonra sınıfa gelip sonuçlarını anlatmalarını istedim. Ne oldu dersiniz? Görelim. İşte New Yorklu borsacı William B. Steinhardt'ın mektubu, Steinhardt'ın durumunun özel bir tarafı yoktu. O da yüzlerce insanla aynı durumdaydı.

"On sekiz yıldan fazla bir süredir evliyim," diye yazmıştı Bay Steinhardt. "Ve tüm zamanlar içinde karıma gülümsediğim ya da sabah kalkıp evden işe gitmek üzere hazırlandığım ana kadar olan zaman içinde onunla iki çift laf ettiğim günler çok nadirdir. Broadway'de yürüyen en asık suratlı adamlardan biriydim.

"Benden gülümseme ile ilgili deneyimlerimi anlatmamı

istediğinizde, bunu bir hafta denemeyi düşündüm. Böylece ertesi gün saçımı tararken, aynaya yansıyan asık yüzlü suratıma bakıp, 'Bill, bugün bu ekşi suratındaki iç karartıcı ifadeyi silecek ve gülümseyeceksin. Ve buna hemen şimdi başlayacaksın!'dedim. Kahvaltı masasına oturduğumda, karımı 'Günaydın, sevgilim!' diyerek selamladım ve söylediğim gibi gülümsedim.

"Beni karşımdaki kişinin şaşırabileceği konusunda uyarmıştınız. Karımın tepkisini tahmin edersiniz, sersemledi. Şoke oldu. Ona bundan sonra hep böyle olacağımı söyledim ve bunu her sabah tekrarladım.

"Tavırlarımdaki bu değişiklik, iki ay içinde evimize geçen yıllara oranla çok daha büyük bir mutluluk getirdi.

"Artık işe gitmek üzere evden ayrılırken apartmanımızın asansörcüsünü "Günaydın!" diyerek selamlıyor ve gülümsüyorum. Kapıcıyı da gülümseyerek selamlıyorum. Metro gişesindeki kasiyerden gülümseyerek jeton istiyorum. Borsa binasına girdiğimde beni daha önce hiç gülümserken görmeyen insanlara gülümsüyorum.

'Kısa sürede herkesin gülümsememe gülümsemeyle karşılık verdiğini fark ettim. Bana yakınmak için gelenleri mutlu bir eda ile karşılıyorum. Onları dinlerken gülümsüyorum ve böylece düzenin daha kolay sağlandığını görüyorum. Gülümsemelerin bana her gün daha çok dolar kazandırdığını fark ettim.

"Ofisimi başka bir borsacı ile paylaşıyorum. Onun yanında çalışan sevimli bir gence, sonuçlarından çok etkilenmiş olduğum, insan ilişkileriyle ilgili yeni felsefemden söz ettim. O da bana ofise ilk geldiğinde benim berbat biri olduğumu düşündüğünü, ancak son zamanlarda bu fikrinin değiştiğini itiraf etti. Gülümsediğimde gerçek bir insan olduğumu söyledi.

"Eleştiri yapmaktan da tamamen vazgeçtim. Artık insanları suçlamak yerine onları takdir ediyor, övüyorum. Sürekli ne istediğimi anlatmayı bıraktım. Artık olayları insanların bakış açılarından görmeye çalışıyorum. Bütün bunlar hayatımda büyük bir değişime neden oldu. Artık hem daha mutlu hem de dostluklar açısından daha zengin bir adamım. Ne de olsa asıl önemli olanlar bunlar."

Gülümsemek içinizden gelmiyor mu? Ne yapacaksınız! İki şey. Önce gülümsemek için kendinizi zorlayın. Eğer yalnızsanız, ıslık çalmak ya da bir şarkı mırıldanmak için kendinizi zorlayın. Zaten mutluymuşsunuz gibi davranın. Bu sizi mutlu olmaya yöneltecektir. Bunu psikolog ve filozof William James şöyle açıklıyor:

"Eylemin, duyguyu izlediği düşünülür; fakat gerçekte eylem ve duygu aynı anda gerçekleşir ve iradenin doğrudan kontrolünün altında olan eylemin düzenlenmesiyle, iradenin kontrolünde olmayan duyguları dolaylı yoldan etkilemek mümkün olur."

"Eğer neşenizi kaybettiyseniz, sizi kendi isteğinizle neşenize kavuşturacak yol zaten mutluymuşsunuz gibi davranıp konuşmaktır."

Dünyadaki herkes mutluluğu arar. Bulmanın tek bir yolu vardır; düşünceleri kontrol etmek. Mutluluk dış koşullara değil, iç koşullara bağlıdır.

Sizi mutlu ya da mutsuz eden şey neye sahip olduğunuz, kim olduğunuz ya da nerede olduğunuz değildir. Bunun hakkında sizin ne düşündüğünüzdür. Örneğin iki insan aynı konumda aynı işi yapıyor olabilir; her ikisi de aynı miktar para ve prestije sahip olabilir ve buna rağmen biri mutlu, diğeri mutsuz olabilir. Neden? Tabii ki zihinsel tutumun farklı olması sebebiyle. Tropik bölgenin yakıcı sıcaklığı altında ilkel aletleri ile çalışan fakir köylüler arasında da New York, Şikago veya Los Angeles'taki klimalı ofislerde gördüğüm kadar mutlu yüz gördüm.

"Hiçbir şey iyi ya da kötü değildir," diyor Shakespeare, "bunu düşünceler belirler."

Abe Lincoln, "İnsanlar, akıllarını kullandıkları ölçüde mutludurlar," demişti. Haklıydı da. Bu gerçeğin canlı örneğini New York'taki Long Island istasyonunun merdivenlerini çıkarken görmüştüm. Önümde otuz ya da kırk kadar sakat çocuk koltuk değnekleri ile merdivenden çıkmaya çalışıyordu. Bir tanesinin de taşınması gerekiyordu. Onların neşe ve kahkahaları karşısında şaşırmıştım. Bu konuyu çocuklardan sorumlu olan bir görevli ile konuştum. "Ah, evet," dedi, "bir çocuk hayatı boyunca sakat kalacağını anlarsa, ilk önce şok geçirir; fakat bu şoku atlattıktan sonra, genellikle kaderine boyun eğer ve sonra normal çocuklar kadar mutlu olur."

Bu çocuklar karşısında şapka çıkarmak istedim. Bana hayatım boyunca unutamayacağım bir ders verdiler.

Bir işyerindeki kapalı bir odada tek başına çalışmak insana sadece yalnızlık hissi vermez; aynı zamanda şirketteki diğer çalışanlarla dostluk kurma fırsatını da insanın elinden alır. Meksika, Guadalajara'dan Bayan Maria Gonzalez'in böyle bir işi vardı. Bayan Gonzalez diğer insanların sohbetlerini ve kahkahalarını duydukça, onların bu ilişkilerine gıpta ediyordu. İşe başladığı ilk haftalarda, koridorda diğer çalışanların yanından geçerken utanarak bakışlarını diğer yöne çeviriyordu.

Birkaç hafta sonra, kendi kendine, "Maria, bu kadınların sana gelmelerini bekleyemezsin. Dışarı çıkıp onlarla tanışmalısın," dedi. Su içmek için dışarı çıktığı bir sırada, "Merhaba, bugün nasılsınız?" diye sordu karşılaştığı herkese. Bu davranışı çok çabuk etkili oldu. Gülümsemesi ve selamları karşılık gördü. Koridor eskisi gibi karanlık değildi artık, pırıl pırıl parlıyordu. Bu tanışmalar gelişti ve bazıları derin dostluklara dönüştü. Maria Gonzalez'in işi ve hayatı daha mutlu ve ilginç bir hal aldı.

Deneme yazarı ve yayıncı Elbert Hubbard'ın mantıklı önerilerini dikkatle okuyun. Fakat unutmayın; bunları uygulamadığınız sürece okumanızın bir anlamı olmaz.

"Her dışarı çıktığınızda karnınızı içeri çekin, başınızı dik tutun, ciğerlerinizi havayla doldurun. Güneş ışınlarını içinize çekin, arkadaşlarınızı gülerek selamlayın ve size uzatılan elleri içtenlikle sıkın. Yanlış anlaşılmaktan, korkmayın düşmanlarınızı düşünmek için boşa vakit harcamayın. Kafanızda bir hedef belirleyin, hiçbir yöne sapmadan o hedefe doğru ilerleyin. Yapmak istediğiniz büyük ve muhteşem şeyleri düşünün; tıpkı mercan böceklerinin denizin çekilmesiyle ihtiyaç duydukları maddeleri buldukları gibi, siz de farkında olmadan isteğinizi gerçekleştirmenizi sağlayacak fırsatları değerlendirdiğinizi göreceksiniz. Olmak istediğiniz samimi, yetenekli, yararlı insanı kafanızda canlandırın ve böylece bu düşünceler sizi zamanla o özel kişiye dönüştürsün. Aslolan düşüncedir. Doğru, mantıklı bir tavır takının; cesur, samimi ve neşeli bir tavır. Doğru düşünmek yaratmaktır. Her şeyin kaynağı istektir ve her içten dua karşılık bulur.

Kalbimizde ne varsa biz oyuzdur. Karnınızı içeri çekin ve başınızı dik tutun. Tacınızı gururla taşıyın. Bizler henüz kozasından çıkmamış ilahlarız."

Eski Çinliler çok akıllılarmış. Yaşam hakkında çok şey biliyorlarmış. Bir atasözleri var ki hepimiz kesip şapkalarımızın içine yapıştırmalıyız: "Yüzü gülmeyen biri dükkân açmamalı."

Gülümsemeniz iyi niyetinizin habercisidir. Gülüşünüz, onu gören herkesin dünyasını aydınlatır. Düzinelerce asık suratlı, çatık kaşlı insan gören biri için sizin gülümsemeniz bulutlar arasından sızan bir güneş ışını olacaktır. Özellikle, patronunun, öğretmeninin, ailesinin ya da çocuklarının baskısı altında olan bir kişiye, bir gülümseme, hiçbir şeyin umutsuz olmadığını anlatabilir. Hayatta neşe diye bir şey olduğunu gösterebilir.

Birkaç yıl önce New York'ta bir süpermarket, Noel telaşının tezgâhtarlar üzerinde yarattığı baskının büyüklüğünü göz önüne alarak reklamlarında her eve asılması gereken şu ilana yer verdi:

NOEL'DE BİR GÜLÜMSEMENİN DEĞERİ

- Parasal bir değeri yoktur, fakat çok şey yaratır.
- Vereni fakirleştirmez, alanı zenginleştirir.
- Bir an sürer, fakat bazen anısı sonsuza kadar canlı kalır.
- Hiç kimse onsuz yaşayabilecek kadar zengin değildir. Yararları ise en yoksulu bile zenginleştirir. Evde mut-

luluk yaratır, işte iyi niyete teşvik eder ve dostluğun en iyi simgesidir.

- Yorgunluğu giderir, umutsuzluğa ışık tutar, üzgünü aydınlatır ve sorunlar için doğanın yarattığı en iyi panzehirdir.
- Fakat aynı zamanda ne alınır, ne dilenilir, ne ödünç istenir ne de çalınır. Çünkü öyle bir şeydir ki gönülden verilmediği sürece hiç kimseye yararı yoktur.
- Noel alışverişinin son anlarında tezgâhtarlarımızdan bazıları size gülümsemeyecek kadar yorgun olduklarında, siz onlara gülümseyebilir misiniz lütfen?
- Çünkü hiç kimsenin gülümseyemeyecek kadar yorgun olanlar kadar gülümsemeye ihtiyacı olmaz.

İKİNCİ PRENSİP

Gülümseyin!

III

BUNU YAPMAZSANIZ SORUNLARLA KARŞILAŞIRSINIZ

1898 yılında, New York'un Rockland kasabasında trajik bir olay yaşandı. Bir çocuk ölmüştü ve o gün komşular cenaze törenine gitmeye hazırlanıyorlardı. Jim Farley atını hazırlamak için ahıra gitti. Yerler karla kaplıydı. Hava soğuk ve yağışlıydı. Günlerdir dışarı çıkmayan at, su içmek için çıktığında, neşeyle dönüp çifte atmaya başladı. Bu vuruşlardan biri Jim Farley'e geldi ve adam öldü. Böylece küçük Stony Point köyünde o hafta bir yerine iki cenaze töreni yapıldı.

Jim Farley arkasında dul bir eş, üç çocuk ve sigortadan birkaç yüz dolar bıraktı.

En büyük oğlu Jim, on yaşındaydı. Tuğla yapımında çalışmaya başladı. Kumları karıştırıyor, kalıba döküyordu. Sonra tuğlaları güneşte kurutuyordu. Jim'in hiçbir zaman daha fazla eğitim almaya imkânı olmadı. Fakat onun doğasında güler yüzlülük vardı, kendini insanlara kolayca sevdirebiliyordu. Bu yüzden politikaya atıldı ve yıllar geçtikçe insanların adlarını anımsama gibi değişik bir yetenek geliştirdi.

Bir yüksekokulun içini bile görmemişti; fakat daha kırk altı yaşına gelmeden, dört üniversite tarafından çeşitli derecelerle onurlandırıldı. Demokratik Halk Komitesi Başkanlığı ve Birleşik Devletler Postaneler Genel Müdürlüğü yaptı.

Bir kez Jim Farley ile görüştüm ve ona başarısının sırrını sordum. "Çok çalışmak," cevabını verdi. Ben de "Komik olmayın!" dedim.

Bana başarısının sırrının ne olabileceğini düşündüğümü sordu. Cevap verdim: "Anladığım kadarıyla on bin kişiye ilk adları ile hitap edebiliyorsunuz."

"Hayır, yanılıyorsunuz," dedi. "Elli bin kişiye ilk adları ile hitap edebilirim."

Düşünün. 1932'de Roosevelt'in kampanyasını üstlendiğinde, başkanın Beyaz Saray'a çıkmasını sağlamasına yardım eden şey Farley'in bu özelliğiydi.

Jim Farley alçıtaşı pazarlamacısı olarak seyahat ettiği ve Stony Point'te belediye başkanı olarak görev yaptığı yıllarda bu isim hatırlama sistemini geliştirmişti.

Başlangıçta her şey çok basitti. Her yeni tanıştığı kişinin tam adını, hayatı ile ilgili bazı bilgileri, işini ve politik görüşlerini öğreniyordu. Tüm bu bilgileri bir resmin parçalarıymış gibi kafasına yerleştiriyordu. Tekrar aynı kişi ile karşılaştığında, bu karşılaşma bir yıl sonra bile olsa, ona ailesini ve arka bahçedeki gülleri sorabiliyordu. Sonra bu sistemi geliştirdi.

Roosevelt'in başkanlık kampanyası başlamadan aylar önce, Jim Farley batı ve kuzeybatı eyaletlerindeki insanlara her gün yüzlerce mektup yazdı. Sonra bir trene atladı ve on dokuz günde yirmi kasabaya (fayton, tren, araba ve botla) uğrayarak 20 bin mil katetti.

Uğradığı kasabadaki insanlarla kahvaltıda, öğle yemeğinde, çayda, akşam yemeğinde samimi konuşmalar yapıyor, sonra bir sonra gideceği yere ulaşmak için yola koyuluyordu. Doğuya döner dönmez, her uğradığı kasabada tanıştığı bir kişiye mektup yazıp konuşma yaptığı insanların listesini istiyordu. Sonuçta ortaya milyonlarca isimden oluşan bir liste çıktı. Fakat Jim Farley büyük bir incelikle tüm bu insanları yolladığı mektuplarla onurlandırdı. Her mektup "Sevgili Jane" veya "Sevgili Bill" şeklinde başlıyordu ve hepsi "Jim" diye imzalanmıştı.

Çoğu insan için, kendi adlarının dünyada birçok insanın adından daha önemli olduğunu Jim Farley hayatının erken safhalarında öğrenmişti. Bir kişinin adını doğru hatırlayabilmek ve kolayca söyleyebilmek, o kişiye yapılmış güzel ve etkili bir komplimandır. Bir kişinin adını unutmak veya yanlış telaffuz etmek sizi zor bir duruma sokacaktır. Örneğin, bir süre önce Paris'te topluluk önünde konuşmak için bir kurs düzenlemiştim ve şehirde oturan tüm Amerikalılara form gönderdim. Az İngilizce bilen Fransız bir sekreter formlardaki ad soyad bölümlerini daktilo etti ve doğal olarak bazı hatalar yaptı. Şehirdeki Amerikan Bankası müdürü adı yanlış yazıldığı için bana iğneleyici eleştirilerle dolu bir mektup gönderdi.

Bazen telaffuzu zor olan adları akılda tutmak güç olur. O adı öğrenmeye çalışmak yerine kimi zaman göz ardı ederiz. Kimi zaman da takma adlar kullanırız. Sid Levy, adı Nicodemus Papadoulos olan bir müşterisini arayacaktı. İnsanlar adı zor telaffuz edildiği için onu "Nick" diye çağırıyorlardı. Sid müşterisinin adını doğru söyleyebilmek için özel bir güç harcadığını söylemişti. Müşterisini arayıp "İyi günler Bay Nicodemus Papadoulos" dediğinde, adam şoke olmuştu. Konuşmaya başlaması birkaç dakikasını almıştı. Sonunda gözünden akan yaşlar yanaklarında süzülürken, "Bay Levy, bu ülkede bulunduğum on beş yıl içinde bugüne dek kimse adımı tam olarak söyleyebilmek için uğraşmamıştı," demişti.

Andrew Carnegie'nin başarısının sırrı neydi?

Ona "Çelik Kralı," deniyordu, ama çelik üretimi hakkında pek az şey biliyordu. Yanında çalışanların bilgisi ondan daha fazlaydı. Fakat o insanlara nasıl yaklaşması gerektiğini çok iyi biliyordu. Onu zengin yapan da buydu. Genç yaşına rağmen bir lider ve organizasyon dehasıydı. Henüz on yaşındayken, insanların kendi adlarına ne kadar şaşırtıcı bir önem verdiklerini keşfetmişti ve bu keşfini onların işbirliğini kazanmak için kullandı. Örneğin İskoçya'da henüz küçük bir çocukken, bir anne tavşan beslemeye başladı. Kısa süre sonra, etrafta küçük tavşanlar dolaşmaya başlamıştı. Ama onları besleyecek yiyeceği yoktu. Aklına parlak bir fikir geldi. Mahalledeki kız ve erkeklere, eğer tavşanları beslemeye yetecek kadar yonca ve karahindiba getirirlerse, tavşanlara onların adlarını vereceğini söyledi.

Yaptığı plan harikalar yarattı ve Carnegie bunu asla unutmadı.

Yıllar sonra, aynı yöntemi işinde de uygulayarak milyonlar kazandı. Örneğin, o zamanlar Pennsylvania Demiryolları'nın başında Edgar Thompson bulunuyordu. Andrew Carnegie de Pittsburg'da muazzam bir çelik fabrikası kurup adını "Edgar Thompson Çelik İşletmeleri" koydu.

İşte bir bilmece. Bakalım yanıtı tahmin edebilecek misiniz? Pennsylvania Demiryolları çelik raylara ihtiyaç duyduğunda J. Edgar Thompson bunları nereden aldı dersiniz? Sears Roebuch'tan mı? Hayır yanıldınız. Tekrar düşünün.

Carnegie ve George Pullman yataklı vagon işinde birbirlerine karşı üstünlük sağlama yarışı yaparken, Çelik Kralı, tavşanlardan aldığı dersi tekrar hatırlamıştı.

Andrew Carnegie'nin yönettiği Central Transportation şirketi, Pullman'ın şirketi ile mücadele halindeydi. Her ikisi de Union Pacific Demiryolu Şirketi'nin yataklı vagon işini kazanmaya çalışıyordu. İkisi de birbirini kötülüyor, fiyat kırıyor, kârlı bir iş yapmayı olanaksız hale getiriyorlardı. Hem Carnegie hem de Pullman, Union Pacific'in yöneticilerini görmek için New York'a gittiler. Bir akşam St. Nicholas Oteli'nde karşılaştıklarında Carnegie, "İyi akşamlar, Bay Pullman," dedi. "Sizce kendimizi aptal durumuna düşürmüyor muyuz?"

"Ne demek istiyorsunuz?" diye sordu Pullman.

Carnegie şirketin de lehine olacağını düşündüğü fikrini anlattı. Birbirlerinin aleyhine çalışmak yerine birlikte çalışmanın avantajlarını çarpıcı bir dille anlatmaya çalıştı. Pullman dikkatle dinledi, fakat tam anlamıyla ikna olmamıştı. Sonunda, "Yeni şirketin adını ne koyacaksınız?" diye sordu Pullman. Carnegie hemen cevap verdi: "Elbette Pullman Yataklı Vagon Şirketi!"

Pullman'ın yüzü parladı. "O zaman gelin," dedi, "bu konuyu konuşalım." Bu konuşma endüstri tarihinde yeni bir sayfa açtı.

Arkadaşlarının ve iş ortaklarının isimlerini hatırlama ve onları onurlandırma politikası, Andrew Carnegie'nin liderliğinin sırlarından biriydi. Kendi fabrikalarında çalışan işçilerine ilk isimleri ile hitap edebilmekten gurur duyuyordu.

İdare elindeyken çelik fırınların hiçbirinde grev nedeniyle üretimin durmadığını anlatarak övünürdü.

Teksas Ticari Yatırımlar Şirketi Müdürü Benton Love'a göre firmalar büyüdükçe soğuklaşmaktadırlar. "Havayı yumuşatmanın tek bir yolu var," diyor Love. "O da insanların isimlerini hatırlamak. Bana isimleri hatırlayamadığını söyleyen bir yönetici aynı zamanda işinin önemli bir bölümünü de hatırlayamadığını ve işi bataklık kumu gibi bir zeminde yürüttüğünü söylüyor demektir."

Karen Kirsch, Kaliforniyalı bir TWA hostesiydi. Kendi kabininde bulunan yolcuların isimlerini öğrenip, servis sırasında onlara isimleriyle hitap etmeyi alışkanlık haline getirmişti. Bu da yolcuların Karen'a ve şirkete övgüler yağdırmasını sağlıyordu. Hatta bir yolcu mektubunda şöyle diyordu: "Bir süredir TWA ile uçmamıştım, ama bundan sonra sadece TWA ile uçacağım. Çünkü sizin şirketinizin yolcuları ile özel olarak ilgilendiğini anladım ve bu benim için çok önemli."

İnsanlar isimleri ile o kadar çok gurur duyuyorlar ki bedeli ne olursa olsun, onları ölümsüzleştirmeye çalışıyorlar. Zamanının en büyük şovmeni olan yaşlı P. T. Barnum bile hayal kırıklığına uğramıştı, çünkü ismini devam ettirecek bir oğlu olmamıştı. O da torunu C. H. Seeley'e eğer "Barnum" Seeley ismini taşırsa 25.000$ vermeyi teklif etmişti.

Asırlar boyu asiller ve kodamanlar, yarattıkları eserleri kendilerine adamalarını sağlamak için ressamları, müzisyenleri ve yazarları desteklemişlerdi.

Kütüphaneler ve müzelerin zengin bir koleksiyona sahip olmalarının nedeni, kendi isimlerinin belleklerden silinebileceği düşüncesine katlanamayan insanlardır. New York

Halk Kütüphanesi Astor ve Lenox koleksiyonuna sahiptir. Metropolitan Müzesi Benjamin Altman ve J. P Morgan'ın isimlerini ebedileştirmiştir. Hemen hemen tüm kiliseler bağışta bulunan kişilerin isimlerini sürekli belleklerde tutacak güzellikteki vitraylara sahiptir.

Pek çok üniversite kampusunda binalar, büyük miktarda bağış yapan kişilerin isimlerini taşımaktadırlar.

Pek çok insan isimleri akıllarında tutmak için yeterli zaman ve enerji harcamadıkları için onları hatırlayamazlar. Bahaneleri de her zaman hazırdır; kendileri çok meşguldürler.

Fakat herhalde onlar Franklin D. Roosevelt'ten daha meşgul değillerdir. O kadar meşgul olmasına rağmen Roosevelt, isimleri ve hatta rastlantı sonucu tanıştığı teknisyenlerin isimlerini bile tekrarlamak ve hatırlamak için zaman ayırırdı.

Örnek verelim: Chrysler şirketi, bacakları felçli olduğu için standart arabaları kullanamayan Bay Roosevelt'e özel bir araba yapmıştı. Arabayı Beyaz Saray'a W. F. Chamberlain götürmüştü. Şu anda önümde Bay Chamberlain'in yaşadıklarını anlattığı bu mektup duruyor:

"Ben Başkan Roosevelt'e olağandışı pek çok parçası olan arabanın nasıl kullanıldığını öğrettim; fakat o da bana insanlara nasıl davranılacağı konusunda çok önemli şeyler öğretti.

"Beyaz Saray'a çağrıldığımda, Başkan çok mutlu ve neşeliydi. Bana ismimle hitap etmesi beni çok rahatlatmıştı, ona göstermiş ve anlatmış olduğum şeylerle çok ilgili olması da beni çok etkilemişti. Araba öyle dizayn edilmişti ki sadece ellerle kullanılabiliyordu. Çevrede küçük bir kalabalık oluştu. 'Bunun harika olduğunu düşünüyorum,' dedi başkan. 'Hareket etmesi için yapman gereken tek şey bir düğmeye basmak. Böylece hiçbir kuvvet harcamadan arabayı kullanabiliyorsun. Bence muhteşem bir şey, onu parçalayıp nasıl çalıştığını görebilecek zamanımın olmasını çok isterdim.'

"Roosevelt'in arkadaşları ve yardımcıları arabayı takdir edince, onların huzurunda bana, 'Bay Chamberlain, bu arabayı yapmak için zaman ve enerji harcadığınız için sizi takdir ediyorum. Oldukça zor bir iş olmalı,' dedi. Radyatörü, özel aynasını ve saati, özel olarak yapılmış farları, döşemelerin kalitesini, şoför koltuğunun biçimini, bagajdaki armalı özel valizleri çok beğendi. Diğer bir deyişle, üzerinde önemle durulduğu belli olan tüm detayları inceledi. Bununla kalmayıp bu özellikleri Bayan Roosevelt'e, Bayan Perkins'e ve sekreterine de gösterdi. Hatta yaşlı Beyaz Saray kapıcısını da çağırıp, 'George, bu valizlere özel bir itina göstermelisin,' dedi.

"Sürücülük dersleri bittikten sonra, başkan bana döndü ve 'Evet Bay Chamberlain, Federal Reserve Yönetim Kurulu'nu yarım saattir bekletiyorum. Sanırım artık işimin başına dönsem iyi olacak,' diye konuştu.

"Yanıma bir teknisyen alıp Beyaz Saray'a gitmiştim. Oraya vardığımızda teknisyeni Roosevelt ile tanıştırdım. Usta, başkanla hiç konuşmadı ve Roosevelt onun adını sadece bir kere duydu. Usta çekingen biriydi, hep geri planda kaldı. Fakat biz oradan ayrılmadan önce başkan ustayı aradı ve onunla el sıkıştı, ona ismiyle hitap etti. Washington'a geldiği için teşekkürlerini sundu. Üstelik bu davranışında hiçbir yapmacıklık yoktu. İçinden geldiği gibi davrandı. Bunu hissedebiliyordum.

"New York'a döndükten birkaç gün sonra, Başkan Roosevelt tarafından imzalanmış bir resim ve yardımlarım için duyduğu minneti belirten küçük bir not aldım. Bunu yapmak için nasıl zaman bulduğu benim için hâlâ bir sırdır."

Franklin D. Roosevelt başkalarının sevgilerini kazanmanın en önemli, en basit ve en kısa yolunun onların ismini anımsayıp, kendilerini önemli hissetmelerini sağlamak olduğunu biliyordu. Aramızda kaç kişi bunu uyguluyor?

Çoğu zaman yabancı biri ile tanıştığımızda birkaç dakika sohbet ederiz ve daha ayrılırken onun ismini unuturuz.

Bir politikacının öğrendiği ilk ders şudur: "Bir seçmenin ismini hatırlamak başkanlığı, unutmak ise kaybetmeyi getirir."

İsimleri hatırlama yeteneği, iş ilişkilerinde ve sosyal ilişkilerde olduğu kadar politikada da önemlidir.

Fransa imparatoru ve büyük Napoleon'un yeğeni Üçüncü Napoleon, sarayla ilgili yoğun işlerine rağmen tanıştığı herkesin ismini hatırlamakla övünürdü. Tekniği neydi? Basit. Söylenen ismi net bir şekilde duyamadığı zaman, "Özür dilerim. İyi anlayamadım," diyordu. Sonra, eğer bu çok duyulmamış bir isimse, "Nasıl telaffuz ediliyor?" diye soruyordu. Sohbet boyunca, ismi birkaç kez tekrarlayıp kişinin özellikleri, tavırları ve genel görünüşü arasında ilişki kurmaya çalışıyordu. Eğer tanıştığı kişi önemli biriyse bununla da kalmıyordu. İsmi bir parça kâğıda yazıyor, uzun uzun bakıyor, konsantre oluyor ve belleğine yerleştirmeye çalışıyordu. Sonra da kâğıdı yırtıp atıyordu. Bu yolla sadece kulakları değil, gözleri de etkileniyordu.

Bütün bunlar zaman alıcı şeyler elbette. Ama Emerson, "İyi tavırlar, fedakârlıklarla ortaya çıkar," diyor.

İsimleri hatırlamanın ve kullanmanın önemi sadece krallara ve şirket yöneticilerine özgü bir ayrıcalık değildir. Bu herkes için geçerlidir. Indiana'daki General Motors'ta çalışan Ken Nottingham genellikle öğle yemeğini şirketin kafeteryasında yerdi. Tezgâhın arkasında çalışan kadının yüzünün her gün asık olduğunu fark etti. Nottingham olanları şöyle anlatıyor: "İki saattir durmadan sandviç hazırlıyordu ve ben de onun için sadece bir sandviçtim. Ona ne istediğimi söyledim. Küçük bir terazide bir parça jambon tarttı, sonra bana bir yaprak marul ve birkaç patates kızartması koyduğu tepsiyi uzattı.

"Ertesi gün yine aynı sıraya girdim. Aynı kadın ve aynı asık surat. Tek fark, rozetinde yazan ismini fark etmiş olmamdı. Gülümsedim, "Merhaba, Eunice," dedim ve ne istediğimi söyledim. Kadın tartıyı unuttu, bir küme jambon aldı, üç marul yaprağı verdi ve tabağı patates kızartması ile doldurdu."

Bir ismin taşıdığı sihrin farkında olmalı ve bu basit şeyin ilişkide bulunduğumuz diğer insanlar tarafından tamamen sahiplenildiğini unutmamalıyız.

Bir kişiye ismi ile yaklaştığımızda, verdiğimiz bilgi ya da istediğimiz şey özel bir önem kazanır. Karşımızdaki kişi ister hizmetçi ister yönetici olsun, insanlarla ilişkilerimizde isim kullanmamız mucizeler yaratır.

ÜÇÜNCÜ PRENSİP

Kullanılan dil ne olursa olsun, kişi için en önemli ve kulağa en hoş gelen söz kendi ismidir.

IV

İYİ BİR KONUŞMACI OLMANIN BASİT YOLU

Bir süre önce bir briç partisine davet edilmiştim. Ben briç oynamam; orada da briç oynamayan bir bayan daha vardı. Bu bayan, Lowell Thomas radyoya geçmeden önce benim onun menajeri olduğumu, onunla Avrupa'yı dolaşıp hazırladığı gezi konuşmalarına yardım ettiğim öğrenmişti. "Ah, Bay Carnegie, gezdiğiniz muhteşem yerleri ve gördüğünüz manzaraları anlatmanızı istiyorum," dedi.

Bir kanepeye oturduktan hemen sonra, kocası ile birlikte gittikleri Afrika gezisinden yeni döndüklerini söyledi. "Afrika!" diye bağırdım. "Ne ilginç! Her zaman Afrika'yı görmek istemişimdir; fakat Cezayir'de geçirdiğim yirmi dört saati saymazsak hiç gitmedim. Anlatsanıza, safari yapılan yerleri gezdiniz mi? Ne büyük şans. Size imreniyorum. Hadi bana Afrika'yı anlatın."

Bu sözlerim onun kırk beş dakika konuşmasını sağladı. Bir daha bana nereye gittiğimi ve neler gördüğümü sormadı bile. Seyahatlerim hakkında söyleyeceklerimi duymak istemiyordu. Tek istediği şey, anlatacağı şeyleri dikkatle dinleyecek ve egosunu tatmin edebilecek iyi bir dinleyici bulmaktı.

Bu kadın olağandışı biri miydi? Hayır. Pek çok insan böyledir.

Örneğin, New Yorklu bir yayıncının verdiği partide seçkin bir botanikçi ile tanışmıştım. Daha önce hiç bir botanikçi ile sohbet etmemiştim ve onu çok ilginç bulmuştum. Bir sandalyenin kenarına oturup onun egzotik bitkiler, bahçe bitkileri hakkındaki konuşmasını dinledim. Benim de küçük bir bahçem vardı ve bununla ilgili sorunlarımı nasıl çözebileceğimi anlattı.

Söylediğim gibi, bir akşam yemeğindeydik. Düzinelerce misafir vardı; fakat ben bütün görgü kurallarını çiğneyerek, hiç kimseyi önemsemeyerek saatlerce botanikçi ile konuştum.

Gece yarısı oldu. Herkese iyi geceler dileyerek ayrılırken botanikçi ev sahibine döndü ve benim için övgü dolu sözler sarf etti. İnsanları çok rahatlatıyormuşum, şöyleymişim, böyleymişim. "Benim tanıdığı en ilginç konuşmacı olduğumu" söyleyerek sözlerini tamamladı.

İlginç bir konuşmacı mı? Ama ben hemen hemen hiçbir şey söylememiştim ki. Konuyu değiştirmeden de hiçbir şey söyleyemezdim. Çünkü penguenlerin anatomisi hakkında ne kadar bilgim varsa, botanik hakkında da o kadar bilgim vardı. Yaptığım tek şey onu dikkatle dinlemekti. Dinlemiştim, çünkü anlattıkları gerçekten ilgimi çekiyordu. O bunu anlamıştı ve doğal olarak memnun olmuştu. Bu tür bir dinleme, konuşmacıya yapılmış büyük bir iltifattır. Jack Woodford, *Strangers in Love* (Âşık Yabancılar) adlı kitabında şöyle diyor: "Pek az insan ilgiye karşı koyabilir." Ben, onu büyük bir dikkatle dinlemekten daha ileri gitmiş, anlattıklarını içtenlikle takdir etmiş, övgüler yağdırmıştım.

Ona çok eğlendiğimi ve çok şey öğrendiğimi söylemiştim; gerçekten de öyleydi. Onun kadar bilgili olmayı çok islediğimi söyledim, gerçekten de isterdim. Ona tekrar görüşmek istediğimi söyledim, daha sonra da görüştük zaten.

İyi bir dinleyici olup onu konuşmaya teşvik etmem, benim iyi bir konuşmacı olduğumu düşünmesini sağlamıştı.

Başarılı iş görüşmelerinin sırrı nedir? Harvard Üniversitesi eski rektörü Charles W. Eliot'a göre, "Başarılı iş görüşmelerinin hiçbir sırrı yok. Dikkatinizi sizinle konuşan kişiye vermeniz çok önemli. Başka hiçbir şey bu derece olumlu etki yaratamaz."

Eliot'ın kendisi dinleme sanatında eski bir üstattı. Amerika'nın ilk büyük romancılarından biri olan Henry James şöyle diyordu: "Dr. Eliot'ın dinleme stili sadece sessizlik değil, aynı zamanda bir çeşit faaliyetti. Dimdik bir şekilde oturur, ellerini kucağında birleştirir ve başparmaklarını birbirinin etrafında hızlı veya yavaşça döndürmek dışında hiç kıpırdamazdı. Konuşmacıya dönerdi, kulaklarıyla olduğu kadar gözleriyle de dinlediğini sanırdınız. Büyük bir arzuyla dinler, söylediğiniz her kelimeyi dikkate alırdı. Konuşma sona erdiğinde, konuşmacı içini tamamen boşalttığını hissederdi."

Oldukça açık, öyle değil mi? Bunu keşfetmek için dört yıl Harvard'da okumaya gerek yok. Hepimizin bildiği gibi, pahalı dükkânlar kiralayan büyük mağaza sahipleri, satacakları malları dikkatle seçerler, vitrinlerini özenle düzenlerler, reklam için binlerce dolar harcarlar. Fakat iyi bir dinleyici olma özelliğinden uzak, müşterileri rahatsız eden, sinirlendiren ve onların mağazaya gelmelerini engellemek için ellerinden gelen her şeyi yapan tezgâhtarlar çalıştırırlar.

Şikago'da büyük bir mağaza, az daha, her yıl birkaç bin dolarlık harcama yapan sürekli bir müşterisini, dinleme özürlü bir tezgâhtar yüzünden kaybedecekti. Şikago'daki kursumuza katılan Bayan Henrietta Douglas, indirimli satışlarda bir palto satın almıştı. Eve geldikten sonra, paltonun astarında bir yırtık olduğunu fark etmişti. Ertesi gün mağazaya giderek, tezgâhtardan paltoyu değiştirmesini istemişti. Tezgâhtar ise Bayan Douglas'ın şikâyetini dinlemeyi bile reddetmiş, "Siz bunu indirimli satışlardan aldınız," demişti. Duvardaki bir yazıyı işaret ederek, "Okuyun," diye çıkışmıştı. "İndirimli satışlar sona erdi. Bir kere almışsınız, iade edemezsiniz. Yırtığı kendiniz dikin."

"Fakat bu mal defolu," diye dert yanmıştı Bayan Douglas.

"Hiç fark etmez," diye sözünü kesmişti tezgâhtar.

Bayan Douglas bir daha o mağazaya gelmemek üzere oradan ayrılırken, onu yıllardır tanıyan departman yöneticisi ile karşılaşmış, ona neler olduğunu anlatmıştı.

Yönetici, tüm hikâyeyi büyük bir dikkatle dinlemiş, paltoyu incelemiş ve "İndirimli satışlar sona erdiği için, sezon sonu malları elimizden çıkarırız. Fakat 'Satılan mal geri alınmaz' kuralı defolu mallar için geçerli değil. Astarı kesinlikle tamir eder ya da değiştiririz. Tabii eğer isterseniz paranızı iade de edebiliriz" demişti.

Ne kadar farklı iki tavır! Eğer departman yöneticisi gelip müşteriyi dinlemeseydi, mağaza sürekli bir müşterisini yitirebilirdi.

İş hayatında olduğu kadar ev hayatında da dinlemek çok önemlidir. New York, Croton-on-Hudson'dan Millie Esposito kendisiyle konuşmak isteyen çocuklarını dikkatle dinlemeyi alışkanlık haline getirmişti. Bir akşam küçük oğlu Robert ile mutfakta oturuyordu. Robert'in bir sorunu hakkında bir süre sohbet ettikten sonra, Robert, "Anne, beni çok sevdiğini biliyorum" dedi.

Bayan Esposito sözlerden etkilenerek, "Tabii ki seni çok seviyorum. Şüphen mi vardı?" diye sordu.

Robert cevap verdi: "Hayır, gerçekten beni çok sevdiğini biliyorum; çünkü ne zaman seninle bir konuda konuşmak istesem, elinde ne varsa hemen bırakıyor ve beni dinliyorsun."

En sert eleştirilerde bulunanlar bile sempatik, sabırlı bir dinleyici karşısında boyun eğip yumuşayabilirler. Böyle bir dinleyici, kızgın tenkitçi kobra yılanı gibi içindeki zehri akıtırken sessizliğini koruyacaktır. Örneğin, New York telefon şirketi birkaç yıl önce, durmadan müşteri hizmetleri temsilcisine küfreden oldukça kötü bir aboneyle uğraşmak zorunda kaldı. Adam tam bir baş belasıydı. Çıldırmış gibiydi. Telefonu parçalamakla tehdit ediyordu. Yanlış olduğunu iddia ettiği faturaları ödemeyi reddediyordu. Gazetelere mektuplar yazıyordu. Halk Hizmetleri Komisyonu'na sayısız şikâyette bulunmuş ve telefon şirketine karşı tazminat davaları açmaya başlamıştı.

Sonunda şirketin problem çözmede en yetenekli elemanlarından biri hırstan kudurmuş bu adamla konuşması için görevlendirildi. Bu temsilci, huysuz müşterinin içindeki öfkeyi tamamen boşaltması ve kendini rahatlatması için hiç sesini çıkarmadan oturdu, onu dinledi ve sonunda adama haklı olduğunu söyledi.

"Adam çılgınca bağırıp çağırıyordu ve ben onu yaklaşık olarak üç saat dinledim," diye anlattı temsilci, yazarlık kursunda "sonra adamı görmeye tekrar gittim ve biraz daha dinledim. Onunla dört kez görüştüm ve dördüncü görüşmemiz sona ermeden, onun başlattığı bir organizasyonun üyesi oldum. Organizasyonun adı, "Telefon Aboneleri Protesto Derneği" idi. Hâlâ bu derneğin üyesiyim ve bugün bile Bay X haricinde bu derneğe üye, dünyada benden başka hiç kimse yok.

"Bu görüşmeler boyunca anlattığı her şeyi dinledim, fikirlerine katıldım. Daha önce hiçbir telefon temsilcisi ile bu şekilde görüşmemişti ve dostça davranmaya başlamıştı. Onunla görüşme sebebimi ne ilk ne de ikinci ve üçüncü görüşmede söyledim. Fakat dördüncü görüşmede konuyu tamamen hallettim. Bütün faturalarını ödedi ve telefon şirketiyle kavgalı duruma düştükten sonra ilk defa olarak bütün şikâyetlerini kendi isteğiyle geri aldı."

Şüphesiz Bay X kendini, katı sömürgeciler karşısında kamu haklarını savunan kutsal bir şövalye olarak görüyordu. Fakat gerçekte istediği şey, kendini önemli hissetmekti. Kendini önemli hissetme isteğini, önce saldırarak ve şikâyetlerde bulunarak tatmin etti. Fakat kendini önemli hissetme isteği telefon şirketinin temsilcisi tarafından tatmin edilince, hayalinde canlandırdığı şikâyetler yok olup gitti.

Yıllar önce bir sabah kızgın bir müşteri, daha sonra yünlü kumaş alanında dünyanın en büyük distribütörü olan Detmer Yünlü Kumaş Şirketi'nin kurucusu Julian F. Detmer'in ofisine fırtına gibi daldı.

"Bu adamın bize küçük bir miktar borcu vardı," diye anlatıyor Bay Detmer. "O bunu reddediyordu, fakat biz onun yanıldığını biliyorduk. Bu yüzden kredi servisimiz borcunu ödemesi için ısrar etmişti. Eline, bizim krediler servisimizin göndermiş olduğu birkaç mektup geçtikten sonra, bavulunu topladığı gibi Şikago'ya gelmişti. Daha sonra telaşla ofisime gelerek bu faturayı ödemeyeceğini, hatta bundan sonra Detmer Şirketi'nden tek bir dolarlık bile alışveriş yapmayacağını bildirdi.

"Bütün söylediklerini sabırla dinledim. Sözünü kesmek istedim, fakat bunun kötü bir politika olacağını düşündüm. Böylece sözünü bitirmesine izin verdim. Sonunda sakinleşerek, kabullenebilir duruma gelince ona sakince, 'Bana bunları anlatmak için Şikago'dan kalkıp geldiğiniz için size teşekkür etmek istiyorum. Bana büyük bir iyilik yaptınız. Çünkü eğer krediler servisimiz sizi bu kadar kızdırdıysa, diğer iyi müşterilerimizi de kızdırmış olabilir. Bu gerçekten çok kötü olur. İnanın bana, siz bunları anlatmayı ne kadar çok istiyorsanız ben de dinlemeyi o kadar istiyorum,' dedim.

"Bu sözler onun benden duymayı en son beklediği sözlerdi. Biraz hayal kırıklığına uğramıştı. Çünkü Şikago'ya kavga etmek için gelmişti. Fakat ben onunla kavga etmek yerine ona teşekkür ediyordum. Ona alacağımızı kayıtlardan silip unutacağımızı, çünkü onun hem tek bir hesabı kontrol ettiğini hem de çok dikkatli olduğunu, fakat bizim elemanlarımızın ilgilenmesi gereken binlerce hesap olduğunu ve bu nedenle hata yapma olasılıklarının onunkinden daha fazla olacağını söyledim.

"Ona neler hissettiğini anladığımı ve eğer ben de aynı durumda olsaydım aynı şeyleri hissedeceğimi söyledim. Artık bizden alışveriş yapmayacağına göre ona alışveriş yapabileceği başka şirketler önerdim.

"Eskiden, bu adam Şikago'ya geldiğinde genellikle öğle yemeğine birlikte çıkardık. Bu yüzden o gün de onu öğle yemeğine davet ettim. İsteksizce kabul etti, fakat ofise geri dönünce her zamankinden daha büyük bir sipariş verdi. Evine dönerken oldukça sakindi. Bizim ona davrandığımız gibi, o da bize zarif davranmak istemişti. Bu yüzden faturaları tekrar gözden geçirmiş ve ödenmemiş bir tane bulunca, özür dilekleriyle beraber bir de çek göndermişti.

"Daha sonra karısı ona bir evlat verince, oğlunun ismini Detmer koydu ve yirmi iki yıl sonra ölene kadar şirketin iyi bir müşterisi, benim de dostum olarak kaldı."

Yıllar önce, Hollandalı fakir bir göçmen çocuk, ailesine destek olmak için okuldan sonra fırının camlarını siliyordu. Ailesi o kadar fakirdi ki buna ek olarak eline bir sepet alır, kömür kamyonlarından düşen küçük kömür parçacıklarını toplardı. Edward Bok adındaki bu çocuk hayatı boyunca altı yıl eğitim görmüştü ve buna rağmen Amerikan gazetecilik tarihindeki en başarılı dergi editörlerinden biri oldu. Bunu nasıl başardı? Bu uzun bir hikâye, fakat başlangıcını kısaca anlatabiliriz. Edward işe bu bölümdeki prensipleri uygulayarak başlamıştı.

On üç yaşındayken okulu bırakmış ve Western Union'da ofisboy olarak çalışmaya başlamıştı. Fakat bir an bile eğitimine son vermeyi düşünmemiş, kendi kendini yetiştirmeye karar vermişti. Bir Amerikan Biyografileri Ansiklopedisi almaya yetecek parayı denkleştirene kadar öğle yemeği yememiş, otobüse binmemişti. Sonra da hiç duyulmamış bir şey yaptı. Bütün ünlü insanların hayatlarını okudu, çocuklukları hakkında daha fazla bilgi edinebilmek için onlara mektup yazdı. O iyi bir dinleyiciydi. Ünlü insanlardan, kendileri hakkında daha ayrıntılı şeyler anlatmalarını isterdi. Başkanlığa soyunan General James A. Garfield'e yazıp bir zamanlar bir kanalda gemileri çeken bir çocuk olduğunun doğru olup olmadığını sordu ve Garfield'den cevap aldı. General Grant'e bir savaş hakkında sorular sordu. Grant onun için bir harita çizdi ve bu on dört yaşındaki çocuğu akşam yemeğine davet etti. Bütün geceyi onunla sohbet ederek geçirdi.

Kısa süre içinde bizim batılı çocuğumuz bütün ünlü insanlarla mektuplaşmaya başladı: Ralph Waldo Emerson, Oliver Wendell Holmes, Longfellow, Bayan Abraham Lincoln, Louisa May Alcott, General Sherman ve Jefferson Davis... Sadece bu seçkin insanlarla mektuplaşmakla kalmadı, tatile çıktığı zamanlarda onları ziyarete de gitti. Bu deneyim kendine paha biçilmez bir güven kazanmasını sağladı. Tüm bu seçkin bay ve bayanlar ona hayatını şekillendiren hırs, hayal ve ihtirası aşıladılar ve bütün bunlar, bu kitapta anlattığımız kuralların uygulanmasıyla gerçekleşti.

Yüzlerce ünlü isimle görüşmeler yapan gazeteci Isaac F. Marcosson, pek çok insanın anlatılanları dikkatle dinlemedikleri için iyi bir izlenim bırakamadıklarını söylüyor. "Sıra kendilerine geldiğinde ne söyleyeceklerini düşünmekten, kulaklarını açık tutamıyorlar," diyor Marcosson.

"Çok önemli insanlar bana, iyi bir dinleyiciyi iyi bir konuşmacıya tercih ettiklerini; fakat dinleme yeteneğine, diğer pek çok iyi özellikten daha ender rastlandığını söylediler."

Sadece önemli insanlar değil, sıradan kişiler de iyi bir dinleyiciyi tercih ederler. Bir keresinde Reader's Digest, "Pek çok insan bir dinleyiciye ihtiyaç duyduğunda doktorunu arar," demişti.

Savaşın en karanlık günlerinde, Lincoln, Springfield, Illinois'de yaşayan eski bir arkadaşına Washington'a gelmesi için bir mektup yazmış, kendisiyle tartışmak istediği bazı problemlerin olduğunu söylemişti. Eski arkadaşı Beyaz Saray'a geldi ve Lincoln saatlerce, kölelerin serbest bırakılmasını içeren bir bildirinin yayımlanması halinde karşılaşılabilecek durumları anlattı. Böyle bir hareketin getireceği yarar ve zararlardan söz etti. Sonra onu köleleri serbest bırakmadığı ve böyle bir fikri olduğu için suçlayan bazı mektup ve gazete başlıklarını okudu. Saatler süren konuşmadan sonra onu Illinois'e geri gönderdi. Sadece Lincoln konuşmuştu ve bu onun her şeyi daha açık görmesini sağlamıştı. "O konuşmadan sonra rahatlamış gibi görünüyordu," dedi arkadaşı. Lincoln tavsiye istemiyordu. Sadece içini dökebileceği sempatik, dostane bir dinleyicisi olsun istiyordu. Başımız dertte olduğunda hepimizin istediği şey, ister kızgın bir müşteri, ister tatmin olmamış bir işçi, ister incinmiş bir arkadaş olsun, bir dinleyicidir.

Çağımızın en iyi dinleyicilerinden biri de Sigmund Freud'dur. Freud ile tanışan biri onun dinleme tarzını anlatıyor: "Beni o kadar çok etkiledi ki onu asla unutamayacağım. Hiç kimsede rastlamadığım niteliklere sahipti. Hiç böylesine yoğunlaşmış bir dikkat görmemiştim. Ruhun derinliklerine inmek gibi bir derdi yoktu. Gözleri ılımlı ve güleçti. Sesi alçak ve nazikti. Çok az hareket yapıyordu. Fakat bana gösterdiği ilgi, söylediğim her şeyi kötü ifade edilmiş bile olsa takdir etmesi, olağanüstüydü. Böyle bir ilgiyle dinlenmenin ne demek olduğunu tahmin bile edemezsiniz."

Eğer insanların sizinle nasıl dalga geçip arkanızdan güldüklerini, hatta sizden nasıl nefret ettiklerini görmek istiyorsanız, işte size bir reçete: Asla hiç kimseyi uzun süre dinlemeyin. Sürekli kendinizden söz edin. Eğer karşınızdaki kişi konuşurken aklınıza bir fikir gelirse, onun sözünü bitirmesini beklemeyin: Hemen atlayın ve sözünü kesin.

Bu tür insanlar tanıyor musunuz? Ben ne yazık ki tanıyorum ve bunun utanç veren yönü ise bazılarının oldukça tanınmış kimseler olması.

Sıkıcı, kendi egolarıyla zehirlenmiş, kendilerine verdikleri büyük önemle sarhoş olmuş insanlar bunlar.

Sadece kendilerinden söz eden insanlar sadece kendilerini düşünürler. Columbia Üniversitesi Başkanı Dr. Nicholas Murray Butler, "Sadece kendini düşünen insanlar cahildirler," diyor. "Belki çok şey bilirler, ama yine de cahildirler."

Yani iyi bir konuşmacı olmak istiyorsanız, dikkatli bir dinleyici olmalısınız. İlgi çekmek için ilgi gösterin. Karşınızdakinin cevap vermekten mutluluk duyacağı sorular sorun. İnsanlara kendilerinden ve başarılarından söz etmeleri için cesaret verin.

Unutmayın; konuştuğunuz insanlar, kendileri, istekleri ve problemleri ile sizin istek ve sorunlarınızla ilgilendiklerinden yüz kat daha fazla ilgilidirler. Bir kişinin çektiği diş ağrısı, o kişi için Çin'de milyonlarca insanın ölümüne neden olan bir salgından çok daha önemlidir. Bir dahaki sefere biriyle konuşmaya başladığınızda bunu hatırlayın.

DÖRDÜNCÜ PRENSİP

İyi bir dinleyici olun. Diğer insanlara kendilerinden söz etmeleri için cesaret verin.

V

İNSANLARIN İLGİSİ NASIL ÇEKİLİR

Theodore Roosevelt'in konuğu olan herkes onun bildiği şeylerin çeşitliliği ve fazlalığı karşısında şaşkınlığa uğruyordu. Konuğu ister bir kovboy ya da çiftlik sahibi, ister New Yorklu bir politikacı ya da bir diplomat olsun, Roosevelt söyleyecek bir şey buluyordu. Bunun sebebi neydi? Çok basit. Roosevelt ne zaman bir ziyaretçi beklese, bir gece önce geç vakte kadar konuğunun ilgi duyduğunu bildiği konularda bir şeyler okurdu

Bütün liderlerin bildiği gibi, Roosevelt de bir insanın kalbine giden yolun, o insanın en değer verdiği konular hakkında konuşmak olduğunu bilirdi.

Yale Üniversitesi edebiyat profesörü ve yazar William Lyon Phelps, bu dersi hayatının erken dönemlerinde almıştı.

"Sekiz yaşındayken bir hafta sonu Stratford'da yaşayan teyzem Libby Linsley'i ziyarete gittim," diyor Phelps, *Human Nature* (İnsan Doğası) adlı eserinde. "Bir akşam orta yaşlı bir adam ziyarete geldi ve teyzemle yaptığı kibar konuşmadan sonra bütün dikkatini bana yöneltti. O zamanlar gemilere büyük bir ilgi duyuyordum ve misafirimiz bu konuyla kendisi de sanki çok ilgiliymiş gibi konuşuyordu. Bizden ayrıldıktan sonra onun hakkında coşkuyla konuştum. Ne adamdı! Teyzem onun New Yorklu bir avukat olduğunu ve gemilere karşı en ufak bir ilgisinin bile olmadığını söyledi. Peki o zaman neden sürekli gemiler hakkında konuşmuştu?

'Çünkü o bir centilmen. Senin gemilerle ilgilendiğini anladı ve senin memnun etmek ve ilgini çekeceğini düşündüğü için bu konudan bahsetti,' dedi teyzem."

Ve William Lyon Phelps ekliyor: "Teyzemin açıklamasını hiçbir zaman unutmadım."

Bu bölümü yazarken önümde izcilik alanında aktif olarak çalışmış Edward L. Chalif'in bir mektubu vardı.

"Bir gün birinin yardımına ihtiyaç duydum," diye yazmıştı Bay Chalif. "Avrupa'da büyük bir izci toplantısı yapılacaktı ve Amerika'nın en büyük şirketlerinden birinin başkanından, bizim çocuklardan birinin yolculuk masraflarını üstlenmesini istiyordum.

"Şans eseri, o adamı görmeye gitmeden önce, onun bir milyon dolarlık bir çek yazmış olduğunu, sonra bunun iptal edildiğini ve onun da bunu çerçeveletip duvara astığını duydum.

"Böylece, ofise girdiğimde ilk yaptığım şey çeki bana göstermesini istemek oldu. Bir milyon dolarlık bir çek! Ona, böyle bir çeki yazabilecek hiç kimse tanımadığımı ve çocuklara gerçekten bir milyon dolarlık bir çek gördüğümü söylemek istediğimi belirttim. Çeki büyük bir memnuniyetle gösterdi. Birkaç övgü dolu söz ile bu çeki nasıl yazdığını anlatmasını rica ettim."

Fark ettiniz değil mi? Bay Chalif konuşmaya ne izcilerden, ne Avrupa'daki toplantıdan ne de kendi isteklerinden söz ederek başlamıştı. Karşısındaki adamın ilgisini çeken konulardan söz etmişti. İşte sonuç:

"Bir anda görüştüğüm kişi, 'Ah, bu arada, beni hangi konuda görmek istemiştiniz?' diye sordu. Ben de anlattım."

"Büyük bir şaşkınlık geçirdim," diye devam ediyordu Bay Chalif, "Sadece isteğimi kabul etmekte kalmadı, bana daha da fazlasını verdi. Ben ondan sadece bu çocuğu Avrupa'ya göndermesini istemiştim, fakat o beş çocuğu ve bir de beni gönderdi, bana yüzlerce dolarlık kredi mektubu verdi ve Avrupa'da yedi hafta kalmamızı söyledi. Ayrıca, şube başkanlarına hitaben yazılmış olan ve her türlü isteğimizin yerine getirilmesini isteyen mektuplar verdi ve bizimle Paris'te buluşup şehri gezdirdi. O andan beri de ailesinin durumları iyi olmayan çocuklara iş sağlıyor ve grup içinde aktif görevler alıyor.

"Bu arada biliyorum ki eğer onun ilgisini çeken konuyu bulamamış olsaydım ve isteğimi söylemeden önce onu ısıtmasaydım, bunların onda birini bile başaramazdım."

Bu iş konularında uygulanabilecek, değerli bir yöntem mi? Ne dersiniz? Gelin görelim. New York'ta toptan satış yapan bir fırın olan Duvernoy ve Oğulları'nın sahibi olan Henry G. Duvernoy'u ele alalım.

Bay Duvernoy, New York'un en büyük otellerinden birine ekmek satmaya çalışıyordu. Dört yıldır her hafta otel müdürünü arıyordu. Müdürün katıldığı her sosyal olaya o da gidiyordu. Hatta işi alabilmek için otelde oda tutup orada yaşamaya başlamış, fakat başaramamıştı.

"Sonra," dedi Bay Duvernoy, "insan ilişkileri üzerinde çalıştıktan sonra, kullandığım taktikleri değiştirmeye, bu adamın ilgisini nelerin çektiğini bulmaya karar verdim.

"Amerikalı Otel Yöneticileri isimli, otel yöneticilerinin kurduğu bir derneğe üye olduğunu öğrendim. Fakat üye olmakla kalmamış, onun bu konudaki büyük gayreti, kendisinin bu organizasyonun ve Uluslararası Otel Yöneticileri Derneği'nin başkanı olmasını sağlamıştı. Toplantılar nerede yapılırsa yapılsın hepsine katılıyordu.

"Böylece ertesi gün onu gördüğümde dernekten söz etmeye başladım. Ne büyük bir tepki verdi! Yaklaşık olarak yarım saat dernekten bahsetti, sesi zevkten coşuyordu. Bunun onun için sadece bir hobi değil, hayatının amacı olduğunu açıkça görebiliyorduk. Ofisten ayrılmadan önce bana dernekten bir üyelik satmıştı.

"Bu sırada, ekmek hakkında hiçbir şey söylememiştim. Fakat birkaç gün sonra, otel görevlilerinden biri telefon etti ve örnekler ve fiyatlarla otele gelmemi istedi.

"Bu yaşlı çocuğa ne yaptığınızı bilmiyorum,' dedi görevli, 'ama onu kendinize bağladığınız kesin!'

"Düşünün bir kere. Bu işi alabilmek için tam dört yıldır adamın peşinde koşuyordum ve eğer neyin ilgisini çektiğini ve hangi konuda konuşmaktan zevk aldığını öğrenme zahmetine katlanmasaydım hâlâ da koşuyor olacaktım."

Maryland'den Edward E. Harriman, askerliğini bitirdikten sonra Maryland'in o muhteşem Cumberland Vadisi'nde yaşamayı seçmişti. Ne yazık ki o sırada o bölgede yapılabilecek çok az iş vardı. Küçük bir araştırma sonucu bölgedeki birçok fabrikaya R. J. Funkhouser adında ilginç bir adamın ya sahip olduğu ya da onları yönettiği gerçeği ortaya çıktı. Adamın çok fakirken birdenbire çok zengin olması Bay Harriman'ın ilgisini çekmişti. Bununla birlikte iş arayanlar için bu adam hep ulaşılmaz olmuştu. Bay Harriman şöyle yazmıştı:

"Birkaç kişiyle görüştüm ve adamın en büyük ilgi alanının güç ve para olduğunu öğrendim. Kendini benim gibilerden korumak için sadık ve sert sekreterini kullandığından, bu kadının ilgi alanlarını ve ulaşmak istediği amaçları araştırıp, önceden haber vermeden bürosuna gittim. Sekreteri, on beş yıldır Bay Funkhouser'ın yörüngesinde dönen bir uydu gibiydi. Ona Bay Funkhouser için finansal ve politik başarıya dönüşebilecek birkaç teklifim olduğunu söyleyince, benimle ilgilendi. Sohbet sırasında, onun Bay Funkhouser'ın başarısındaki payının büyük olduğunu söyledim. Bu konuşmamızdan sonra benim için Bay Funkhouser ile bir görüşme ayarladı.

"Funkhouser büyük ve etkileyici ofise girerken hemen bir iş istememeye kararlıydım. Büyük oymalı bir masanın arkasında oturuyordu. 'Ne istiyorsun, genç adam?'diye gürledi. 'Bay Funkhouser, size para kazandırabileceğime inanıyorum,' dedim. Hemen kalktı ve büyük döşemeli bir koltuğa oturmam için işaret etti. Ona fikirlerimi ve bu fikirleri gerçekleştirebilecek niteliklerimi anlattım. Aynı zamanda bu fikirlerin kişisel başarısına ve iş hayatına nasıl katkıda bulunacağını açıkladım.

"Önceden tahmin ettiğim gibi, beni hemen işe aldı. Yirmi yıl boyunca girişimlerine katkıda bulundum ve her ikimiz de bu işten kazançlı çıktık."

Karşıdaki kişinin ilgilendiği konulardan söz etmek, her iki taraf içinde faydalıdır. Personel iletişimi alanında bir lider olan Howard Z. Herzig her zaman bu kurala uymuştur. Ona bundan ne kazanç sağladığı sorulduğunda, Bay Herzig, her kişiden sadece değişik bir kazanç sağlamakla kalmadığını, fakat genel anlamda yaptığı her konuşmadan sonra yaşamının daha da genişlediğini görmenin en büyük kazanç olduğunu söylemiştir.

BEŞİNCİ PRENSİP

Karşınızdaki kişinin ilgilendiği konulardan söz edin.

VI

İNSANLARIN SİZDEN HOŞLANMASINI NASIL SAĞLAYABİLİRSİNİZ

New York Sekizinci Cadde Otuz Üçüncü Sokak'taki postanede taahhütlü bir mektup postalamak için sıra bekliyordum. Kayıt yapan memurun işinden bıkmış göründüğü dikkatimi çekti. Adam yıllardır hep aynı sıkıcı, tekdüze işi yapıyordu; zarfları tartıyor, pul satıyor, para üstü veriyor, makbuz hazırlıyordu. Kendi kendime şöyle dedim: "Bu adamın benden hoşlanması için elimden geleni yapacağım. Benden hoşlanmasını sağlamak için ona kendisi hakkında güzel bir şeyler söylemeliyim." Sonra kendime sordum: "Onun gerçekten hayran olacağım ne gibi bir özelliği var?" Özellikle hiç tanımadığınız biri söz konusuysa, bu yanıtlanması güç bir soru. Ancak yanıtı bulmam bu kez kolay oldu, çünkü gerçekten hayran olduğum bir şey gördüm.

Memur zarfımı tartarken içtenlikle, "Keşke sizin gibi saçlarım olsaydı," deyiverdim.

Adam şaşkınlıkla bana baktı, ama yüzü bir gülümsemeyle aydınlanmıştı. Kibarca, "Ama saçlarım eskisi kadar güzel değil," dedi. Saçlarının eskiye oranla parlaklığını biraz yitirmiş olabileceğini, fakat yine de çok güzel göründüğünü söyledim. Çok mutlu olmuştu. Konuşmamızı biraz daha sürdürdük. Son sözleri, "Pek çok kişi saçımı beğendiğini söyler," oldu.

Bahse girerim, o memur öğle yemeğine çıktığında mutluluktan havalara uçuyordu. Yine bahse girerim, akşam eve döndüğünde karısına bu olayı anlattı. Aynaya bakıp, "Ne güzel saçların var!" dediğinden de eminim.

Bunu bir toplulukta anlattığımda, adamın biri "O memura bir şey mi yaptıracaktın? Onunla ilgili bir çıkarın mı vardı?" diye sordu.

Eğer bu kadarcık mutluluğu başkalarından esirgeyecek ve karşılık beklemeden beğenimizi ortaya koyamayacak kadar bencilsek, eğer yüreğimiz bir elma çekirdeğinden büyük değilse, hayatta başarısızlığı hak ediyoruz demektir.

Ah, evet, o genç adamdan bir şey bekledim. Değeri ölçülemeyecek bir şey. Ve bunu da aldım. Karşılık beklemeden onun için bir şeyler yapabilmiş olma duygusunu tattım. Bu öyle bir duygu ki üzerinden yıllar geçse bile belleğimizden silinemez.

İnsanları yönetme konusunda çok önemli bir yasa var. Bu yasaya uyarsak hem başımız hiç belaya girmez hem de sayısız dost kazanırız ve hep mutlu oluruz. Ancak bu yasaya karşı gelirsek bir sürü sorun ile karşılaşırız. Yasa şudur: "Daima karşınızdaki kişinin kendisini önemli hissetmesini sağlayın."

Daha önce de belirttiğimiz gibi, John Dewey önemli olma tutkusunun insan doğasının en önemli tutkusu olduğunu söylemişti. William James de "İnsan doğasındaki en önemli ilke beğenilme tutkusudur," der. Her zaman söylediğim gibi bizi hayvanlardan ayıran şey bu tutkulardır. Bu tutkular uygarlığın da doğuş nedenidir.

Filozoflar binlerce yıldır insan ilişkileri üzerinde konuşup tartışıyorlar. Tüm bu tartışmalardan çıkan bir tek önemli kural var. Bu yeni bir kural değil, hatta tarih kadar eski. Yirmi beş yüzyıl önce İran'da Zerdüşt müritlerine bu kural öğretilmişti. Yirmi dört yüzyıl önce Konfüçyüs Çin'de yine aynı konuda vaaz vermişti. Taoizmin kurucusu Tao ise yine yirmi beş yüzyıl önce aynı ilkeleri tekrarlamıştı. Buda milattan beş yüz yıl önce kutsal Ganj kıyılarında aynı sözleri söylemiştir. İsa on dokuz yüzyıl önce Cudi Dağı'nın taşlı yamaçlarında aynı kuralı öğretmiş ve belki de dünyadaki bu en önemli kuralı bir cümlede toplamıştır: "Başkalarının sana ne yapmasını istiyorsan, sen de onlara aynısını yap."

İlişki kurduğunuz insanların sizi onaylamasını beklersiniz. Gerçek değerinizin anlaşılmasını istersiniz. Kendi küçük dünyanızda önemli olduğunuzu hissetmek sizin için önemlidir. Duymak istediğiniz şey ucuz, yapmacık bir yağcılık değil, gerçek bir övgüdür. Dostlarınızın ve iş arkadaşlarınızın Charles Schwab'ın dediği gibi, "Beğenide içten, övgüde cömert" olmalarını istersiniz. Hepimiz bunu isteriz.

Bu nedenle Altın Kural'a uyalım ve bize verilmesini istediğimizi biz de başkalarına verelim. Nasıl? Nerede? Ne zaman? Yanıt çok basit; her zaman, her yerde.

Wisconsin'den David G. Smith, bir hayır konserinde meşrubat standının yöneticiliğini üstlendiğinde hassas bir durumu nasıl çözümlediğini sınıfta anlattı:

"Konser gecesi parka geldiğimde meşrubat standının yanında duran iki yaşlıca bayanı gergin bir durumda buldum. Her ikisi de bu aktiviteyi sahipleniyor, sorumluluğun kendisinde olduğunu düşünüyordu. Orada ne yapacağımı düşünüp dururken sponsor komite üyelerinden biri gelip bana para kasasını verdi ve bu aktivitede görev aldığım için teşekkür etti. Rose ve Jane'in yardımcılarım olduğunu da söyledikten sonra oradan uzaklaştı.

"Büyük bir sessizlik çökmüştü. Para kasasının bir anlamda yetki sembolü olduğunun farkına vardığımda kasayı Rose'a uzattım ve para hesapları konusunda fazla becerikli olmadığımı, bu görevi o üstlenirse daha rahat edeceğimi söyledim. Sonra Jane'den meşrubat standında görevli iki gence dondurma makinesini nasıl kullanacaklarını göstermesini istedim. Aktivitenin bu bölümünden o sorumlu olacaktı.

"Gece çok keyifli geçti. Rose mutlu bir şekilde paraları saydı, Jane gençleri yönetti; ben de konserin tadını çıkardım."

İnsanları övme tekniğini kullanmak için Fransa büyükelçisi veya Clambake Komitesi başkanı olmayı beklemenize gerek yok. Bu yöntemle her gün mucizeler yaratabilirsiniz.

Örneğin, garson sipariş verdiğiniz patates kızartmasının yerine patates püresi getirdiğinde, "Size zahmet verdiğim için özür dilerim, ama kızarmış patatesi yeğlerim," derseniz, garson da "Rica ederim," der ve ona saygı gösterdiğiniz için yemeği mutlulukla değiştirir.

"Size zahmet verdiğim için üzgünüm", "Lütfen", "Sakıncası yoksa", "Teşekkür ederim" gibi sözler yaşamın tekdüze çarkına uyum sağlamanızı kolaylaştırır. Bu sözcükler iyi yetiştirilmiş olduğunuzun bir göstergesidir.

Bunu başka türlü anlatalım. Hall Caine'nin romanları, yüzyılın başlarında bestseller kitaplar listelerinde yer almıştı. Milyonlarca insan bu kitapları okudu. Hall Caine bir nalbantın oğluydu. Sekiz yıllık ilköğretimden sonra okula gidememişti, ama öldüğünde edebiyat dünyasının sayılı zenginlerinden biriydi.

Yazarın yaşamöyküsünü kısaca özetleyelim.

Hall Caine sone ve baladlara bayılıyordu. Bu nedenle Dante Gabriel Rossetti'nin bütün şiirlerini yutarcasına okumuştu. Hatta Rossetti'yi öven bir makale yazarak bir kopyasını Rossetti'ye göndermişti. Bu davranış Rossetti'nin çok hoşuna gitmişti. "Yeteneğimi böylesine değerlendirip öven bir genç çok zeki olmalı," diye düşünmüş olmalı ki nalbantın oğlunu Londra'ya çağırıp ona sekreteri olmasını önerdi. Bu olay Hall Caine'nin yaşamının dönüm noktasıydı, çünkü yeni işi nedeniyle edebiyat dünyasının ünlü sanatçılarıyla tanışma fırsatını yakalamıştı. Onların önerileri ve yüreklendirmeleriyle kısa zamanda adını yüceltecek bir mesleğe atıldı.

Isle of Man'deki evi olan Greeba Şatosu dünyanın en ücra köşelerinden gelen turistler tarafından ziyaret edilmeye başladı. Öldüğünde milyarlarca dolarlık emlak bıraktı. Eğer ünlü bir adama övgü dolu bir mektup yazmasaydı, belki de fakir bir adam olarak ölecekti; kim bilir?

Bu bir güçtür; içten, yürekten bir övgünün kazandırdığı güç. Rossetti önemli bir kişi olduğunu düşünüyordu. Bu hiç de tuhaf değil. Hemen hemen herkes kendisinin önemli bir kişi olduğunu düşünür.

Eğer kendilerine önemli biri oldukları hissettirilseydi pek çok kişinin yaşamı değişebilirdi.

Kaliforniya'daki kursumuzun eğitmenlerinden Ronald J. Rowland aynı zamanda el işi öğretmeniydi. Bize el işi hazırlık sınıfındaki Chris isimli öğrencisini anlatan bir mektup yolladı. "Chris özgüveni olmayan, sessiz ve utangaç bir çocuktu. Kendisine gerektiği kadar önem verilmiyordu. Ben aynı zamanda başarılı öğrencilerin katıldığı ve bir statü sembolü sayılmakta olan ileri düzey sınıfın da öğretmeniydim.

"Çarşamba günü Chris sırasına oturmuş, özenle çalışıyordu. Onun içinde bir cevher olduğunu hissediyordum. Ona ileri düzey sınıfa geçmek isteyip istemediğini sordum. Size yüzündeki ifadeyi anlatabilmeyi isterdim. Gözyaşlarını tutmaya çalışan on dört yaşındaki bir gencin duygularını anlatmam mümkün değil.

" 'Kim? Ben mi Bay Rowland? Yeteri kadar iyi miyim?' diye sordu.

" 'Evet Chris, çok beceriklisin,' dedim. "Burada sözümü kestim, çünkü benim de gözlerim sulanıyordu. Chris sınıftan çıkarken sanki boyu 10 cm. daha uzamıştı. Bana pırıl pırıl parlayan mavi gözleriyle bakarak, 'Teşekkür ederim Bay Rowland,' dedi.

"Chris bana asla unutamayacağım bir ders vermişti; bana ruhumuzun derinliğinde yatan önemsenme isteğini göstermişti. Bu kuralı hiçbir zaman unutmamak için kendime bir not yazdım: 'Sen çok önemli bir kişisin!' Bu tabelayı sınıfta herkesin görebileceği bir yere astım. Bu bana gördüğüm her öğreticinin eşit derecede önemli olduğunu anımsatıyordu."

Göz ardı edilmemesi gereken bir gerçek, tanıştığınız her kişinin sizin tarafınızdan beğenilme istediğidir. Onların kalplerine giden en kesin yol ise sizin onların değerlerini bilmeniz ve bunu içtenlikle söylemenizdir.

Emerson'ın sözlerini unutmayın: "Tanıştığımız her kişinin üstün bir niteliği vardır. Ondan bu konuda bir şeyler öğrenebilirim."

İşin acıklı yönü, yaşamda hemen hemen hiçbir şey gerçekleştirememiş insanlar, bu yetersizliklerini bağırıp çağırarak bastırmaya, egolarını tatmin etmeye çalışırlar ve bu saldırgan tutumlarıyla gerçekten çok itici olurlar.

Shakespeare bunu şöyle ifade ediyor:

"Ah o insan! Kendini beğenmiş insan! Yetki kisvesinin ardına sığınmış kişi! Tanrı katında öyle hileler yapar ki melekler bile ağlar."

Düzenlediğim kurslara katılan ve bu ilkeleri uygulayan işadamlarının elde ettiği olağanüstü sonuçları size aktaracağım.

Connecticutlı avukat ile başlayalım. (Bu avukat, yakınlarının rahatsız olacağı düşüncesiyle adının açıklanmasını istemiyor.)

Kursa başladıktan kısa bir süre sonra Bay R. eşiyle birlikte Long Island'da oturan akrabalarını ziyarete gitmişti. Bayan R. onu yaşlı bir teyzeleri ile sohbet ederken bırakmış, kendisi daha genç olan akrabalarını görmeye gitmişti. Yakın bir gelecekte insanları övme ilkeleri ile ilgili bir konuşma yapacak olan Bay R. bu ilkeleri bu yaşlı kadına uygulayıp deneyim kazanmak istemiş ve gerçekten hoşlanabileceği bir şey bulmak umuduyla etrafina bakınmıştı.

"Bu ev 1890'larda yapılmış, değil mi?" diye sormuştu.

"Evet," diye yanıt vermişti kadın. "Tam on yılda yapıldı."

"Doğduğum evi hatırlatıyor bana," demişti avukat. "Güzel bir ev. İyi yapılmış. Oldukça geniş. Bugünlerde böylesini artık yapmıyorlar."

"Haklısınız," demişti yaşlı kadın, "artık gençler güzel evleri önemsemiyorlar. Bütün istedikleri küçük bir apartman dairesi, arabalara binip başıboş dolaşıyorlar." Sonra da, "Bu bizim düşümüzdeki evdi," diye eklemişti sevgi dolu anılar belleğinde canlandığından sesi titreyerek. "Bu ev sevgiyle yapıldı. Yapmadan önce yıllarca hayalini kurduk. Mimarımız yoktu. Planları kendimiz çizdik."

Yaşlı kadın, Bay R.'ye evi gezdirmişti. Bay R. onun ömrü boyunca gezdiği yerlerden toplayıp getirdiği güzel ve değerli eşyaları; şalları, antika bir İngiliz çay takımını, Wedgewood porselenlerini, Fransız karyola ve iskemleleri, İtalyan tabloları, bir zamanlar bir Fransız şatosunda asılı olan ipek perdeleri övmüştü.

Evi gezdirdikten sonra yaşlı kadın Bay R.'yi garaja götürmüştü. Orada oldukça yeni görünümlü bir Packard marka araba vardı.

"Kocam bu arabayı bana ölümünden kısa bir süre önce almıştı," demişti yaşlı kadın yavaşça. "Ölümünden sonra ona hiç binmedim. Siz güzel şeylerin değerini biliyorsunuz. Onu size vereceğim."

"Neden teyze?" diye sormuştu Bay R. "Beni mahcup ediyorsunuz. Çok cömertsiniz, ama onu kabul edemem. Akrabanız bile değilim. Hem benim yeni bir arabam var. Bu Packard'a sahip olmak isteyen pek çok yakın akrabanız vardır."

"Akrabalar!" diye bağırmıştı kadın. "Evet, arabayı ele geçirmek için ölümümü bekleyen akrabalarım var, ama asla alamayacaklar."

"Onlara vermek istemiyorsanız, satabilirsiniz" demişti Bay R.

"Satmak mı?" diye haykırmıştı kadın. "Bu arabayı satabileceğimi mi sanıyorsunuz? Kocamın benim için aldığı bu arabaya yabancıların binip gezmesine dayanabilir miyim? Onu satmayı düşünmek bile istemem. Onu size vereceğim. Siz güzel şeylerin değerini biliyorsunuz."

Bay R. arabayı reddetmek istiyordu, ama bunu yaşlı kadının duygularını incitmeden nasıl yapacağını bilmiyordu.

Şalları, Fransız antikaları ve anıları ile bu koskoca evde yapayalnız yaşayan bu yaşlı kadın biraz ilgiye, beğeniye gereksinim duyuyordu. Bir zamanlar, genç güzel ve ilgi gören bir kadındı. Yıllar önce sıcacık, sevgi dolu bir ev yaptırmış ve Avrupa ülkelerinden topladığı eşyalar ile bu evi güzelleştirmişti. Şimdi ise yaşlı ve yalnızdı. İnsanların kendisine sıcak davranmasını istiyor ve gerçek bir takdir bekliyordu. Hiç kimse bunları ona vermiyordu. İstediklerini veren biri çıktığında çölde bir pınar bulmuş gibi olmuştu ve anılarının en güzel parçası olan Packard gibi değerli bir armağandan başka hiçbir şey onun bu minnet duygularını anlatmaya yeterli olamazdı.

Bir başka olaya göz atalım. Bunu bize New York'ta Lewis and Valentine Bahçe Bakımı ve Peyzaj Mimarlığı Firması'nda denetleyici olarak çalışan Donald M. McMohan anlatıyor:

" 'Dost Kazanma ve İnsanları Etkileme' konusunda bir konferansa katıldıktan kısa bir süre sonra, ünlü bir yargıcın bahçesinde çalışıyordum. Bir ara yargıç yanıma gelip kamelya ve açelyaların nereye dikilmesini istediğini söyledi.

" 'Sayın yargıç, ne güzel hobileriniz var,' dedim. 'Köpeklerinize bayıldım. Madison Savore Garden'daki köpek yarışmalarında her yıl birçok mavi kurdele kazandığınızı duydum.'

"Beğenimi bildirmem onu çok etkilemişti. 'Evet,' diye

yanıtladı. 'Köpeklerimle birlikte olmaktan büyük keyif alıyorum. Kulübelerini görmek ister misiniz?'"Hemen hemen bir saat kadar bana köpeklerinin kazandığı ödülleri gösterdi. Hatta köpeklerin özelliklerini gösteren belgelerini çıkarıp böyle güzel ve akıllı olmalarına soyluluklarının neden olduğunu anlattı.

"Sonra bana dönerek, 'Küçük çocuğunuz var mı?' diye sordu.

" 'Var,' diye yanıtladım. 'Küçük bir oğlum var.'

" 'Küçük bir yavru köpeği olsun istemez mi?' diye sordu yargıç.

" 'Hem de nasıl ister! Sevincinden havalara uçar!'

" 'Güzel! Öyleyse ona bir tane köpek vereceğim.'

"Bana bir yavru köpeğin nasıl beslenmesi gerektiğini anlatmaya başladı. Sonra bir an durdu. 'Anlatırsam unutursunuz. Size yazıp vereyim,' dedi. Eve giderek bakım ve beslenme için gerekli şeyleri yazdı. Bana yüzlerce dolarlık bir köpek armağan etmesinin ve çok değerli zamanının bir saat on beş dakikasını ayırmasının tek bir nedeni vardı: Onun hobilerini ve başarısını içtenlikle övmüştüm."

Ünlü Kodak firmasının kurucusu George Eastman transparan filmi icat ederek sinema filmlerinin çekilmesine olanak sağlamıştı. Böylece 100 milyon dolarlık bir servetin sahibi olmuş ve yeryüzündeki en ünlü işadamlarından biri haline gelmişti. Bu büyük başarısına karşın o da tıpkı bizler gibi beğenilmek ve takdir edilmek istiyordu.

Bunu nereden bildiğimi açıklayabilirim: Eastman, Eastman Müzik Okulu'nu ve Kilbourn Hall binasını yaptırırken o zamanlar New York Superior Seating firmasının başkanı olan James Adamson, bu binadaki toplantı salonlarının koltuklarının siparişini almak istiyordu. Mimara telefon eden Bay Adamson Rochester'da Bay Eastman ile görüşmek için randevu aldı.

Adamson geldiğinde mimar, "Bu siparişi almak istediğinizi biliyorum," dedi. "Ama eğer Bay Eastman'ın beş dakikadan fazla vaktini alırsanız hiçbir şansınız olmaz. Kendisi katı, disiplinli bir adamdır. Zamanı değerlidir. Söylemek istediklerinizi kısaca anlatın ve çıkın."

Adamson söylenenleri yapmaya hazırdı. Odaya girdiğinde Bay Eastman eğilmiş, masanın üzerine yığılı belgeleri inceliyordu. Başını kaldırdı, gözlüğünü çıkardı, mimarla Bay Adamson'ın yanına gelerek, "Günaydın beyler, sizin için ne yapabilirim?" diye sordu.

Mimar onları tanıştırdıktan sonra Bay Adamson ,"Bay Eastman, dışarıda beklerken ofisinize hayran oldum," dedi. "Böyle bir odada çalışsam çok keyif alırdım. Ahşap işinde çalışıyorum, ama böyle güzel bir ofisi yaşamım boyunca görmemiştim."

"Neredeyse unuttuğum bir şeyi hatırlattınız bana," dedi Eastman. "Çok güzel değil mi? İlk yaptırdığımda ben de müthiş keyif aldım. Ama buraya geldiğimde kafamda öyle çok düşünce oluyor ki kimi zaman haftalarca odayı görmüyorum bile."

Adamson ilerleyerek panellerden birine dokundu. "Bu İngiliz meşesi değil mi? Dokusu İtalyan meşesinden biraz farklıdır," dedi.

"Evet," diye yanıtladı Eastman. "İngiltere'den ithal edildi. Ahşap uzmanı bir arkadaşım benim için seçti."

Sonra Eastman odayı gezdirdi. Oranlama, renk seçimi, el oymacılığı üzerindeki düşüncelerini belirterek bunların planlanmasında ve uygulanmasındaki katkılarını anlattı.

Bir pencerenin önünde durdular. George Eastman kibar ve alçakgönüllü bir tavırla insanlığa yardım amacıyla çalıştığı kuruluşları anlattı: Rochester Üniversitesi, Genel Hastane, Homeopati Hastanesi, Düşkünler Evi, Çocuk Hastanesi'ne katkıda bulunuyordu. Bay Adamson, parasını acı çeken insanlar için idealistçe harcadığı için Bay Eastman'ı içtenlikle kutladı. George Eastman kilitli bir camekânı açarak sahip olduğu ilk fotoğraf makinesini gösterdi. Bir İngilizden satın almıştı bunu.

Adamson ona işe ilk atıldığı yıllardaki çabalarına ilişkin sorular sordu ve Bay Eastman da içtenlikle çocukluğunun yoksulluk içinde geçtiğini, dul annesinin bir pansiyon işlettiğini, kendisinin de bir sigorta şirketinde çalıştığını anlattı. Yoksulluk korkusu gece gündüz aklını kurcalıyordu, annesini çalıştırmamak için nasıl para kazanabileceğini düşünüyordu. Bay Adamson başka sorular sordu, dinledi ve söylenenlerle ilgilendi. Bay Eastman deneyimlerini anlattı. Tüm gün ofisinde çalıştığını, hatta deneylerini geceleri de sürdürdüğünü, bunlar etkilerini gösterirken kısa aralıklarla uyukladığını, bazen yetmiş iki saat elbiselerini üzerinden çıkarmadığını anlattı.

James Adamson, Eastman'ın ofisine girdiğinde saat onu çeyrek geçiyordu. Ona beş dakikadan fazla kalmaması gerektiği söylenmişti. Ancak aradan iki saat geçmesine karşın onlar hâlâ konuşuyorlardı.

Sonunda George Eastman, Adamson'a döndü ve "Son gidişimde Japonya'dan birkaç iskemle alıp getirdim ve verandama koydum. Güneş altında kalınca boyaları soyulup döküldü. Kente indiğimde boya alıp kendim boyadım. Boyamada başarılı olup olmadığımı görmek ister misiniz? En iyisi evime gelin, birlikte yemek yiyelim ve onları size göstereyim," dedi.

Yemekten sonra Bay Eastman, Adamson'a Japonya'dan aldığı iskemleleri gösterdi. Çok pahalı şeyler değillerdi ama George Eastman onları kendi boyadığı için gurur duyuyordu.

Toplantı salonlarının koltuklan 9000 dolar tutuyordu. Siparişi kim aldı dersiniz; James Adamson mı yoksa rakipleri mi?

Bu olayın geçtiği günden sonra, Bay Eastman ve James Adamson ölünceye kadar çok yakın dost oldular.

Claude Marais Fransa'da bir restoran sahibiydi. Bu ilkeleri uygulayarak restoranının en önemli elemanını kaybetmekten kurtulmuştu. Bu kadın beş senedir Bay Marais'in yanında çalışıyor ve onunla yirmi bir eleman arasındaki hayati ilişkiyi sağlıyordu.

Kadından istifa ettiğini bildiren taahhütlü mektubu aldığında düşündüklerini Bay Marais şöyle anlatıyor: "Çok şaşırmıştım ve dahası hayal kırıklığına uğramıştım; çünkü ona çok adil davrandığımı, tüm isteklerini yerine getirdiğimi düşünüyordum. Benim için bir işgörenden çok bir arkadaş gibiydi. Ona çok fazla güveniyordum ve belki de bu yüzden ondan diğer elemanlardan beklediğimden daha fazlasını bekler olmuştum.

"Bir açıklama almadan elbette istifanı kabul edemezdim. Onu bir kenara çektim ve, 'Paulette, istifanı kabul edemeyeceğimi anlamalısın,' dedim. 'Benim için ve bu şirket için senin değerin çok büyük. Eğer bu restoran başarılıysa bunda benim olduğu kadar senin de payın var.' Bunları diğer elemanların önünde de tekrarladım ve onu evime davet ederek ailemin önünde de güvenimi bildirdim.

"Paulette istifasını geri aldı ve ben bugün ona eskisinden daha da çok güveniyorum. Bu güvenimi ona takdir hislerimi sık sık bildirerek, yaptıklarını överek, benim ve restoranım için ne kadar önemli olduğunu söyleyerek perçinliyorum."

Britanya İmparatorluğu'nu yöneten en akıllı ve kurnaz adamlardan biri olan Disraeli, "İnsanlara kendilerinden söz edin," diyor. "İnsanlara kendilerini anlatın; sizi saatlerce dinleyeceklerdir."

ALTINCI PRENSİP

Karşınızdaki kişiye önemli biri olduğunu hissettirin ve bunu içtenlikle yapın.

İKİNCİ BÖLÜMÜN ÖZETİ

İNSANLARIN SİZDEN HOŞLANMASINI SAĞLAMANIN ALTI YOLU

BİRİNCİ PRENSİP
Başkalarıyla içtenlikle ilgilenin.

İKİNCİ PRENSİP
Gülümseyin.

ÜÇÜNCÜ PRENSİP
Kullanılan dil ne olursa olsun, kişi için en önemli ve kulağa en hoş gelen söz kendi ismidir.

DÖRDÜNCÜ PRENSİP
İyi bir dinleyici olun. Diğer insanlara kendilerinden söz etmeleri için cesaret verin.

BEŞİNCİ PRENSİP
Karşınızdaki kişinin ilgilendiği konulardan söz edin.

ALTINCI PRENSİP
Karşınızdaki kişiye önemli biri olduğunu hissettirin ve bunu içtenlikle yapın.

ÜÇÜNCÜ BÖLÜM

İNSANLARIN SİZİNLE FİKİR BİRLİĞİNE VARMALARINI NASIL SAĞLARSINIZ

I

TARTIŞMA KAZANILMAZ

Birinci Dünya Savaşı bittikten kısa bir süre sonra, bir gece Londra'da paha biçilmez bir ders aldım. O zamanlar Sir Ross Smith'in yanında müdürdüm. Savaş süresince, Sir Ross Filistin'de Avustralya'nın gururu olmuş ve barış ilan edildikten kısa bir süre sonra, dünyanın çevresinin yarısını uçarak otuz günde geçerek tüm dünyayı şaşkınlık içinde bırakmıştı. Daha önce böyle bir şeye hiç yeltenilmemişti. Bu olay büyük bir sansasyon yarattı. Avustralya hükümeti onu elli bin dolarla ödüllendirdi, İngiltere kralı onu şövalye yaptı ve Sir Ross bir süre hakkında en çok konuşulan adam oldu. Bir gece Sir Ross'un onuruna verilen bir ziyafete katıldım. Yemek sırasında yanımda oturan kişi şu sözlere dayanan komik bir hikâye anlattı. "Kaderimizi şekillendiren kutsal bir güç vardır." Adam, bu sözün İncil'den alınma olduğunu söyledi. Ama yanılıyordu. Biliyordum. Kesinlikle emindim. En ufak bir şüphem bile yoktu. Böylece önemli biri olduğumu ve kendi üstünlüğümü göstermek için hatasını düzeltmek gibi son derece sevimsiz bir görev üstlenme cesaretini gösterdim.

Hemen silahına sarıldı. Ne? Shakespeare' den mi? İmkânsız! Aptalca! Bu söz İncil'den alınmaydı ve o bunu biliyordu.

Hikâyeyi anlatan kişi benim sağımda oturuyordu. Solumda ise eski dostum Frank Gammond vardı. Bay Gammond, Shakespeare üzerinde yıllarca çalışmıştı. Böylece hikâyeyi anlatan kişi ile Bay Gammond'a danışma kararı aldık. Bay Gammond dinledi ve masanın altından ayağıma vurdu. Sonra, "Dale, yanlışın var, beyefendi haklı. Bu söz İncil'e aittir," dedi.

O gece eve dönerken, "Frank, o sözün Shakespeare'e ait olduğunu biliyorsun," dedim.

"Evet, tabii ki!" diye cevapladı, "Hamlet, beşinci perde, ikinci sahne. Fakat sevgili Dale, biz oraya konuk olarak gittik. Neden adamın hatalı olduğunu ispatlayalım? Bu tavır, adamın seni sevmesini sağlar mı? O sana bu konudaki fikrini sormadı. Böyle bir şey istemedi. Neden onunla tartışasın ki? Böyle çatışmalardan her zaman kaçınmalısın." Bu sözleri söyleyen adam bana hiçbir zaman unutamayacağım bir ders vermişti. Bu tavrımla sadece hikâyeyi anlatanı rahatsız etmekle kalmamış, aynı zamanda arkadaşımı da sıkıntıya sokmuştum. Bir tartışma başlatmaya çalışmasaydım her şey ne kadar da iyi olacaktı!

Şiddetle ihtiyaç duyduğum bir dersti bu, çünkü tartışmaya yatkın biriydim. Çocukluğum süresince, kardeşimle aklınıza gelebilecek her şey hakkında tartışırdım. Koleje giderken, mantık ve tartışma dersleri aldım ve münazaralara katıldım. Missourili olduğumu söylemiştim, orada doğdum. Kendimi göstermek zorundaydım. Sonra New York'ta tartışma üzerine dersler verdim. Bunu itiraf etmekten utanıyorum ama bir kez bu konu hakkında bir kitap yazmayı planlamıştım. O zamandan beri binlerce tartışmaya katıldım, dinledim ve sonuçlarını gözlemledim. Sonuç olarak bir tartışmadan en iyi sonuç almanın tek yolunun bulunduğu ve bunun da tartışmadan kaçınma olduğu düşüncesine vardım. Hem de çıngıraklı yılandan ve zelzeleden kaçar gibi kaçınmak gerekiyordu.

Her on tartışmanın dokuzunda taraflar kendi haklılıklarına, tartışmaya başlamadan önce inandıklarından daha çok inanmaktadırlar.

Tartışmayı kazanamazsınız. Çünkü kazansanız da kaybet-seniz de bir şeyleri kaybetmişsinizdir. Neden? Diyelim ki diğer kişiye karşı bir zafer kazandınız ve onun fikirlerini bir paçavra gibi parça parça ettiniz, kafasının çalışmadığını kanıtladınız. Peki ya sonra? Siz kendinizi iyi hissedeceksiniz. Ya karşınızdaki kişi? Onu küçük düşürmüş olacaksınız. Gururu kırılacak. Size gücenecek. Ayrıca unutmayın:

Düşüncelerinin yanlışlığı kanıtlansa da, Devam eder insan aynı düşünceleri savunmaya.

Yıllar önce, Patrick J. O'Haire derslerimden birine katıldı. Kendisi çok az eğitim görmüştü ve tartışmaya bayılırdı. Bana gelmişti, çünkü kamyon satmaya çalışıyordu fakat oldukça başarısızdı. Küçük bir sorgulamadan sonra iş yapmaya çalıştığı kişilerle sürekli tartışıp onları aşağıladığı gerçeği ortaya çıktı. Müşterilerden biri sattığı kamyonlar hakkında küçültücü bir şey söylese, Pat hemen sinirleniyor ve müşterisinin boğazına sarılıyordu. Pat o günlerde tüm tartışmalarda galip geliyordu. Daha ofisten çıkarken, "O kuş beyinliye gününü gösterdim, ama hiçbir şey satamadım," dediğini anlattı.

Karşı karşıya olduğum tek sorun sadece Patrick J. O'Haire'a konuşmayı öğretmek değildi. Benim en acil görevim ona gereksiz konuşmaktan ve sözlü tartışmalardan kaçınmasını öğretmekti.

Bay O'Haire, New York'taki White Motor Company'nin en iyi pazarlamacılarından biri oldu. Bunu nasıl başardı? İşte size onun kendi ağzından hikâyesi. "Artık bir müşterinin ofisine girdiğimde müşteri bana, Ne? White kamyonları mı? Onlar hiç iyi değil! Bana verseler bir tane bile almam. Ben Whoselt kamyonlarından alacağım! dediğinde, 'Whoselt kamyonları çok iyi, iyi bir seçim yapmış olursun. Hepsi çok iyi bir fabrikada üretilir ve pazarlamacıları da iyi insanlardır,' diyorum.

"İşte o zaman söyleyecek bir şey bulamıyorlar. Herhangi bir tartışma ortamı doğmuyor. Bana Whoselt kamyonları en iyisi dediğinde ben de kesinlikle öyle dersem o zaman o da susmak zorunda kalıyor. Bütün öğleden sonrayı bana, zaten kabul ettiğim bir şeyi tekrarlamakla geçirecek halleri yok. O zaman Whoselt konusunu bir kenara bırakıp, onlara White kamyonlarının iyi özelliklerini anlatmaya başlıyorum.

"Bir zamanlar başka bir markanın adının geçmesi tepemin tasının atmasına yetiyordu. Hemen Whoselt aleyhinde tartışmaya başlıyordum ve ben ne kadar kötülesem karşımdaki de o kadar övüyordu. Böylece kendi başlattığım tartışma, kendi malımı satmama engel oluyordu.

"Şimdi geri dönüp baktığımda, nasıl bir şeyler satmış olabildiğime hâlâ inanamıyorum. Yıllarımı tartışmakla geçirmişim. Artık çenemi kapatıyorum ve bunun yararını görüyorum."

Ben Franklin'in söylediği gibi: Eğer tartışır ve karşı çıkarsanız bazen bir zafer kazanabilirsiniz, fakat bu içi boş bir zafer olacaktır çünkü bu yolla asla karşınızdakinin sempatisini kazanamazsınız.

O halde karar verin. Hangisini tercih edersiniz; göstermelik bir zaferi mi, yoksa bir insanın sevgisini mi? İkisini birden elde etmek neredeyse olanaksızdır.

Boston Transcript bir keresinde şu çok ünlü mezar yazıtını yayımlamıştı:

Burada William Jay yatıyor.
Ömrünü haklılığını savunarak geçirdi.
Ve haklıydı, hem de çok haklıydı
Ama haksız da olsa şimdi burada yatacaktı.

Haklı olabilirsiniz, gerçekten haklı olabilirsiniz; fakat başkasının düşüncelerini değiştirmek söz konusu olunca haklı olmanız büyük bir olasılıkla hiçbir şeyi değiştirmeyecektir. Bir muhasebeci olan Frederick S. Parsons, bir vergi müfettişi ile tartışmaya girmişti. Tartışma konusu dokuz bin dolarlık bir gelirdi. Bay Parsons, bu dokuz bin doların gerçekte batık para olduğunu, anla tahsil edilemeyeceğini, bu yüzden vergilendirilmemesi gerektiğini iddia ediyordu. "Batık para filan değil!" diyordu müfettiş. "Bu vergilendirilmeli." Bay Parsons, "Müfettiş çok soğuk, kibirli ve inatçı biriydi," diyerek hikâyeyi sınıfa anlatmaya başladı. "Gerçekleri görmüyordu. Tartışma uzadıkça inatçılığı daha da artıyordu. Bu yüzden tartışmayı bırakıp konuyu değiştirmeye ve onu övmeye karar verdim."

"Sanırım, bu vermeniz gereken gerçekten zor ve önemli kararlar yanında oldukça küçük bir sorun. Ben vergiler üzerine çalışmalar yaptım. Fakat bilgilerimi kitaplar almak zorundaydım. Siz sahip olduğunuz bilgiyi yaşadığınız zorlu deneyimlere borçlusunuz. Bazen sizinki gibi bir işim olsun istiyorum. Bana çok şey öğretebilirdi,' dedim. Her kelimesi içten söylenmiş sözlerdi bunlar.

"Evet. Müfettiş sandalyesinde doğruldu, arkasına yaslandı ve uzun süre işi hakkında konuştu. Yakaladığı çok zekice planlanmış bazı vergi kaçakçılıklarını anlattı. Ses tonu iyice yumuşamıştı ve bana çocuklarını anlatmaya başlamıştı. Giderken sorunu tekrar gözden geçirip birkaç gün içinde fikrini ileteceğini söyledi.

"Üç gün sonra beni ofisten aradı ve vergi borcumun beyannamede belirttiğim gibi kalmasına karar verdiğini açıkladı."

Bu vergi müfettişi en sık rastlanan insani eğilimlerden birine sahipti. Kendini önemli hissetmek istiyordu ve Bay Parsons onunla tartıştığı sürece, bu duygusunu, otoritesini yüksek sesle ortaya koyarak tatmin ediyordu.

Fakat önemli olduğu kabul edilip, tartışma sona erdiğinde sempatik ve sevimli bir insan oluverdi.

Buda, "Nefret nefretle değil, sevgiyle son bulur," der. Bir anlaşmazlık hiçbir zaman tartışmayla son bulmaz, ancak nezaket, diplomasi ile ve olayı karşıdaki kişinin görüş açısından görmeye çalışılarak çözümlenebilir.

Bir keresinde, arkadaşıyla tartışmaya giren genç bir subayı Lincoln hoşgörülü olması için şöyle uyarmıştı: "Yaşamı boyunca elinden gelenin en iyisini yapmaya karar veren insan kişisel tatmine ayıracak zaman bulamaz. Kişisel kontrolün ve öfkenin kaybı ile ilgili sonuçlara katlanmada yetersiz kalacaktır. Eşit haklara sahip olduğunuz zaman önceliği karşınızdakine verin. Yolda bir köpekle karşılaştığınızda, onun sizi ısırmasını beklemek yerine önce onun geçmesine izin verin. Çünkü köpeği öldürmek bile bu ısırığın acısını geçirmeye yetmeyecektir."

Bits and Pieces adlı dergide yayımlanan bir makalede bir anlaşmazlığın tartışmaya dönüşmemesi için şu öneriler sunulmuştu:

Anlaşmazlıkları olumlu karşılayın. Sloganı hatırlayın. "İki ortak sürekli aynı fikirdeyse, ikisinden biri fazlalıktır." Eğer üzerinde düşünmediğiniz bir nokta varsa, dikkatiniz bu konuya çekildiği için memnun olun. Belki de bu anlaşmazlık, sizin önemli bir hata yapmanızı engelleyecek son bir şanstır.

İçgüdüsel sanınıza güvenmeyin. Bir anlaşmazlık durumunda gösterdiğimiz ilk doğal tepki, savunmaya geçmektir. Sakin olun ve ilk tepkinizi vermeden önce düşünün. Aksi takdirde sonuçlar sizin lehinize değil aleyhinize olur.

Kendinize hâkim olun. Unutmayın; bir insanın değerini onun neyin kızdırdığına bakarak ölçebilirsiniz.

Önce dinleyin. Rakibinize konuşması için bir şans verin. İzin verin sözünü tamamlasın. Direnmeyin, savunmaya geçmeyin ve tartışmayın. Bu sadece engelleri artıracaktır. Anlayış köprüleri kurmaya çalışın. Anlaşmazlık engellerini daha da artırmayın.

Bir anlaşma noktası bulmaya çalışın. Rakibinizi dinledikten sonra, ilk olarak üzerinde anlaştığınız noktaları ele alın.

Dürüst olun. Hata yaptığınız yerleri arayın ve bulduğunuzda bunu söyleyin. Hatalarınız için özür dileyin. Bu, rakibinizin silahlarını bırakmasını ve savunmadan çekilmesini sağlayacaktır.

Rakibinizin fikirlerini düşüneceğinize söz verin ve bunları dikkatlice inceleyin. Bunu içtenlikle yapın. Rakibiniz haklı olabilir. Bu durumda onun fikirlerini düşünüp kabul etmek; karşı çıkmakta inat edip, kendinizi rakibinizin "Anlatmaya çalıştık ama bizi dinlemedin!" diyebileceği bir durumda bulmaktan daha iyidir.

Rakibinize, gösterdiği ilgiden dolayı teşekkür edin. Sizinle tartışmak için zaman ayıran biri sizin ilgilendiğiniz konularla ilgileniyor demektir. Onu, size gerçekten yardım etmek isteyen bir insan olarak düşünün; böylece rakibinizle arkadaş bile olabilirsiniz.

Her iki tarafa problem üzerinde düşünecek zaman bırakabilmek için eyleminizi erteleyin. Bütün gerçekler tahammül edilebilir bir duruma geldiğinde, o gün ya da ertesi gün yeni bir toplantı yapmayı önerin. Bu toplantıya hazırlanırken kendinize bazı zor sorular sorun.

Rakiplerim haklı olabilir mi? Kısmen haklı olabilirler mi? Durumlarında ya da görüşlerinde haklılık ve doğruluk payı var mı? Benim tavırlarım problemi çözebilir mi yoksa hayal kırıklığı mı yaratır? Tavırlarım, rakiplerimi benden uzaklaştırır mı yoksa bana yaklaştırır mı? Tavırlarım, iyi insanların hakkımdaki görüşlerini olumlu etkiler mi? Kazanır mıyım yoksa kaybeder miyim? Eğer kazanırsam bunun bedeli ne olur?Eğer bu konuda sessiz kalırsam anlaşmazlık sona erer mi? Bu zor durum benim için bir fırsat mı?

Opera tenoru Jan Peerce, evlendikten yaklaşık elli yıl sonra bir gün şöyle demişti: "Karım ve ben uzun zaman önce bir anlaşma yaptık ve birbirimize ne kadar kızsak da bu anlaşmaya uyduk. Bir taraf bağırırken diğeri susuyor; çünkü iki kişi aynı anda bağırdığında arada bir iletişim kalmıyor; sadece gürültü ve kötü titreşimler ortaya çıkıyor."

BİRİNCİ PRENSİP

Bir tartışmadan en iyi sonucu almanın tek yolu, bu tartışmadan kaçınmaktır.

II

DÜŞMAN KAZANMANIN VE DÜŞMAN KAZANMAKTAN KAÇINMANIN YOLLARI

Theodore Roosevelt Beyaz Saray'dayken, "Eğer yaptıklarımın yüzde yetmiş beşi doğru olsaydı, beklentilerimin çoğunu elde etmiş olurdum," demişti.

Eğer yaptıklarınızdan yüzde elli beşinin doğru olduğuna eminseniz, Wall Street'e gidebilir ve günde bir milyon kazanabilirsiniz. Eğer yaptıklarınızın yüzde elli beşinin doğru olduğundan emin değilseniz neden diğer insanların hatalarını yüzlerine vuruyorsunuz?

Sözcüklerle olduğu kadar bir bakışla, bir vurgulamayla veya bir davranışla da bir insana yanıldığını söyleyebilirsiniz. Ancak bunu söylediğinizde size hak vereceğini mi sanıyorsunuz? Asla öyle olmayacaktır. Çünkü bunu yaptığınızda onun aklına, yargısına, onuruna ve özsaygısına saldırmış, onu da size aynı şekilde saldırmak için kışkırtmış olacaksınız. İnsanların kanılarını değiştirmelerini sağlayamazsınız. Onlara Pla-to'nun veya Immanuel Kant'ın mantığı ile karşılık verebilirsiniz, ama yine de fikirlerini değiştiremezsiniz. Sadece onları incitirsiniz.

Hiçbir zaman söze, "Şunu size kanıtlamak istiyorum," diye başlamayın. Bu olumsuz sonuç verir, çünkü bu ifade şu sözlerle eşanlamlıdır: "Ben sizden daha akıllıyım. Şimdi bir iki şey söyleyeceğim ve siz düşüncelerinizde yanıldığınızı anlayacaksınız."

Bu bir meydan okumadır. Daha siz söze başlamadan dinleyicide karşı çıkma ve mücadele etme isteği uyandırır.

Ne kadar yumuşak olursanız olun, insanların düşüncelerini değiştirmeniz çok zordur. O halde neden işleri yokuşa sürelim? Neden önümüze engeller koyalım?

Eğer bir şey kanıtlayacaksanız bunu kimseye belli etmeyin. Öyle ustaca ve kurnazca hareket edin ki hiç kimse anlamasın. Alexander Pope bunu şöyle ifade ediyor:

"Birine bir şey öğretirken öğretiyor gibi davranmayın.
Bilmediğini değil, unuttuğunu varsayın."

Lord Chesterfield da oğluna şöyle demiş:

"Olabiliyorsan diğer insanlardan daha akıllı ol, ama sakın bunu onlara söyleme."

Sokrat ise Atina'daki dostlarına şöyle diyordu:

"Bildiğim bir şey varsa o da bir şey bilmediğimdir."

Sokrat'tan daha akıllı olabileceğimi düşünmüyorum, ama en azından insanların hatalarını yüzlerine vurmaktan vazgeçebildim. Bunun da çok yararını gördüm.

Eğer biri yanlış olduğunu sandığınız bir şey söylerse, hatta onun yanıldığından eminseniz, söze şöyle başlamanız daha iyi olmaz mı? "Bakın ben başka türlü düşünüyorum. Yanılıyor olabilirim. Çok sık yanılırım. Ama yanlış biliyorsam doğrusunu öğrenmek isterim. Durumu bir kere de birlikte gözden geçirelim."

Yeryüzünde hiç kimse, "Yanılmış olabilirim, gerçekleri birlikte öğrenelim," sözüne karşı çıkamaz.

Sınıfımızdaki öğrencilerden biri olan Harold Reinke müşterilerine böyle yaklaşıyordu. Kendisi Montana'da Dodge firmasının bayiliğini yapıyordu. Otomobil işindeki baskı nedeniylemüşterilerle ilgilenirken çok gerilimli anlar yaşadığını itiraf etti. Bu durum sık sık öfkelenmesine, işleri kaçırmasına ve tatsız bir havanın oluşmasına neden oluyordu.

"Bu koşullarda hiçbir sonuca ulaşamayacağımı fark ettim," diye anlattı Harold. "Yeni bir yöntem denedim. 'Dağıtım sisteminizde o kadar çok yanlışlık oluyor ki bundan utanıyorum. Hatamızı kabul ediyoruz. Lütfen durumunuzu bana anlatır mısınız?' gibi sözler söylemeye başladım.

"Bu yaklaşım karşınızdaki kişiyi savunmasız bırakır ve müşteri duygularını ortaya döktüğü zaman konuyu tatlıya bağlayabilmek için daha uyumlu bir duruma gelir. Gerçekten de pek çok müşterim bu anlayışlı yaklaşımımdan dolayı bana teşekkür etti. İki tanesi yeni araba almak için arkadaşlarını getirdi. Rekabetin yoğun olduğu bir pazarda bu tür müşterilere gereksinmemiz var. Tüm müşterilerin fikirlerine saygı gösterip onlara saygılı ve diplomatça davrandığımızda bu rekabette başarılı olabiliriz."

Yanıldığınızı kabul ederseniz asla zor durumda kalmazsınız. Tüm tartışmaları kesersiniz ve karşınızdaki kişiyi de dürüst ve açık sözlü olmaya teşvik edersiniz. Bu, onun da hatalı olabileceğini kabul etmesini sağlar.

Karşınızdaki kişinin yanıldığından eminseniz ve bunu açıkça onun yüzüne söylerseniz ne olur? Size bunu bir olayla açıklayayım: New Yorklu genç bir avukat olan Bay S. Birleşik Devletler Anayasa Mahkemesi'nde önemli bir davayı savunuyordu. Dava büyük bir miktar para ve bir yasayla ilgiliydi. Anayasa mahkemesi yargıçlarından biri şöyle dedi: "Zamanaşımı altı yıllık değil mi?"

Bay S. durakladı, bir an yargıca baktı ve "Sayın yargıç, Denizcilik Kanunu'nda zamanaşımı söz konusu değil," deyiverdi.

Mahkeme salonuna bir sessizlik çöktü. Bay S. bu olayı kurslarımızın birinde anlatırken, "Sanki odanın ısısı sıfır dereceye indi," demişti. "Ben haklıydım. Yargıç hatalıydı. Bunu yargıca söyledim. Bu durum yargıcın hoşuna mı gitti? Hayır. Hâlâ yasanın benden yana olduğuna inanıyorum. O gün her zamankinden daha iyi bir savunma yaptığımı da biliyorum, ama inandırıcı olamadım. Çünkü ünlü ve çok bilgili bir adama yanıldığını söylemekle çok büyük bir yanlışlık yapmıştım."

Çok az insan mantıklıdır. Çoğumuz önyargılıyız. Pek çoğumuz kuşku, korku, onur, imrenme, kıskançlık gibi duyguların kölesiyiz. İnsanlar genellikle dinlerini, saç şekillerini, politik yaklaşımlarını veya sevdikleri film yıldızını değiştirmeye yanaşmazlar. Bu nedenle eğer birilerine yanıldıklarını söylemeye niyetliyseniz aşağıdaki paragrafı her sabah kahvaltıdan önce okuyun. Bu paragraf, James Harvey Robinson'ın *The Mind in The Making* (Faaliyet Halindeki Akıl) adlı kitabından alınmıştır.

Kimi zaman düşüncelerimiz kendiliğinden değişir. Ama yanıl-

dığımız söylenince suçlamaya karşı çıkar, sertleşiriz. İnançlarımız oluşurken son derece dikkatsiz davranırız, ama biri bizi bu inançlarımızdan ayırmaya kalkıştığında şiddetli bir tutku ile karşı koyarız. Aslında bizim için inançlarımız fazla önemli değildir, önemli olan şey özgüvenimizin tehdit edilmesidir.

Küçücük "benim" sözcüğü insan ilişkilerinde çok önemli bir yer tutar. Bu sözcüğü doğru kullanmak akıllılığın belirtisidir. "Benim yanağım", "benim ülkem" ve "benim Tanrım"... Bu sözlerin hepsi aynı derece güçlüdür. Sadece saatimizin yanlış veya arabamızın külüstür olduğu yolundaki eleştirilere gücenmekle kalmayız. Mars'taki kanallar hakkındaki düşüncelerimizin, "Epictetus" sözcüğünü doğru telaffuz edemediğimizin, Salicin ilacının tıptaki önemini bilmediğimizin söylenmesinden de nefret ederiz. Doğruluğuna inandığımız düşüncelerimizi sürdürmek isteriz. Bu düşüncelere karşı çıkıldığında bunlara daha sıkı sarılırız. Sonuçta inançlarımızı sürdürmek için tartışmaya gireriz.

Psikolog Carl Rogers, *On Becoming a Person (İnsan Olmak Üzerine)* adlı kitabında şöyle diyor:

Başkalarını anlamaya çalışmak için kendime izin vermenin bana çok şey kazandırdığını öğrendim. Bunu söyleme biçimim size tuhaf gelebilir. Başkalarını anlamak için kendime izin mi vermeliyim? Evet, ben böyle düşünüyorum. Başkalarının söyledikleri karşısındaki ilk tepkimiz çoğunlukla onları anlamaya çalışmak yerine yargılamak oluyor. Herhangi biri, bir duygusunu ya da inancını ifade ettiğinde hemen "doğru", "aptalca", "anormal", "mantıksız", "yanlış", "hoş değil" gibi şeyler düşünüyoruz. Hiçbir zaman karşımızdaki kişinin gerçekte ne demek istediğini anlamak için kendimize izin vermiyoruz.

Bir kez evimdeki perdeleri yapması için bir dekoratörle anlaşmıştım. Fatura geldiğinde soluğum kesildi. Birkaç gün sonra bir arkadaşım uğrayıp perdelerime baktı. Ödediğim parayı duyunca çok şaşırdı ve "Ne! Rezalet! Sanırım seni kazıklamışlar!" dedi.

Arkadaşım doğru mu söylüyordu? Evet, söyledikleri doğruydu, ama çok az kişi kendisini hatalı durumuna düşürecek bir şey söylenmesinden hoşlanır. Doğal olarak kendimi savunmayı denedim. İyinin pahalı demek olduğunu, pazarlıkla düşük fiyatlı bir iş yaptırıldığında asla kalite ve estetiğe ulaşılamayacağını söyledim.

Ertesi gün bir başka arkadaşım geldi ve perdelerime bayıldı. Hayıflanarak böyle pahalı bir şey yaptırmaya gücünün yetmeyeceğini söyledi. Tepkim tümüyle farklı oldu. "Doğruyu söylemek gerekirse bana da ağır geldi. Çok fazla para ödedim. Onları yaptırdığıma pişman oldum," dedim.

Yanıldığımızda bunu kendimiz kabul edebiliriz. Hatamız bize incelikle ve anlayışla söylendiğinde, bunu karşımızdakine de itiraf edebiliriz. Hatta bu dürüstlük ve açıksözlülüğümüzle övünürüz. Ancak biri çıkıp bize bunu gırtlağımıza sarılarak anlattırmaya çalışırsa kabul etmeyiz.

İç Savaş sırasında Amerikalı ünlü bir gazete editörü, Lincoln'ün izlediği politikaya şiddetle karşı çıkıyordu. Lincoln'ü yeren, komik duruma düşüren bir kampanya başlatarak onun kendi düşüncelerine katılmasını sağlayabileceğini umdu. Bu acı kampanyayı aylarca, yıllarca sürdürdü. Başkan Lincoln'ün Booth tarafından vurulduğu gece bile çok iğneleyici, saldırgan ve alaycı bir makale yazmıştı.

Bütün bunlar Lincoln'ün Greeley'in düşüncelerine katılmasını sağlamış mıydı? Kesinlikle hayır. Alaycı ve iğneleyici sözlerle bir yere varılmaz.

İnsanlarla ilişki kurma, kendinizi yönetme, kişiliğinizi geliştirme konusunda başarılı olmak istiyorsanız, Benjamin Franklin'in yaşamöyküsünü okuyun. Amerikan edebiyatının şimdiye kadar yazılmış en ilginç yaşamöykülerinden biridir bu.

Franklin, kendisini tartışma alışkanlığından nasıl kurtardığını ve nasıl Amerika'nın en yetenekli, ılımlı ve diplomatik kişisi olduğunu anlatıyor.

Ben Franklin'in budala bir genç olduğu yıllarda Kuveykır mezhebinden bir arkadaşı onu bir kenara çekmiş ve şu iğneleyici gerçekleri onun yüzüne vurmuştu.

"Sen çok geçimsiz birisin. Düşüncelerin senden farklı düşünenlerin yüzüne bir şamar gibi iniyor. Bu düşünceler o kadar saldırganlaştı ki artık kimse onları önemsemiyor. Dostların senin olmadığın ortamlarda daha rahat ediyorlar. O kadar bilgilisin ki hiç kimse sana bir şey söyleyemiyor. Bu nedenle zaten kısıtlı olan bilginden daha fazlasını öğrenemeyeceksin."

Ben Franklin'in en beğendiğim yönlerinden biri, bu uyarıcı azarlamayı kabul ediş biçimidir.

Franklin söylenenlerin gerçek olduğunu görebilecek kadar olgun ve aklı başında biriydi. Bu nedenle başarısızlık ve toplum dışına itilme tehlikesi ile karşı karşıya olduğunu kavramıştı. Hemen gerçekle yüzleşerek kararını verdi. Bu saygısız ve dar görüşlü düşünce ve davranışlarını değiştirmeye başladı.

"Başkalarının benim düşüncelerimle çelişen düşüncelerine katlanmayı ilke edindim," diye anlatıyor, Franklin. "Kesinlikle", hiç kuşkusuz" gibi katı görüş bildiren ifadeleri kullanmama kararı aldım. Bunun yerine "sanırım" ve "bana öyle geliyor" gibi ifadeleri kullanmaya çalıştım. Biri yanlış olduğunu düşündüğüm bir şey söylediğinde ona karşılık verme veya onu gülünç duruma düşürme kaygısından kendimi yoksun bırakıyordum. Yanıt verirken bazı durum ve olaylarda onun haklı olabileceğini, ama bugünkü koşullarda bu düşüncelerde farklılık olması gerektiğini söyleyerek söze başlıyordum. Tutumumdaki bu değişikliğin yararını gördüm. Katıldığım konuşmalar daha keyifli hale geldi. Görüşlerimi böyle yumuşatarak sunduğumda bunlara daha az karşı çıkılıyordu ve insanlar bunları daha kolay kabul ediyorlardı. Yanıldığımda da kimse beni küçük düşürmeye çalışmıyordu. Ben de rahatlıkla onların yanlışlıkları düzeltip bana katılmalarını sağlayabiliyordum.

"Başlangıçta doğal yapıma ters gelen bu tutum zaman içinde bir alışkanlığa dönüştü. Son elli yıldır hiç kimse ağzımdan dogmatik bir söz kaçırdığımı duymadı. Bu alışkanlığım önerdiğim değişikliklerin kabul edilmesini, fikirlerimin benimsenmesini sağladı. Katıldığım ve daha önce uyarılar aldığım toplantılarda etkili olmaya başladım. Aslında kötü bir konuşmacı, doğru sözcükleri seçmekte zorlanan biri olduğum halde, bu yüzden istediğim sonuçları alabiliyordum."

Ben Franklin'in yöntemi iş yaşamında uygulanabilir mi? Bunu iki örnekle irdeleyelim.

Kuzey Carolina, Kings Mountain'dan Katherine A. Allred, yün işleyen bir fabrikada uzman endüstri mühendisi olarak çalışıyordu. Bize hassas bir konuyu nasıl ele aldığını anlattı:

"Sorumluluk alanıma giren bir konu da çalışanlarımızın daha fazla yün üretebilmeleri için teşvik edici yöntemler bulup bunları uygulamaya koymaktı," diye söze başladı. "Şimdiye kadar uyguladığımız sistem iki-üç tür yün ürettiğimiz günlerde yeterliydi, ama çalışma sahamızı genişletmiştik ve ürün çeşidimiz on ikiye ulaşmıştı. Kullandığımız sistem çalışanların istenen performansa ulaşmasını engelliyordu, bu yüzden istenen verime ulaşamıyorduk. Yeni bir sistem hazırlayarak bunun en doğru yaklaşım olduğunu yöneticilere göstermek üzere bir toplantı düzenledim. Çalışanlara nerede yanlış yaptıklarını detaylı bir şekilde anlattım. Onlara yanlışlarını göstererek tüm çözümlere sahip olduğumu söyledim. Doğrusunu söylemek gerekirse tam anlamıyla bir başarısızlığa uğradım. Yeni sistemimi savunmaya öylesine dalmıştım ki onlara eski sistem ile ilgili sorunlarını anlatmaları için fırsat vermemiştim. Önerim baştan ölü doğmuştu."

"Kursunuza birkaç kez katıldıktan sonra nerede yanlış yaptığımı anladım. Tekrar bir toplantı düzenleyerek bu sefer onların nerede sorunları olduğunu sordum. Her söyleneni dikkatle dinledim. Üretimle ilgili en iyi yolun ne olduğunu onlara sordum. Belirli aralıklarla ortaya attığım yol gösterici birkaç öneri ile aslında kendi sistemimi onların bulmasını sağladım. Toplantının sonunda sistemim kabul edilmişti.

"Şimdi bir insana hatalı olduğunu söyleyerek hiçbir yere varamayacağımı biliyorum. Tartışmaya girişmeden bir insanın kendi kendisini yargılamasını sağlayabilirseniz başarıya ulaşabilirsiniz."

Bir başka örneği ele alalım. Bu arada şunu unutmayın, ver diğim örneklere tıpatıp benzeyen olaylar binlerce insanın ba şından geçmiştir.

R. V. Crowley New York'taki bir kereste şirketinde pazarlamacı olarak çalışmaktaydı. Crowley yıllar boyu taşkafalı kereste eksperlerine yanıldıklarını söylemiş ve birçok tartışmayı da kazanmıştı. Bunun bir yararı olmuş muydu? Bay Crowley, "Bu müfettişler tıpkı beysbol hakemlerine benziyorlardı," diye anlatıyor. "Bir kere karar verdiler mi asla fikirlerini değiştirmiyorlardı."

Bay Crowley tartışmaları kazanıyordu ama bu onun şirketinin binlerce dolar kaybetmesine neden oluyordu. Benim kurslarıma katıldıktan sonra tutumunu değiştirmeye ve tartışmalardan kaçınmaya karar verdi. Sonuç ne mi oldu? Gelin öyküsünü onun ağzından dinleyelim:

"Bir sabah ofisimdeki telefon çaldı. Telefonun öbür ucunda öfkeli bir adam fabrikasına gönderilen kerestelerin istenen nitelikte olmadığını söylüyordu. Malı hemen geri almamızı istiyordu. Arabanın dörtte biri boşaltıldıktan sonra kereste eksperleri kerestenin istenenden %55 daha düşük kalite olduğunu rapor etmişti. Bu durumda müşteri malı reddediyor, almak istemiyordu.

"Hemen fabrikaya doğru yola çıktım; yol boyunca durumu nasıl ele alabileceğinizi düşündüm. Kendim de kereste eksperi olduğum için önceleri kerestenin kaliteli olduğunu gördüğümde diğer eksperlerle tartışmaya giriyordum. Ancak bu kez kursta öğrendiğim ilkeleri uygulamayı düşündüm.

"Fabrikaya ulaştığımda satın alma müdürü ile eksperin tartışmaya, hatta kavgaya hazır olduklarını gördüm. Yüzlerinde haince bir ifade vardı. Boşaltılmakta olan arabaya giderek yükün indirilmesini, böylelikle durumu görebileceğimi söyledim. Eksperden de beğenmediği keresteleri göstermesini ve nitelikli olanlarla niteliksiz kerestelerin ayrı ayrı istiflemesini istedim.

"Onu bir süre izledikten sonra bu işte çok katı davrandığını, kuralları yanlış uyguladığını fark ettim. Bunlar beyaz çam kerestesiydi. Eksperin sert ahşap üzerine eğitim gördüğünü ve beyaz çam konusunda deneyimsiz olduğunu biliyordum. Beyaz çam benim uzmanlık alanıma giriyordu, ama yine de onun değerlendirmesine karşı çıkmadım. İzlemeye devam ettim ve sonunda niçin bazı parçaları niteliksiz bulduğunu sordum. Bu sorumun nedeninin de gelecek siparişte istenen keresteyi göndermek olduğunu belirttim.

"Dostça ve işbirlikçi bir tavır sergiliyordum. İstemedikleri keresteyi almamakta haklı olduklarını ısrarla söylüyordum. Onu yeteri kadar yumuşattığımda aramızdaki gerginlik de yok oldu gitti. Söylediğim bir iki söz onun reddedip ayırdığı kerestelerin bazılarını satın alabilecekleri kanısına varmasına neden oldu. Bu konuda çok fazla ısrarcı olmamaya da özen gösterdim.

"Giderek davranış şekli tümüyle değişti, sonunda beyaz çam konusunda deneyimi olmadığını açıklayarak indirilen her parçada benim fikrimi sormaya başladı.

"Her parçanın istenen nitelikte olduğunu vurguluyor, yine de amaçlarına uygun değilse almamalarını söylüyordum. Sonunda hatasını gördü.

"Sonuç olarak ben oradan ayrıldıktan sonra keresteleri yeniden gözden geçirdi ve kabul etti. Çekimizi de hemen aldık.

"Karşımdaki kişinin hatasını yüzüne söylemekten kaçınmakla şirketime yüklü bir para kazandırmıştım. Aslında kazancımız parayla ölçülemezdi."

Bir barışsever olan Martin Luther King Jr.'a niçin Hava Kuvvetleri Komutanı Daniel (Chappie) James'e hayran olduğunu sormuşlardı. Dr. King, "Ben insanları kendi ilkelerimle değil, onların kendi ilkeleri ile yargılarım," demişti.

Yine benzer bir durumda General Robert E. Lee Konfederasyon başkanı Jefferson Davis'le konuşurken emrindeki bir subay için övgü dolu sözler sarf etmişti. Bir diğer subay şaşırmış ve "General," demişti, "sözünü ettiğiniz subayın sizi yok etmek için uğraşan düşmanlarınızdan biri olduğunu biliyor musunuz?" General Lee, "Evet," diye yanıtlamıştı, "ama başkan benim onun hakkında fikirlerini sordu, onun benim hakkımdaki fikirlerimi değil."

Aslında ben bu bölümde yeni bir şey öğretmedim. İki bin yıl önce İsa, "Karşınızdakilerle en çabuk ve kısa yoldan anlaşınız," demişti.

Milattan 2200 yıl önce Mısırlı Firavun Akhtoi de oğluna bugün bile geçerli ve son derece önemli olan şu öğüdü vermişti. "Diplomatik ol, bu seni istediğin sonuca ulaştırır."

Karşınızdaki kişiyle; bir müşterinizle, dostunuzla ya da düşmanınızla tartışmayın. Onlara hatalı olduklarını söylemeyin. Diplomatik olun.

İKİNCİ PRENSİP

Başkalarının görüşlerine saygı duyun.
Asla "Yanılıyorsun!" demeyin.

III

HATALARINIZI KABUL EDİN

Evime bir dakika uzaklıkta, baharda böğürtlenlerin beyaza büründüğü, sincapların yuva yapıp yavrularını büyüttüğü ve otların diz boyu yükseldiği vahşi, bakir bir koruluk uzanmaktaydı. Kolomb'un Amerika'yı keşfinden beri hiçbir değişikliğe uğramamış görünen bu el değmemiş parkın adı Forest Park idi. Benim küçük bir Boston buldoğu olan köpeğim Rex ile bu parkta sık sık yürüyüşe çıkardık. Rex oldukça zararsız, arkadaş canlısı bir av köpeğiydi ve parkta çok nadiren bir insana rastladığımız için ona ne ağızlık ne de tasma takardım.

Bir gün parkta otoritesini gösterme isteğiyle kıvranan atlı bir polisle karşılaştık.

"Köpeğinizin parkta ağızlıksız ve tasmasız koşmasına izin vermekle ne yaptığınızı sanıyorsunuz? diye azarladı beni. "Bunun kanuna aykırı olduğunu bilmiyor musunuz?"

"Evet, biliyorum," diye yumuşak bir sesle cevap verdim, "fakat hiç kimseye zarar verebileceğini düşünmedim."

"Düşünmediniz mi! Demek düşünmediniz! Yasalar sizin ne düşündüğünüzü umursamaz. Bu köpek bir sincabı öldürebilir ya da bir çocuğu ısırabilir. Şimdi, sizi bu seferlik bırakıyorum, fakat bu köpeği burada tekrar ağızlıksız ve tasmasız yakalarsam, derdinizi yargıca anlatırsınız."

Uysal bir tavırla, sözünü dinleyeceğime söz verdim.

Birkaç gün sözümü tutmaya çalıştım. Fakat Rex ağızlığı ve tasmayı sevmiyordu. Aslında ben de ona bunları takmayı sevmiyordum, böylece şansımızı tekrar denemeye karar verdik. Bir süre için her şey yolundaydı, fakat sonunda olanlar oldu. Biz öğleden sonra Rex ile bir tepenin yamacında yarışıyorduk. Sonra birden bir atın üzerinde kanun hazretlerini gördüm. Rex ise önde ona doğru koşuyordu.

Suçumu biliyordum. Bu yüzden polisin konuşmaya başlamasına izin vermedim. Önce ben başladım. "Memur bey, beni suçüstü yakaladınız. Suçluyum. Ne mazeretim ne de özür dilemeye hakkım var. Geçen hafta beni uyarmıştınız. Eğer köpeği buraya tekrar ağızlıksız ve tasmasız getirirsem beni cezalandıracağınızı söylemiştiniz," dedim.

"Bakın," dedi polis yumuşak bir ses tonuyla, "böyle küçük bir köpeğin etrafta hiç kimse yokken serbestçe koşmasına izin vermek istemeniz çok normal."

"Kesinlikle," diye cevapladım, "fakat bu kanuna aykırı."

"Bu kadar küçük bir köpeğin kimseye bir zararı dokunmaz," dedi polis.

"Fakat sincapları öldürebilirdi," diye karşılık verdim. "Bakın, sanırım bu konuyu fazla ciddiye alıyorsunuz," dedi. "Size ne yapacağınızı söyleyeyim. Onu benim göremeyeceğim bir yere götürün ve tüm olanları unutalım."

Polis, bir insan olarak kendini önemli hissetmek istiyordu. Bu yüzden ben kendimi suçlamaya başladığım zaman, kendi özsaygısını ve onurunu beslemenin tek yolu anlayış göstermesiydi.

Ya kendimi savunmaya çalışsaydım? Siz hiç bir polisle tartıştınız mı? Tartıştıysanız sonucu tahmin edebilirsiniz.

Onunla tartışacağıma, onun tamamıyla haklı olduğunu ve benim hatalı olduğumu kabul ettim. Üstelik hemen, açıkça ve coşkuyla kabullendim. Olay, benim onun yanında yer almamla, onun da benim yanımda yer almasıyla tatlıya bağlandı.

Lord Chesterfield bile henüz bir hafta önce beni tehdit eden bu polisten daha nazik olamazdı.

Eğer bir şekilde azarlanacağımızı biliyorsak, bunu karşı tarafın yapmasını beklemeden kendi kendimizi suçlasak daha iyi olmaz mı? Kendi özeleştirimizi yapmak, yabancı dudaklardan dökülen eleştirileri dinlemekten daha kolay değil midir?

Karşınızdakine fırsat vermeden, onun sizin hakkınızda düşündüğünü, söylemek istediğini ya da söylemeye niyetlendiğini bildiğiniz her türlü küçültücü sözü kendinize söyleyin. Bire yüz bahse girerim ki böylece karşınızdaki kişi bağışlayıcı bir tavır takınacak ve hatalarınızı görmezden gelecektir. Tıpkı atlı polisin bana ve Rex'e yaptığı gibi.

Reklamcı olan Ferdinand E. Waren, huysuz, zor beğenen bir insan üzerinde bu yöntemi nasıl uyguladığını anlatmıştı.

"Reklam ve yayın amacıyla yapılan çizimlerin, tam, kesin ve kusursuz olması çok önemlidir," diye söze başladı Bay Warren. "Bazı sanat editörleri verdikleri işlerin hemen yerine getirilmesini isterler ve bu gibi durumlarda bazı önemsiz hatalar ortaya çıkabilir. En küçük hataları bulmaya bayılan bir art direktör tanıyorum. Genellikle ofisinden içim öfkeyle dolu çıkardım; beni eleştirdiği için değil, saldırma biçimi yüzünden öfkelenirdim. Geçenlerde, bu editöre acil bir iş hazırladım ve ondan beni hemen ofisine çağıran bir telefon aldım. Bazı şeylerin yanlış olduğunu söylüyordu. Ofise vardığımda onu beklediğim gibi buldum ve korktum. Oldukça saldırgandı, beni eleştirmekten büyük bir haz duyuyordu. Öfkeyle bağırarak neden öyle yaptığımı sordu. Böylece öğrenmekte olduğum özeleştiri yöntemini uygulama fırsatını bulmuştum. Ben de, 'Efendim, eğer söyledikleriniz doğruysa, ben suçluyum ve bu hatamdan dolayı özür dilemeye hakkımyok. Sizinle, benden ne istediğinizi bilecek kadar uzun zamandır çalışıyorum. Kendimden utanıyorum,'dedim. 'Hemen beni savunmaya başladı. 'Evet, haklısın, fakat yine de bu çok büyük bir hata değil. Sadece...' diye konuşmaya çalıştı.

"Onun sözünü kestim. 'Herhangi bir hata çok pahalıya mal olabilir ve bütün hatalar rahatsız edicidir,' dedim. Hayatımda ilk kez kendimi eleştiriyordum ve bu da çok hoşuma gitmişti.

'"Daha dikkatli olmalıydım,' diye devam ettim. 'Bana pek çok iş verdiniz ve siz en iyisini hak ediyorsunuz, bu yüzden bu çizimi tekrar yapacağım.'

'Hayır! Hayır!' diye karşı çıktı. 'Sizi böyle bir zahmete sokmayı düşünmemiştim.' Yaptığım işi övdü, sadece küçük bir değişiklik yapmamı istediğini ve benim bu küçük hatamın şirketine hiçbir maddi zarar getirmeyeceğini, bunun çok küçük bir ayrıntı olduğunu ve tasalanmaya değmeyeceğini söyledi.

"Benim kendimi eleştirme coşkum, onun içindeki kavga etme isteğini söküp almıştı. Sonuçta beni öğle yemeğine götürdü ve ayrılmadan önce bana bir çek ve yeni bir görev verdi."

Bir insanın hatasını kabul edebilecek cesarete sahip olması ona büyük bir tatmin sağlar. Sadece suçluluk ve savunma duygusunu dağıtmakla kalmaz, aynı zamanda hata dolayısıyla ortaya çıkan problemlerin çözümüne de yardımcı olur.

New Mexicolu Bruce Harvey bir hata sonucu, hastalığı nedeniyle işe gelemeyen bir işçiye tam maaş verilmesini onaylamıştı. Hatasını fark edince, bunu işçiye de anlattı ve yapılan fazla ödemeyi bir sonraki maaşından kesmek zorunda olduğunu söyledi. İşçi, bunun kendisi için ciddi bir mali sorun olacağını söyleyerek bu kesintinin belirli bir dönem içinde taksit taksit yapılmasını rica etti. Harvey, böyle bir şeyin yapılması için patronunun onayını alması gerektiğini söyledi. "Bu olayın patronumu sinirlendireceğini biliyordum," diyor Harvey. "Bu durumu en iyi şekilde nasıl anlatacağımı düşünürken, benim hatam yüzünden böyle bir karışıklığın ortaya çıktığını anladım ve bunu patronuma itiraf etmeye karar verdim.

"Patronun ofisine girdim, bir hata yaptığımı ve buna bağlı olarak ortaya çıkan olayları anlattım. Patron son derece öfkeli bir tavırla bunun personel bölümünün hatası olduğunu söyledi. Ben de benim hatam olduğunu tekrarladım. Bu kez muhasebe bölümünün dikkatsizliğinden şikâyet etti. Ben tekrar bunun kendi hatam olduğunu söyledim. Bu defa da büroda bulunan diğer iki kişiyi suçladı. Fakat ben her seferinde hatanın bende olduğunu tekrarlıyordum. Sonunda bana baktı ve 'Tamam. Senin hatan. Şimdi git ve bunu düzelt!' dedi.

"Hata düzeltildi ve kimsenin başı derde girmedi. Bu gergin durumla başa çıkabildiğim ve hatamı gizlemek için bahane arama yoluna başvurmama cesareti gösterdiğim için kendimi çok iyi hissetmiştim. O zamandan beri patronum bana eskisinden daha çok saygı gösteriyor."

Birçok budala kendi hatasını savunmaya çalışır. Fakat hatayı kabul etmek kişiye soyluluk ve asalet kazandırır. Örneğin, tarihin Robert E. Leo hakkında kaydettiği en güzel şeylerden biri, Gettysburg'daki Pickett saldırısının başarısızlığa uğraması nedeniyle sadece ve sadece kendini suçlamış olmasıdır.

Pickett saldırısı hiç kuşkusuz Batı Dünyası'nda gerçekleştirilen en parlak ve en etkileyici saldırıydı. General George E. Pickett zaten kendisi etkileyici bir insandı. Saçları o kadar uzundu ki kızıl lüleleri neredeyse omuzlarına dökülürdü. Napoleon'un İtalya seferinde yaptığı gibi, savaş alanında bile neredeyse her gün ateşli aşk mektupları yazardı. Sadık bölüğü, o trajik temmuz öğleden sonrası, Pickett şapkası sağ kulağına doğru eğilmiş bir halde Birleşik Devletler saflarına doğru ilerlerken onu coşkuyla selamlamış ve ellerinde dalgalanan bayrakları ve güneşte parlayan silahlarıyla omuz omuza onun peşinden gitmişti. Çok gösterişli, heyecan ve coşku verici bir manzaraydı. Birleşik Devletler saflarında bile onu gözlemleyenler arasında hayranlık uğultuları yükseliyordu.

Pickett'ın birliği meyve bahçelerinin, mısır tarlalarının arasında hızla ilerliyordu. Düşman topları saflarında çok büyük delikler açıyordu. Fakat onlar kararlı şekilde ilerliyorlardı.

Bir anda kuzeyli piyadeler gizlendikleri yerden çıkarak

Pickett'ın savunmasız birliklerini yaylım ateşine tuttular. Tepenin doruğu bayraklarla, cesetlerle, insanlarla dolmuştu. Sanki bir volkan patlamıştı. Birkaç dakika içinde, biri dışında Pickett'ın bütün bölük komutanları vurulmuş ve beş bin askerin beşte dördü ölmüştü.

Son saldırıda bölüğü yöneten General Lewis A. Armiste-ad koşup taş duvarın üstüne çıktı ve şapkasını kılıcının ucunda sallayarak bağırdı:

"Haydi çocuklar! Onlara hadlerini bildirin!"

Emre uyuldu. Duvarı geçtiler, düşmanlarını süngülediler, kafalarını tüfeklerle parçaladılar ve Güney'in bayrağını diktiler.

Bayraklar sadece kısa bir süre dalgalandı. Fakat o an ne kadar kısa olursa olsun, Konfederasyon'un kaderini belirledi.

Pickett'ın saldırısı akıllıca ve kahramancaydı; fakat ne yazık ki sonun başlangıcı oldu. Lee yenilmişti. Kuzeye girememişti. Güney lanetlenmişti.

Lee çok üzülmüştü. Konfederasyon başkanı Jefferson Davis'e istifasını göndermiş ve yerine "daha genç ve yetenekli" birini atamasını istemişti. Eğer Lee, Pickett saldırısı yenilgisi dolayısıyla birini suçlamak isteseydi, pek çok gerekçe bulabilirdi. Bazı tugay komutanları başarısızlığa uğramasına neden olmuştu. Süvari sınıfı, piyadelere destek vermek için zamanında gelmemişti. Hiçbir şey yolunda gitmemişti.

Fakat Lee, hiç kimseyi suçlamayacak kadar asil biriydi. Pickett'ın yenilgiye uğramış askerleri kanlar içinde saflarına geri çekilirken, Robert E. Lee tek başına atına atlayıp onları karşılamaya gitmiş ve onları, kendini suçlayan bir ifade ile şöyle selamlamıştı: "Bütün bunlar benim hatam. Bu savaşta yenilen benim, sadece ben."

Tarihte yanıldığını itiraf edecek cesaret ve karaktere sahip çok az general vardır.

Hong Kong'daki kursumuzda hocalık yapan Michael Cheung, Çin kültürünün yarattığı bazı özel problemlerden bahsetti ve bazı anlarda eski bir geleneği uygulamaktansa, öğretilen prensiplerin uygulanmasının daha faydalı olacağının hatırlanması gerektiğini söyledi. Sonra bir öykü anlattı. Derslerine katılanlar arasında oğluyla yıllardır görüşmeyen orta yaşlı bir adam vardı. Baba bir zamanlar uyuşturucu ba-ğımlısıydı, fakat şimdi tedavi görmüştü. Çin geleneklerine göre ilk adımı yaşlı olan atamazdı. Bu yüzden baba, barışmak için ilk adımın oğlundan gelmesini bekliyordu. İlk derslerde sınıfa, hiç görmediği torunundan söz etmiş ve oğluyla bir araya gelmeyi ne kadar çok istediğini anlatmıştı. Hepsi Çinli olan sınıf arkadaşları, adamın hisleri ve yıllardır içinde yaşadığı gelenekler arasında düştüğü ikilemi çok iyi anlamışlardı. Baba, gençlerin büyüklerine saygı göstermesi gerektiğini ve hislerini açıklamayıp, oğlunun kendisine gelmesini beklemenin daha doğru olacağını düşünüyordu.

Kursun sonlarına doğru baba, sınıfa bir konuşma daha yapmıştı. "Bu konuyu çok düşündüm," demişti. "Dale Carnegie, 'Eğer hatalıysanız bunu hemen ve kesinlikle kabul edin,' diyor. Benim bunu hemen kabul etmem için artık çok geç, fakat şunu kesinlikle itiraf edebilirim: Oğluma karşı hatalıydım. Beni görmek istemeyip hayatından uzaklaştırırken çok haklıydı. Belki genç bir insandan af dilemek utanç verici bir şey; fakat hatalı olan bendim ve bunu itiraf etmek benim sorumluluğumdur." Sınıf arkadaşları onu alkışlamışlar ve desteklediklerini söylemişlerdi. Yaşlı adam bir sonraki derste nasıl oğlunun evine gidip onu affetmesini istediğini, şimdi oğlu, gelini ve sonunda görebildiği torunu ile aralarında yeni bir ilişkinin başladığını anlatmıştı.

Elbert Hubbard, bir ulusu harekete geçirebilen en özgün yazarlardan biridir ve iğneleyici cümleleri çok defa büyük tepki uyandırmıştır. Fakat Hubbard'ın insanları etkileyebilme yeteneği kısa zamanda düşmanlarını dosta çevirmeyi başarmasını sağlamıştı.

Örneğin, öfkeli bir okuyucu, Hubbard'ın bir makalesinde yer verdiği bazı fikirlere katılmadığını ve Hubbard'ın şöyle şöyle bir insan olduğunu söylese, Elbert Hubbard şöyle bir yanıt verirdi:

"Tekrar düşündüğümde, gördüm ki yazdıklarıma ben de tamamen katılmıyorum. Zaten dün yazdıklarımın hiçbiri bugün bana çekici gelmemiştir. Konu hakkında sizin düşüncelerinizi öğrenmek beni sevindirdi. Yolunuz buraya düşerse konuyu enine boyuna tartışabilmek için bize uğramalısınız. Şimdi millerce uzaktan size kucak dolusu sevgiler."

Size böyle davranan birine ne diyebilirsiniz?

Haklı olduğumuzda, diğer insanların da bizim gibi düşünmesini nezaket ve ustalıkla sağlamaya çalışalım. Haksız olduğunuzda eğer kendinize karşı dürüstseniz, bu durumla sık sık karşılaştığınızı kabul edersiniz. Hatamızı hemen içtenlikle kabul edelim. Bu teknik şaşırtıcı sonuçlar vermekle kalmayacak; aynı zamanda kendini savunmaya çalışmaktan çok daha eğlenceli olacaktır.

ÜÇÜNCÜ PRENSİP

Eğer hatalıysanız, bunu hemen içtenlikle kabul edin.

IV

BİR DAMLA BAL

Öfkeniz kabardığında, karşınızdakine bir iki söz söyleyerek boşalır ve kendinizi çok iyi hissedersiniz. Peki ya karşınızdaki kişi? O da sizin gibi kendini iyi hisseder mi? Sesinizin tonu, saldırgan tutumunuz onun sizin düşüncelerinize katılmasını sağlayabilir mi?

Woodrow Wilson, "Yumruklarınızı sıkarak üstüme yürürseniz," diyor, "benim yumruklarımın da iki kat güçlü olacağından emin olabilirsiniz. Ama eğer bana gelip de, 'Oturup birlikte durumu gözden geçirelim, eğer ayrıldığımız noktalar varsa nedenini anlamaya çalışalım, nerelerde farklı düşündüğümüzü saptayalım,' derseniz anlaşamadığımız noktaların çok az, fikir birliğinde olduklarımızın daha çok olduğu görülecektir. Eğer sabırlı ve yaklaşımcı bir tutum izlersek uzlaşabiliriz."

Woodrow Wilson'ın sözlerindeki gerçekliği hiç kimse John D. Rockefeller Jr.'dan iyi değerlendiremez. 1915'lerde Rockefeller; Colarado'da en sevilmeyen kişiydi. Amerikan endüstrisinin en kötü grevi iki yıldır ülkeyi sarsıyordu. Öfkeli ve kavgacı işçiler Colarado Yakıt ve Demir Şirketi'nden ücretlerinin yükseltilmesini istiyorlardı. Şirketin yöneticisi Rockefeller idi. İşçiler maddi zarar vermişler, askeri birlikler yardıma çağrılmıştı. Kan dökülmüş, grevciler vurulmuştu. Böyle bir zamanda, havayı nefret bulutları kapatmışken, Rockefeller grevcileri kendi yanına çekmek istedi. Bunu da başardı. Nasıl mı? Anlatalım. Haftalarca süren dostluk çağrılarından sonra Rockefeller grev temsilcileri ile görüştü. Yaptığı konuşma baştan sona olağanüstüydü. Bu konuşma şaşırtıcı sonuçlar doğurdu. Rockefeller'i yutmak üzere olan nefret dalgalarını yatıştırdı. Onun birçok kişinin beğenisini kazanmasını sağladı. Rockefeller gerçekleri öylesine dostça dile getirmişti ki ücretlerinin artışı için kıyasıya savaş veren grevciler tek söz söylemeden işbaşı yaptılar. Bu konuşmanın giriş bölümünü size aktaracağım. Bunun ne kadar dostça bir konuşma olduğuna dikkat edin. Rockefeller'in, bir süre önce kendisini elma ağacına asmak isteyen kişilerle konuştuğunu da unutmayın. Eğer bir grup misyonerle konuşsaydı bundan daha saygılı ve dostça davranamazdı. Konuşmasında, "Burada bulunmaktan onur duyuyorum," "Evinize gelip eşleriniz ve çocuklarınızla tanıştım," "Burada birer yabancı olarak değil, birer dost olarak birlikteyiz," ve "Size olan saygımdan buradayım," gibi sözler yer alıyordu.

"Bugün yaşamımın en özel, en önemli günü!" diyerek söze başlamıştı Rockefeller. "Bugün ilk kez bu büyük şirketin işgörenleri ve işgören temsilcileri ile birlikte olmaktan onur duyuyorum.

"Memurlarla, yöneticilerle hepiniz bir aradasınız. Bugünü yaşamım boyunca asla unutmayacağım. Eğer bu toplantı iki hafta önce yapılmış olsaydı aranızdan yalnızca bir iki kişiyi tanıyabilecek, kendimi yabancı gibi hissedecektim. Geçen hafta güney maden ocaklarındaki bütün kampları gezme ve işçi temsilcileriyle şahsen görüşme fırsatı buldum. Pek çoğunuzun eşleriyle, çocuklarıyla tanıştım. Biz artık birer yabancı değil, birer dostuz. Ortak çıkarlarımızı görüşme fırsatı bulduğum için çok mutluyum.

"Bu toplantı aslında memurlarla işçi temsilcilerinin toplantısı. Ben ne memurum ne temsilciyim, ama sadece size olan saygımdan buradayım. Yine de kendimi sizlere, sizlerden biri kadar yakın hissediyorum, çünkü bir anlamda hem sizleri hem de işverenleri ve hissedarları temsil ediyorum."

Düşmanı dosta çevirme sanatına güzel bir örnek değil mi?

Rockefeller'in başka bir yol izlediğini varsayalım. Eğer madencilerle tartışmaya girseydi, kızgınlıkla gerçekleri yüzlerine vursaydı, yenildiklerini üstü kapalı da olsa belirtseydi veya tüm mantıksal yasaları kullanıp yanıldıklarını kanıtlasaydı ne olurdu? Daha çok öfke ve nefret uyandırıp daha büyük ayaklanmalara yol açardı.

Eğer bir insan sizin için iyi duygular beslemiyorsa, sizinle aynı kanıda değilse dünyamızda var olan tüm mantık yasalarını kullansanız da ona ulaşıp bir şey kazanamazsınız. Çocuklarını azarlayan anne ve babalar, buyurucu işverenler ve kocalar, durmadan sızlanıp yakınan kadınlar insanların düşüncelerini kolay kolay değiştirmek istemeyeceklerini bilmelidirler. Başkalarını zorla bizim gibi düşünmeye yönlendiremeyiz. Ancak dostça ve yumuşak bir tarzla konuşursak, büyük bir olasılıkla onları ılımlı bir yaklaşımla bu değişikliğe yöneltebiliriz.

Lincoln şu sözleri söylemişti:

"Eski ve çok doğru bir özdeyiş vardır. 'Bir damla bal bir galon zehirden daha çok sinek avlar.' Bu söz insanlar için de geçerlidir. Eğer bir kimseyi kazanmak istiyorsanız gerçek bir dost olduğunuza onu inandırın. Onun kalbine ulaşmak için gereken bir damla baldır. Bu bal onu yola getirecektir."

Yöneticiler greve giden işgörenlerle dostça ilişki kurmanın iyi sonuç verdiğini artık biliyorlar. Örneğin White Motor Şirketi'nin fabrikasında çalışan iki bin beş yüz işçi ücretlerinin yükseltilmesi için greve gittiklerinde şirketin yönetim kurulu başkanı Robert F. Black öfkeye kapılmadı, onları ne lanetledi ne de acımasızlıkla veya komünistlikle suçladı. Tam aksine, grevcilerden övgüyle söz etti. *Cleveland* gazetesine bir ilan vererek "sessizce ve barış içinde işi bıraktıkları" için grevcilere teşekkür etti. Grev gözcülerinin boş oturduklarını görünce iki düzine beysbol sopası ile eldiven alarak grev aralarında oyun oynamalarını önerdi. Bowling oynamak isteyenler için de bir bowling salonu kiraladı.

Bay Black'in dostça davranışı, her zaman olduğu gibi ona dostlar kazandırdı. Grevciler süpürge, kürek ve çöp arabaları ödünç alarak yere atılmış izmaritleri, kibrit çöplerini, gazete kâğıtlarını toplamaya başladılar. Düşünebiliyor musunuz? Ücret artışı ve sendika için savaş veren işçiler fabrika alanını temizliyorlardı. Amerikan işçi mücadeleleri tarihinde o ana kadar böyle bir şey duyulmamıştı. Bu grev bir hafta içinde son buldu. Üstelik ardında hiçbir olumsuz duygu bırakmadı.

Bir ilah gibi konuşmalar yapan Daniel Webster çok başarılı bir savunma avukatıydı. Yine de en güçlü tartışmalarda bile dostça sözler kullanırdı: "Karar jürinindir", "Bu konu düşünmeye değer", "Bu gerçekleri görmezlikten gelmeyeceğinize inanıyorum", "İnsan doğasını çok iyi bildiğinizden bu verilerin önemini kolayca görebilirsiniz" gibi...

Zorbalık yok, baskı yöntemleri yok. Kendi görüşlerini başkalarına kabul ettirme çabası da yok. Webster, yumuşak kelimelerle, alçak sesle konuşarak dostça yaklaşıyordu; bu onun ün kazanmasını sağlamıştı.

Belki bir grevi sona erdirmek veya bir jüri önünde konuşmak zorunda kalmayabilirsiniz, ama örneğin kiranızın düşürülmesini isteyebilirsiniz. Dostça bir yaklaşım size yarar sağlayabilir mi? Görelim bakalım.

O. L. Straub isimli bir mühendis kirasının düşürülmesini istiyordu. Ev sahibinin kalın kafalı biri olduğunu biliyordu. Sınıfta öyküsünü "Ona bir mektup yazdım," diye başlayarak anlattı. "Kontratım biter bitmez evi boşaltacağımı yazdım. Ben de evden çıkmak istemiyordum. Eğer kiramı düşürürse kalabilirdim. Durum ümitsiz görünüyordu. Diğer kiracılar denemiş ama başaramamışlardı. Herkes bana ev sahibinin çok geçimsiz biri olduğunu söylüyordu. Kendi kendime şöyle dedim: 'Ben insanlarla iyi ilişkiler kurma kursuna katılıyorum. Öğrendiklerimi onun üzerinde uygulayabilir ve sonuç verip vermeyeceğini görebilirim.' Ev sahibim mektubumu alır almaz sekreteriyle birlikte beni görmeye geldi. Onu kapıda dostça karşıladım. Güler yüzlü görünmeye çalışıyordum. Kiramın yüksek oluşundan söz etmedim, sözlerime apartmandaki dairemi ne kadar beğendiğimi söyleyerek başladım. İnanın bana, 'beğenide içten, övgüde cömert' davrandım. Onun bir ev sahibi olarak ne kadar mükemmel olduğunu söyleyerek kompliman yaptım ve bir yıl daha dairemde kalmak istediğimi ama bütçemin buna elvermediğini söyledim.

"Ev sahibim o güne kadar hiçbir kiracısından böyle bir övgü görmemişti. Nasıl anlam vereceğini bilemiyordu.

"Bana kendi sorunlarını anlatmaya başladı. Kiracılarından yakındı. Biri ona on dört metrelik mektup yazmıştı, bazıları onu aşağılıyordu. Bir başkası eğer üst katındaki kiracının horlamasını engellemezse kontratını iptal edeceğini söyleyerek tehdit ediyordu. 'Sizin gibi bir kiracı ile karşılaşmak öylesine rahatlatıcı ki!' dedi. Sonra daha ben teklif etmeden kiramı biraz düşüreceğini söyledi. Ben biraz daha düşürmek istediğimden ödeyebileceğim rakamı bildirdim ve o da tek bir söz söylemeden kabul etti.

"Ayrılırken bana döndü ve 'Evin dekorasyonunda yapmamı istediğiniz bir değişiklik var mı?' diye sordu.

"Eğer kiramı diğer kiracıların kullandığı yöntemlerle düşürmeye kalkışsaydım, ben de onlar gibi başarısızlığa uğrayacaktım. Dostça, sempatik ve karşımdakine değer veren yaklaşımım kazanmamı sağladı."

Pennsylvania'dan Dean Woodcock yerel bir elektrik şirketinde bir denetleyici olarak çalışmaktaydı. Ekibi bir direğin tepesindeki arızayı gidermek üzere çağrılmıştı. Daha önce bu tür işler başka bir bölüm tarafından yapılıyordu ve Woodcock'un bölümüne yeni devredilmişti. Ekip daha önce bu konuda eğitilmişti ama bu onların ilk görevleriydi. Herkes bu işi nasıl yapacaklarını merak ediyordu. Bay Woodcock, astındaki birkaç müdür ve bölümdeki bazı diğer kişiler bu işlemi izlemeye gittiler. Pek çok araba ve kamyon da gelmiş, meraklı kişiler direğin tepesindeki iki yalnız adamı izlemek üzere toplanmıştı.

Etrafına bakındığında, Woodcock, bir adamın elinde fotoğraf makinesi ile arabasından çıktığını gördü. Adam her şeyin fotoğrafını çekiyordu. Hizmet elemanları halkla ilişkiler konusunda oldukça duyarlıdır. Woodcock birdenbire görüntünün tuhaflığını fark etti. İki kişilik bir iş için düzinelerce insan toplanmış gibi görünüyordu. İş gereğinden fazla abartılmıştı sanki.

Woodcock fotoğraf çeken adama yaklaştı.

"Ne yaptığımızla ilgilendiğinizi görüyorum," dedi.

"Evet, ama annem daha fazla ilgilenecek, çünkü şirkette hissedardır. Bu onun gözünü açacak. Hatta yatırımının yanlış olduğunu anlayacak. Yıllardır ona sizin gibi şirketlere yatırın yapmasının yanlış olduğunu söylüyorum. Bu durum söylediklerimi kanıtlıyor. Gazeteciler de bu fotoğrafları beğenebilirler."

"Öyle görünüyor. Ben de sizin yaşınızda olsaydım aynı şekilde düşünürdüm. Ama bu çok özel bir durum." Dean Woodcok bu işin, bölümünün ilk işi olduğunu adama anlattı. Yöneticiden hademeye kadar herkes bununla ilgileniyordu. Normal durumlarda iki kişi bu iş için yeterdi. Bu konuda adama güvence verdi. Fotoğraf çeken adam makinesini bıraktı, Woodcock'un elini sıktı ve durumu ona açıkladığı için teşekkür etti.

Dean Woodcock'un dostça yaklaşımı şirketi güç durumdan ve kötü reklam olmaktan kurtarmıştı.

Sınıfımızdaki bir diğer öğrenci, Littleton New Hampshi-re'dan Gerald H. Winn de başından geçen bir olayı anlattı:

"Bahar başlarıydı, henüz karlar erimemişti. Sağanak yağış vardı ve normalde toprak tarafından emilen su yön değiştirmiş, yeni bir ev yaptırdığım araziye yönelmişti. Kendisine yol bulamayan su evin temeline basınç yapıyordu. Sonunda beton döşemenin altına sızarak patlamasına neden oldu. Kalorifer kazanı da zarar gördü. Yaklaşık olarak iki bin dolarlık bir tamirat gerekiyordu. Bu tür zararı karşılayacak sigortam da yoktu.

"Müteahhidin bu tür sel baskınlarına karşı bir direnç sistemi yapmayarak bu sorunun ortaya çıkmasına neden olduğunu öğrendim. Onunla görüşmek üzere randevu aldım. Ofisine giderken 25 dakikalık yol boyunca kursta öğrendiklerimi gözden geçirerek ilkeleri hatırlamaya çalıştım. Kızgınlığımı belirtmenin bir yarar sağlamayacağını biliyordum. Oraya vardığımda çok sakin davrandım ve Batı Hint Adaları'na yaptığı geziden söz etmeye başladım. Zamanlamanın uygun olduğunu düşündüğüm anda selin neden olduğu küçük zararı bildirdim.

"Müteahhit hemen bu konuda üzerine düşeni yaparak soruna çözüm getireceğini söyledi.

"Birkaç gün sonra telefon ederek zararı karşılayacağını bildirdi ve bu gibi durumların ileride yinelenmemesi için fırtınaya karşı bir sistem oluşturacağını da ekledi.

"Müteahhit suçluydu, ama ben dostça davranarak onun sorumluluğunu kabul etmesini sağlamıştım."

Yıllar önce, Missouri'nin kuzeybatısında, ormanı yalınayak yürüyerek geçip kırsal yöredeki okula giden bir oğlan çocuğuyken Ezop'un güneş ve rüzgârı anlatan bir öyküsünü okumuştum. Size de anlatayım:

Güneş ve rüzgâr kimin daha güçlü olduğunu tartışıyorlarmış. Rüzgâr "Ben daha güçlü olduğumu kanıtlayacağım. Şu karşıdaki paltolu yaşlı adamı görüyor musun? Paltosunu senden daha hızlı çıkaracağıma bahse girerim," demiş.

Güneş bir bulutun arkasına çekilmiş ve rüzgâr bir kasırga

şiddetinde esmeye başlamış. O kuvvetle estikçe ihtiyar adam paltosuna daha sıkı sarınıyormuş.

Sonunda rüzgâr pes edip durmuş. Güneş bulutların arkasından çıkıp yaşlı adama nazikçe gülümsemiş. Çok geçmeden adam alnındaki teri silip paltosunu çıkarmış. Güneş rüzgâra nazik ve dostça davranışın şiddet ve güç gösterisinden her zaman daha etkili olduğunu söylemiş.

Bir damla balın bir galon zehirden daha etkili olduğunu öğrenen insanlar nazik ve dostça davranma yöntemini her gün kullanıyorlar. Maryland'den F. Gale Conner dört aylık arabasını araba satıcısının servisine üçüncü kez götürdüğünde bu yöntemi kullandı.

"Servis müdürüne bağırıp çağırmanın, derdimi anlatmaya çalışmanın sorunuma bir çözüm getirmeyeceği anlaşılıyordu," diye sınıfa anlattı. "Showroom'a giderek acentenin sahibi Bay White'ı görmek istediğimi söyledim. Kısa bir bekleyişten sonra Bay White'ın ofisine alındım. Kendimi tanıttıktan sonra daha önce alışveriş yapan arkadaşlarımın önerileri üzerine arabamı bayilerinden satın aldığımı anlattım. Fiyatlarının çok uygun olduğunu ve servislerinin olduğunu söyledim. Beni dinlerken mutluydu. Servisle ilgili sorunumu anlatırken 'Sizin de ününüzü zedelememek için durumu bilmenizde yarar olduğunu düşündüm,' diye ekledim. Bunu kendisine bildirdiğim için bana teşekkür etti ve sorunumun çözümleneceğine ilişkin güvence verdi.

"Konu ile hem şahsen ilgilendi hem de arabam tamir edilinceye kadar bana kendi arabasını ödünç verdi."

Ezop, Krezüs'ün sarayında yaşayan Yunanlı bir köleydi ve M.Ö. 600 yıllarında ölümsüz masallar yazmıştı. İnsan doğası ile ilgili anlattıkları yirmi altı yüzyıl önce Atina'da ne kadar geçerliyse bugün Boston ve Birmingham'da da aynen geçerlidir. Güneş insana paltosunu rüzgârdan daha hızlı çıkarttırır. Nezaket, dostça yaklaşım ve insanın değerini bilmek kişilerin düşüncelerini daha kolaylıkla değiştirmelerini sağlar. Öfke ile fırtına gibi esmeye hiç gerek kalmaz.

Lincoln'ün sözlerini unutmayın:

"Bir damla bal bir galon zehirden daha çok sinek avlar."

DÖRDÜNCÜ PRENSİP

Daima dostça yaklaşın.

V

SOKRAT'IN SIRRI

İnsanlarla konuşurken, söze farklı görüşte olduğunuz konuları tartışarak başlamayın. Fikir birliğinde olduğunuz noktaları vurgulayarak başlayın ve bir süre bunları vurgulamayı sürdürün. Aynı amaç için çabaladığınızı; amaçta değil, yöntemde farklı olduğunuzu belirtin.

Başlangıçta karşınızdaki kişinin "Evet, evet!" demesini sağlayın. "Hayır" yanıtı almaktan olabildiğince kaçının.

Profesör Harry Overstreet'e göre "hayır" yanıtı aşılması çok zor bir handikaptır. Bir kez "Hayır!" dediğinizde kişiliğiniz ve onurunuz bu yanıtı değiştirmenizi engeller. Daha sonra "hayır" yanıtı vermenizin yanlış olduğunu hissetseniz bile o değerli gururunuzu düşünmek zorunda kalırsınız, ağızdan çıkan söze sadık kalınmalıdır. Bu nedenle bir insanın sözlerine olumlu yanıt vererek başlaması çok önemlidir.

Yetenekli bir konuşmacı başlangıçta pek çok "evet" yanıtı almayı başarır. Bu durum psikolojik açıdan dinleyicileri olumlu yönde etkiler. Bunu bir bilardo topunun hareketine benzetebiliriz. Topun bir kez yönlendirildiği yönden sapması için belirli bir güç gerekir. Ters yöne gitmesini sağlamak içinse çok daha fazla güç sarf etmeye ihtiyaç vardır.

Buradaki psikolojik şema son derece açık. Eğer bir insan "hayır" diyorsa ve gerçekten bunu kastediyorsa, sadece beş harflik bir kelime sarf etmekten çok daha fazlasını yapıyor demektir. Tüm organizma -bezler, kaslar, sinirler- bir karşı çıkma eyleminde işbirliği yapmaktadır. Kısaca tüm nöromasküler sistem olumlu bir yanıtı engellemek için savunmaya geçmiş demektir. Oysa ki bir insan "evet" dediğinde bu tür bir karşı çıkma eylemine gerek kalmaz. Organizma ileri dönüktür, durumu kabullenmiştir, dışa açıktır. Bu nedenle ne kadar çok "evet" yanıtı alırsak o kadar ilgi çekmiş oluruz.

Eğer herhangi bir öğrenci, bir çocuk, bir müşteri, karı ve kocadan biri "Hayır!" diyecek olursa onların fikirlerini olumlu yönde değiştirmek için melekler kadar akıllı ve sabırlı olmak gerekir. "Evet! Evet!" yöntemi New York'taki bir bankada çalışan James Eberson'ın kaybetmekte oldukları bir müşteriyi geri kazanmasını sağlamıştır.

"Bu adam bir hesap açtırmak için gelmişti," diye anlatıyor Bay Eberson. "Ona doldurması için her zamanki standart formu uzattım. Bazı soruları gönüllüce yanıtladı, ama bazı soruları yanıtlamayı kesinlikle reddetti. Eğer insan ilişkileri konusundaki derslere katılmamış olsaydım, bu müstakbel yatırımcıya bankanın istediği bilgileri vermeyi reddediyorsa bizim de ona hesap açmayı reddedeceğimizi söylerdim. Geçmiş yıllarda bu şekilde davranmış olduğum için suçlu olduğumu utanarak kabul etmeliyim. Doğal olarak bu tarz bir ültimatom beni rahatlatıyordu. Ona kimin patron olduğunu, bankanın kural ve yöntemlerine karşı çıkılamayacağını göstermiş oluyordum. Hiç kuşkusuz bu tür bir davranış müşteri olma amacı ile gelen kişide kendisine önem verilmediği ve hoş karşılanmadığı izlenimi yaratıyordu.

"O sabah bir av mantığı ile hareket etmeye karar verdim. Bankanın istekleri yerine müşterinin istekleri doğrultusunda hareket edecektim. Ona daha başlangıçta "Evet, evet!" dedirtmeyi her şeyden çok istiyordum. Bu nedenle ona hak vererek yazmak istemediği bilgilerin çok fazla gerekli olmadığını söyledim.

" 'Öldüğünüz zaman bu bankada paranız olduğunu varsayalım. Bankanın paranızı yasal vârisiniz olan en yakın akrabanıza transfer etmesini istemez misiniz?' diye sordum. " 'Evet, elbette isterim,' diye yanıtladı.

" 'Bu isteğinizin öldüğünüzde herhangi bir yanlışlık ve gecikme olmadan yerine getirilmesi için bize en yakın akrabanızın ismini vermeniz sizce iyi bir fikir değil mi?' dedim.

"Yanıtı yine "Evet!" oldu.

"İstediğimiz bilginin bizim yararımıza değil de kendi yararına olduğunu öğrendiğinde genç adamın tutumu değişmiş, yumuşamıştı. Bankadan ayrılmadan önce yalnızca istenen bilgileri vermekle kalmamış, önerim üzerine annesi adına da bir hesap açmamızı istemiş ve annesi ile ilgili tüm soruları da yanıtlamıştı."

Westinghouse Elektrik Firması'nın temsilcisi Joseph Allison'un da bize anlatacakları vardır:

"Bölgemde şirketimin satış yapmaya çok istekli olduğu bir adam vardı. Benden önceki temsilci on yıl boyunca ona hiçbir şey satamamıştı. Ben de bir sipariş alamadan tam üç yıl ona düzenli olarak uğradım. Sonuç olarak on üç yıl uğraştıktan sonra ona birkaç motor satmayı başardım. Eğer onlardan memnun kalırsa yüzlerce motorluk bir sipariş bekliyorum. Motorların istediği gibi olduğundan öylesine emindim ki üç hafta sonra ona uğradığımda gerçekten havaya girmiştim.

"Bu mühendis beni, 'Allison, geri kalan motorları sizden almayacağız' diye karşıladığında şoke oldum.

" 'Niçin?' diye sordum şaşkınlıkla.

" 'Çünkü motorlarınız çok ısınıyor, Elimi süremiyorum.'

"Tartışmanın, karşı çıkmanın bir yarar sağlamayacağını biliyordum. Bunu daha önce denemiştim. Bu nedenle 'Evet! Evet!" yöntemini denemeye karar verdim.

" 'Bakın Bay Smith, size yüzde yüz katılıyorum,' dedim. "Eğer bu motorlar ısınıyorsa, bir daha satın almamalısınız. Ulusal Elektronik Aletler Üreticileri Birliği'nin standartlarına uygun ısıdaki motorları almalısınız, değil mi?'

"Beni onayladı, böylece ilk 'evet'imi elde etmiş oldum.

" 'Elektrik Üreticileri Birliği'nin yönetmeliğine göre iyi bir motorun ısısı oda ısısından 72 °F yüksek olabilir. Doğru mu?'

" 'Evet!' diye onayladı. 'Kesinlikle doğru, ama sizin motorlarınız daha fazla ısınıyor.'

"Onunla tartışmadım, sadece sordum.

" 'Fabrikanızda ısı kaç olacak?'

" 'Aşağı yukarı 75 °F.'

" 'Pekâlâ, fabrika ısınız 75 °F. Buna 72'yi ekleyelim, toplam °F eder. Bu derece dolu bir sıcak suya elinizi soksanız haşlanmaz mı?'

"Yanıtı yine 'Evet' oldu.

" 'Öyleyse,' diye önerdim, "motorlara elinizi dokundurmasanız daha iyi olmaz mı?'

" 'Evet, sanırım haklısınız,' demek zorunda kaldı. Konuşmamızı biraz daha sürdürdük. Daha sonra sekreterini çağırdı ve gelecek ay için 35.000 dolarlık bir sipariş verdi.

"Tartışmanın yararsız olduğunu anlamam için yıllarım boşa gitmiş ve binlerce dolar zararım olmuştu. Konuya karşınızdakinin bakış açısı ile yaklaşmak ve ona "Evet, evet!" dedirtmek çok daha kazançlı bir yöntem."

Kaliforniya'daki kurslarımızın sponsoru Eddie Snow, dükkân sahibi ona "Evet, Evet!" dedirttiği için bir dükkânının nasıl iyi bir müşterisi olduğunu anlattı.

Eddie ok ve yay ile avlanmaya merak sarmış ve bir dükkândan yüklü bir alışveriş yaparak araç gereç almıştı. Erkek kardeşi onu ziyarete geldiğinde bu dükkândan onun için bir yay kiralamak istedi. Satıcı ona yay kiralamadıklarını söylediğinde bir başka dükkâna telefon etti. Eddie olayı şöyle anlatıyor:

"Telefonumu nazik bir beyefendi yanıtladı. Kiralama konusundaki sorunuma yaklaşımı diğer satıcıdan çok farklıydı. Olanaksızlıkları nedeniyle artık yay kiralayamadıklarını söyledi.

Sonra bana daha önce yay kiralayıp kiralamadığımı sordu. Ben 'Evet, birkaç sene önce,' diye yanıtladım. Bana bunun için 25-30 dolar ödemiş olmam gerektiğini hatırlattı. Yanıtım yine 'Evet!' oldu. Sonra bana parasını iyi kullanmasını bilen bir insan olup olmadığımı sordu. Doğal olarak 'Evet!' dedim. Şu anda sattıkları yayın tüm diğer gereçleriyle birlikte 34.95 dolar olduğunu söyledi. Sadece 4.95 dolarlık bir fark ödeyerek bunları satın alabileceğimi anlattı ve bu nedenle kiralama işine son verdiklerini belirtti. Bu daha mantıklı değil miydi?

'Evet!' yanıtımı siparişim takip etti. Onu almaya gittiğimde başka şeyler de satın aldım ve o günden sonra sürekli müşterisi oldum."

Sokrat dünyanın gelmiş geçmiş en tanınmış filozoflarından biridir. Sokrat, tarih boyunca ancak bir avuç insanın yapabildiğini başardı, insan düşüncesinin yönünü tamamen değiştirdi ve şimdi ölümünden yirmi dört yüzyıl sonra birbirleriyle dolaşan kişilerin dünyasında onları etkileyebilen akıllı insanlardan biri olduğu için saygı ile anılmaktadır.

Sokrat nasıl bir yöntem kullandı? İnsanlara yanılgılarını mı söyledi? Hayır, bu Sokrat'ın tarzı değil; o çok akıllıydı. Onun yöntemi bugün "Sokrat yöntemi" olarak adlandırılmaktadır ve "Evet! Evet!" yanıtı almaya dayanmaktadır. Sokrat karşısındaki kişiye "Evet!" dedirtecek sorular yöneltirdi ve birbiri ardına olumlu yanıtlar alırdı. Sonunda birkaç dakika önce ona karşı çıkanlar, farkında olmadan onun düşüncelerine kucak açarlardı.

Birine yanıldığını söyleyeceğiniz zaman Sokrat'ı anımsayın ve "Evet! Evet!" yanıtı alacağınız yumuşak sorular yöneltin. Çinliler'in Doğu'nun bilgeliğini yansıtan güzel bir atasözü vardır: "Yavaş giden yol alır."

BEŞİNCİ PRENSİP

Karşınızdaki kişiye "Evet! Evet!" dedirtin.

VI

ŞİKÂYETLERE KARŞI BİR GÜVENLİK SUPAPI

Pek çok kişi, başkalarına kendi düşüncelerini kabul ettirebilmek için çok fazla konuşur. Bırakın karşınızdaki insanlar da konuşsun. Onlar kendi işlerini ve problemlerini sizden çok daha iyi bilirler. Siz sadece soru sorun. Bırakın size bir şeyler anlatsınlar.

Karşıdaki kişinin söylediklerine katılmadığınız zaman sözünü kesmek isteyebilirsiniz. Fakat bunu yapmayın. Bu tehlikeli olur. Daha anlatmak istediği pek çok şey varken, bu kişi sizin söylediklerinizi dinlemeyecek ve önemsemeyecektir. Bu yüzden onu sabırla dinleyin. Bunu içtenlikle yapın. Bütün düşüncelerini anlatması için onu teşvik edin.

Bu yöntem iş dünyasında yararlı olur mu? Görelim. İşte, bu yöntemi uygulamaya zorlanan bir satış temsilcisinin öyküsü.

ABD'nin en büyük araba üreticilerinden birinde bir yıllık döşemelik kumaş gereksinimi konusu tartışılıyordu. Üç önemli kumaş üreticisi örnek döşemelik kumaş göndermişti.

Bu örnekler, araba üreticisi firmanın yetkili kişilerince incelenmiş ve her birine, anlaşma yapabilmek için birer temsilci göndermeleri önerilmişti.

Kumaş üreticilerinden birinin temsilcisi olan G. B. R., kente ulaştığında şiddetli bir larenjit krizi geçiriyordu. "Yetkililerle görüşme sırası bana geldiğinde," diye söze başladı Bay R. yaşadığı olayı derslerden birinde anlatırken, "sesimi tamamen kaybetmiştim. Güçlükle fısıldayabiliyordum. Toplantı odasına girdiğimde, tekstil mühendisi, satın alma sorumlusu, satış müdürü ve şirket başkanı ile yüz yüze geldim. Bütün kuvvetimi kullanarak konuşmaya çalıştım, fakat ağzımdan kapı gıcırtısına benzer bir sesten başka hiçbir şey çıkmadı.

"Hepsi bir masanın çevresinde oturuyordu. Bir kâğıda, 'Beyler, sesimi kaybettim. Konuşamıyorum,' yazdım.

'Ben sizin yerinize konuşurum,' dedi başkan ve konuştu. "Getirmiş olduğum örnekleri gösterdi, bunların iyi yönlerini övdü. Böylece bu ürünler ile ilgili hararetli bir tartışma başladı. Başkan, benim yerime konuşarak tartışma sırasında benim üstleneceğim rolü de üstlendi. Benim katkım ise gülümsemek, başımı sallamak ve bazı ufak jestlerden ibaretti.

"Bu eşi bulunmaz toplantı sonucunda, 1.600.000 dolar değerinde yarım milyon döşemelik kumaş anlaşması yapmış oldum. Bu, o güne kadar aldığım en büyük siparişti.

"Eğer sesimi kaybetmemiş olsaydım, eminim bu anlaşmayı yapamazdım. Çünkü bu teklif hakkındaki bilgilerim tamamen yanlışmış. Böyle bir rastlantı sonucu, bazen karşımdaki insana konuşma fırsatı vermenin ne kadar iyi sonuçlar verebileceğini keşfetmiş oldum."

Karşıdaki kişiye konuşma fırsatı vermek sadece iş hayatında değil aile ilişkilerinde de olumlu sonuçlar verir. Barbara Wilson'ın kızı Lauri ile ilişkisi büyük bir hızla kötüye gitmekteydi. Oldukça sakin, sessiz ve halinden memnun görünen Lauri, büyüdükçe asi ve zaman zaman saldırgan bir genç olmuştu. Bayan Wilson ona öğüt vermeyi, onu tehdit etmeyi ve cezalandırmayı denemişti; fakat hiçbiri işe yaramamıştı.

"Bir gün," diye anlatmaya başladı. Bayan Wilson sınıfta, "tamamen ümidimi yitirmiştim. Lauri beni yine dinlememişti ve günlük işlerini bitirmeden kız arkadaşı ile buluşmak üzere evden çıkmıştı. Eve döndüğünde ona on bininci kez bağırmayı düşünüyordum, fakat artık bunu yapacak gücüm kalmamıştı. Sadece ona baktım ve hüzünle sordum. 'Neden, Lauri, neden?'

"Lauri durumumu anlamıştı ve sakin bir sesle sordu: 'Gerçekten öğrenmek istiyor musun?' Başımı salladım. Lauri anlatmaya başladı, önceleri kararsız ve tereddütlüydü fakat sonra açıldı. Onu hiç dinlemiyormuşum. Ona her zaman şunu yap bunu yap diye emirler veriyormuşum. Bana fikirlerini, düşüncelerini anlatmak istediğinde, sözünü kesip daha fazla emir veriyormuşum. Bu sözlerinden sonra bana otoriter bir anne olarak değil, fakat bir sırdaş, büyürken karşılaştığı karışıklıkları çözmesi konusunda ona yardım edecek biri olarak ihtiyaç duyduğunu anladım. Onu dinlemem gereken anlarda benim yaptığım tek şey konuşmaktı. Onu hiç dinlemiyordum.

"O andan itibaren her istediğinde benimle konuşabilmesini sağladım. Bana aklından geçen her şeyi anlatmaya başladı ve aramızdaki ilişki inanılmaz bir hızla düzeldi. Kızım yine sakin bir insan oldu."

Bir gün bir New York gazetesinin ekonomi sayfasında olağanüstü bilgi ve deneyime sahip bir eleman arandığını belirten oldukça büyük bir ilan yayımlandı. Charles T. Cubellis, başvurusunu belirtilen posta kutusuna gönderdi. Birkaç gün sonra mülakata çağrıldığını belirten bir mektup aldı. Görüşmeye gitmeden önce, Wall Street'te saatler geçirerek, bu şirketi kuran kişi hakkında öğrenmesi mümkün olan her şeyi öğrenmeye çalıştı. Görüşme sırasında, "Sizin gibi bir geçmişe sahip olan böyle bir şirketin bir parçası olmaktan gurur duyarım. Anladığım kadarıyla bu işe yirmi sekiz yıl önce sadece bir masa ve daktilo ile başlamışsınız. Bu doğru mu?" dedi.

Hemen hemen her başarılı insan, geçmişte verdiği mücadeleyi hatırlamaktan hoşlanır. Bu adam da onlardan farklı değildi. Uzun süre nasıl orijinal bir fikir ve 450 dolar nakit ile işe başladığını anlattı. Karşılaştığı engellerle nasıl savaştığını, tatil günleri de dahil olmak üzere günde on altı saate kadar ne kadar çok çalıştığını, tüm engellere karşın sonunda savaşı nasıl kazandığını ve şimdi Wall Street'teki en önemli yöneticilerin kendisinden bilgi almaya geldiklerini anlattı. Geçmişiyle gurur duyuyordu. Üstelik gurur duymakta haklıydı ve bunu anlatırken de çok iyi zaman geçirmişti. Sonuç olarak Bay Cubellis'e deneyimleri ile ilgili kısaca birkaç soru sormuş, sonra yardımcı müdürlerinden birini çağırarak, "Sanırım aradığımız kişiyi bulduk," demişti.

Bay Cubellis, gelecekte patronu olacak bu insanın başarılarını öğrenmek zahmetine katlanmıştı. Karşısındaki insana ve onun problemlerine ilgi göstermişti. Konuşmanın çoğunu onun yapmasını sağlamış, bu da olumlu bir etki yaratmıştı.

Kaliforniya, Sacramento'da Roy G. Bradley, tam tersi bir durumla karşı karşıya idi. Bradley, karşısındaki kişinin onun şirketiyle anlaşma yapmak için kendi kendisini ikna etmesini dinlemişti. Bradley şunları anlatıyor: "Biz küçük bir yatırım şirketiyiz. Çalışanlarımızın hastane masraflarını karşılayamıyoruz, sağlık ya da emeklilik sigortalarını ödeyemiyoruz. Temsilcilerimiz bağımsız çalışıyorlar. Onlara iş olanakları bile sağlayamıyoruz, çünkü rakiplerimiz gibi reklam veremiyoruz.

"Richard Piyor, bu pozisyon için aradığımız deneyime sahipti ve ilk olarak ona işin bütün kötü yanlarını anlatan asistanımla görüşmüştü. Büroma geldiğinde hevesi kırılmış görünüyordu. Firmamızla çalışmanın ona sağlayacağı tek bir faydayı belirttim. Bu da bağımsız davranmak ve kendi patronu olmaktı.

"Bu avantajlar hakkında konuşurken, kendi kendine buraya geldiği ilk anda edindiği olumsuz fikirleri de anlatıyordu. Pek çok kez kendi kendine konuşuyormuş gibi bir hali vardı. Zaman zaman onun fikirlerine ekleme yapmayı istememe rağmen, görüşme artık sona ermişti ve ben de onun kendi kendini ikna ettiğini ve bizimle çalışmayı kabul edeceğini anladım.

"İyi bir dinleyici olduğum ve Dick'e konuşması için olanak sağladığım için, işi olumlu ve olumsuz yönleriyle kafasında tartma imkânı buldu ve olumlu bir sonuca ulaştı. Onu işe aldık. Şirketimizde göze çarpan bir temsilci oldu."

Gerçek şu ki arkadaşlarımız bile bizim başarılarımızı dinlemektense, kendi başarılarından söz etmeyi tercih ederler. Fransız filozofu La Rochefoucauld, "Eğer düşman kazanmak istiyorsanız, arkadaşlarınızdan üstün olmaya çalışın. Eğer dost kazanmak istiyorsanız bırakın arkadaşlarınız sizden üstün olsun" diyor.

Bu neden doğrudur? Çünkü eğer dostlarımız bizden üstünlerse, kendilerini önemli hissederler. Fakat biz onlardan üstün olduğumuzda, en azından bazıları kendilerini küçülmüş hissederler ve kıskançlık duyarlar.

New York Midtown İşçi Bulma Kurumu'nun en sevilen danışmanı Henrietta G. idi. Ama daha önceleri böyle değildi. Çalışmaya başladığı ilk aylarda, Henrietta'nın kurumda bir tane bile arkadaşı yoktu. Neden? Çünkü her gün yaptığı yerleştirmeler, açtığı yeni hesaplar veya başardığı herhangi bir şeyle övünüyordu.

"İşimde oldukça başarılıydım ve bununla gurur duyuyordum," diye anlatıyor Henrietta. "Fakat meslektaşlarım başarılarımı benimle paylaşacaklarına, bunlara içerliyorlardı. Ama ben bu insanlar tarafından sevilmek istiyordum. Onlarla gerçekten dost olmak istiyordum. Bu kursta verilen bazı önerileri dinledikten sonra, kendi hakkımda daha az konuşmaya ve meslektaşlarımı daha çok dinlemeye başladım. Onların da övünülecek şeyleri vardı ve benim başarılarımı dinlemek yerine kendi başarılarını anlatmaktan daha çok zevk alıyorlardı. Artık sohbet etmeye vakit bulduğumuzda onlardan sevinçlerini benimle paylaşmalarını istiyorum ve kendi başarılarımdan ancak sorulduğunda söz ediyorum."

ALTINCI PRENSİP

Bırakın karşınızdaki kişi daha çok konuşsun!

VII

İŞBİRLİĞİ NASIL SAĞLANIR

Kendi düşüncelerinize, size gümüş bir tepsi içinde sunulan fikirlerden daha çok inanırsınız, değil mi? Öyleyse kendi düşüncelerinizi başkalarının zorla hazmetmesini beklemek yanlış olmaz mı? Önerilerde bulunmak ve karşınızdaki insanın düşünüp bir yargıya varmasını beklemek daha akıllıca değil mi?

Philadelphia'dan Adolph Seltz kurslarıma katılan öğrencilerimden biriydi ve bir araba galerisinde satış müdürü olarak çalışmaktaydı. İsteksiz ve düzenli çalışmadan yoksun bir grup satış elemanını çalışma isteği ile doldurma sorunu ile karşı karşıya kalmıştı. Bir satıcılar toplantısı düzenleyip kendisinden ne beklediklerini sordu. Onlar konuştukça ileri sürdükleri düşüncelerini kara tahtaya yazdı. Sonra, "Benden istediğiniz her şeyi yerine getireceğim. Şimdi de benim sizlerden neler beklemeye hakkım olduğunu söyler misiniz," dedi. Yanıtlar arka arkaya geldi: bağlılık, dürüstlük, yaratıcılık, iyimserlik, takım çalışması, günde sekiz saat coşkulu bir çalışma... Toplantının sonunda herkes motive olmuştu. Satış elemanlarından biri her gün on dört saat çalışmayı önerdi. Bu toplantıdan sonra satışlar olağanüstü artmıştı.

"Adamlar benimle bir tür moral anlaşması yapmışlardı," dedi Bay Seltz. "Ben kendi yükümlülüklerimi yerine getirdiğim sürece onlar da kendi verdikleri sözleri tutmaya kararlıydılar. Onlara isteklerinin sorulması çalışmaları için gereken doping aşısının yapılmasıydı."

Hiç kimseye hiçbir iş zorla yaptırılamaz, ne yapması gerektiğinin söylenmesi kimsenin hoşuna gitmez. Seçimimizi kendi isteğimiz doğrultusunda yapmayı ve kendi düşüncelerimize göre davranmayı isteriz. Bize isteklerimizin, dileklerimizin, düşündüklerimizin sorulmasından hoşlanırız.

Eugene Wesson olayını inceleyebiliriz. Wesson gerçeği öğrenmeden önce binlerce dolarlık komisyondan olmuştu. Tekstil üreticileri ve stilistler için tasarım üreten bir stüdyonun tasarımlarını pazarlıyordu. Bay Wesson haftada bir gün olmak üzere üç yıl boyunca her hafta New York'taki ünlü bir stiliste uğruyordu. "Beni görmeyi hiç bir zaman reddetmedi," diye anlatmıştı. Bay Wesson. "Ama hiçbir şey satın almadı. Daima taslakları dikkatle inceliyor ve 'Olmuyor Wesson, sanırım seninle bugün de anlaşamadık,' diyordu."

Yüz ellinci başarısızlığından sonra Wesson aklını oynatma noktasına geldiğini fark edince haftada bir gecesini etkin insan davranışları konusunu incelemeye ayırdı. Bu kendisine yeni fikirler verebilir ve tekrar heveslenmesini sağlayabilirdi.

Yeni bir yaklaşım denemeye karar verdi. Koltuğunun altında yarım düzine tamamlanmamış taslakla stilistin kapısını çaldı. "Eğer yapabilirseniz bana küçük bir iyilikte bulunmanızı rica ediyorum," dedi. "Burada tamamlanmamış bazı taslaklar var. Kullanabileceğiniz hale gelmeleri için bunları nasıl tamamlamam gerektiği konusunda düşüncelerinizi söyler misiniz?"

Müşteri bir süre konuşmadan taslakları inceledi ve sonunda, "Bunları birkaç günlüğüne bende bırak Wesson, sonra beni görmeye gel," dedi.

Wesson üç gün sonra giderek stilistin önerilerini aldı ve taslakları stüdyoya geri getirerek alıcının istediği şekilde bitirilmelerini sağladı. Sonuç ne mi oldu? Hepsi kabul edildi.

O günden sonra alıcı Wesson'a pek çok taslak siparişi verdi. Hepsi de onun verdiği fikirler doğrultusunda çizildi. Bay Wesson, "Yıllarca ona niye hiçbir şey satamadığımı anlamıştım," diyordu. "Ona hep benim onun alması gerektiğini düşündüğüm şeyleri satmaya çalışıyordum. Sonra bu yaklaşımımı tamamen değiştirdim. Onun bana önerilerde bulunmasını istedim. Bu ona desenleri kendisinin yarattığı duygusunu verdi. Zaten öyle de oldu. Artık benim ona bir şey satmama gerek kalmadı. O kendiliğinden satın almaya başladı."

İnsanların fikirlerin kendisine ait olduğunu hissetmesi sadece iş ve politika alanlarında etkili olmayıp aile yaşantısında da yarar sağlar. Tulsa, Oklahoma'dan Paul M. Davis bu prensibi nasıl uyguladığını arkadaşlarıma anlattı:

"Ailemle birlikte, şimdiye kadar yaptığımız en ilginç seyahati gerçekleştirdik ve büyük keyif aldık. Uzun süredir Philadelphia'daki Independence Hall'u, Gettysburg'daki İç Savaş Meydanı gibi tarihi yerleri görmeyi düşlüyordum. Williamsburg'daki restore edilen koloniyel köy görmek istediğim yerlerin başında geliyordu. Mart ayında karım Nancy, yaz tatilimiz için bazı düşünceleri olduğundan söz etti. Batı eyaletlerine bir tur yapmak, New Mexico, Arizona, Kaliforniya ve Nevada'daki ilginç yerleri görmek istiyordu. Her iki geziyi yapmamız elbette olanaksızdı.

"Kızımız Anne ise lise ikide okuduğu tarih dersi nedeniyle ülkemizin büyümesine neden olan olaylara ilgi duymaya başlamıştı. Ona tatilde bu olayların geçtiği yerleri görmek isteyip istemediğini sorduğumda buna bayılacağını söyledi.

"İki gece sonra yemek masasının etrafında oturduk. Nancy eğer fikir birliğine varabilirsek yaz tatilimizi doğu eyaletlerinde geçirebileceğimizi bildirdi. Bu Anne için muhteşem bir gezi olacak, hepimize heyecan verecekti. Hepimiz kabul ettik."

Aynı psikolojik yöntem, Brooklyn'in büyük bir hastanesine röntgen cihazları satmak isteyen bir imalatçı tarafından kullanıldı. Bu hastanede ek bir inşaat yapılıyordu. Burayı Amerika'daki en mükemmel röntgen cihazları ile donatmak istiyorlardı. Radyoloji departmanının başkanı Dr. L.'nin başına satış temsilcileri üşüşmüştü, her biri kendi firmasının cihazlarını övüyordu.

Üreticilerden biri diğerlerinden daha yetenekliydi. İnsan doğasını, nasıl davranılması gerektiğini onlardan daha iyi biliyordu. Bu kişi aşağıdaki mektubu yazdı:

Fabrikamız bugünlerde yeni bir tip röntgen cihazları üretmektedir. Serinin ilk cihazları ofisimize gelmiş bulunmaktadır. Çok mükemmel olmadıklarını biliyor ve bunları daha da geliştirmek istiyoruz. Eğer bu cihazları görmek için zaman ayırabilirseniz ve bize kullanıma en uygun olacak şekilde üretim yapabilmemiz için fikirlerinizi söylerseniz size minnettar kalırız. Çok yoğun bir çalışma içinde olduğunuzu bildiğimizden uygun gördüğünüz bir saatte sizi almak için arabamı göndermekten mutluluk duyacağım.

"Bu mektubu aldığımda çok şaşırmıştım," dedi Dr. L. bu olayı sınıfta anlatırken. "Hem şaşırmıştım hem de gururum okşanmıştı. Şimdiye kadar hiçbir röntgen cihazı üreticisi benim fikrimi almamıştı. Beni önemsediklerini hissetmiştim. O hafta her gecem doluydu, ama cihazı görebilmek için yemek randevularımdan birini iptal ettim. Cihazı inceledikçe onu daha da çok beğendiğimi fark ettim.

"Hiç kimse bu cihazı bana satmaya kalkışmamıştı. Onu hastane adına satın alma kararının bana ait olduğunu hissettim. Niteliklerini beğenmiştim ve montajı için siparişimi verdim."

Albay Edward M. House, Wilson'ın başkanlık yaptığı dönemde ülkenin iç ve dışişleri üzerinde büyük bir etkiye sahipti. Wilson, kendi kabine üyelerinden çok House'a danışıyordu.

Albay House, Wilson'ı etkilemeyi nasıl başardığını şöyle anlatıyor:

"Başkanı tanıdıktan sonra ona bir fikri kabul ettirmenin en iyi yolunun bu konuyu usulca aklına sokmak, bu konuda ilgisini çekerek ona bunu sanki kendi fikriymiş gibi kabul ettirmek olduğunu anladım. İlk seferinde bu tesadüfen oldu. Bir gün Beyaz Saray'da onu ziyaret ettiğimde önerdiğim politikayı onaylamadığını görmüştüm. Birkaç gün sonra bir yemek sırasında önerimi kendi fikri gibi sununca çok şaşırdım."

House onun sözünü kesip, "Bu senin değil benim fikrim!" dedi mi? Hayır, bunu söylemeyecek kadar zekiydi. Puan toplamak onun için önemli değildi. Önemli olan istenen sonucu almaktı. Bu nedenle Wilson'ın bu fikrin ondan çıktığını sanmasına izin verdi. Hatta House daha fazlasını da yaptı. Bu fikirleri nedeniyle kamu önünde Wilson'ın puan toplamasını sağladı.

Unutmayalım ki karşılaşacağınız her kişi Wilson gibi bir doğaya sahiptir. Bu nedenle Albay House'un yöntemini kullanalım. Birkaç yıl önce Kanada'nın güney eyaletlerinde New Brunswickli bir adam bu tekniği bana uyguladı ve başarılı oldu.

O sıralarda New Brunswick'te balık avlamayı ve kano kullanmayı tasarlıyordum. Bu nedenle bilgi almak için bir turizm bürosuna yazdım. Çok geçmeden ismim postalama listesine alınmıştı. Onlarca mektup, broşür, kamp rehberleri gelmeye başladı. Hangisini seçeceğimi bilemiyordum. Şaşkına dönmüştüm. Kamp sahiplerinden biri çok zekice bir iş yaptı. Bana daha önce kampta kalmış kişilerin isim ve telefonlarını göndererek onlara telefon etmemi ve bilgi edinmemi istedi.

Listesindeki bir kişiyi şahsen tanıdığını gördüm. Ona telefon edip deneyimlerini sordum. Sonra da kampa telgraf çekip kampa varış tarihini bildirdim.

Diğerleri bana hizmetlerini satmaya uğraşıyorlardı, ama bu adam bende kendimi onlara kabul ettirme duygusunu uyandırmıştı. Yöntemleri başarıya ulaşmıştı.

Yirmi beş yüzyıl önce Çinli bilge Lao-Tse bu kitabın okurlarının bugün de benimseyebilecekleri sözler söylemişti:- *Dağlarda akıp giden derelerin nehir* ve *denizlere katkısı büyüktür, çünkü nehirler ve denizler daha aşağıdadır. Bu nedenle derelere hükmedebilirler.*

Bilge kişi diğer insanlardan üstün olmak zorundadır ve altta kalmayı seçmelidir. Çünkü kendisi aslında daha yukarılarda bir yerde olduğu halde insanlar onun ağırlığını hissetmezler ve gocunmazlar.

YEDİNCİ PRENSİP

Bırakın karşınızdaki kişi fikirlerin kendisinden çıktığını sansın.

VIII

SİZİN İÇİN HARİKALAR YARATACAK BİR FORMÜL

Unutmayın; karşınızdaki kişiler tamamen haksız olsalar da bunu kabul etmeyebilirler. Onları suçlamayın. Bunu herkes yapabilir. Onları anlamaya çalışın. Sadece akıllı, hoşgörülü, az bulunur insanlar böyle yapmaya çalışır.

Karşınızdaki kişinin öyle düşünmesinin ya da davranmasının bir nedeni vardır. Bu nedeni bulmaya çalışın; böylece davranışlarının ve belki de kişiliğinin anahtarını bulmuş olursunuz.

Dürüstçe kendinizi onun yerine koymaya çalışın. Eğer kendi kendinize, "Onun yerinde olsam ne düşünür, nasıl davranırdım?" diye sorarsanız hem zaman kaybetmemiş hem de öfkelenmemiş olursunuz. Çünkü, "Bir şeyin nedenine ilgi gösterirsek sonucuna daha kolay katlanabiliriz." Aynı zamanda insan ilişkileri konusundaki becerinizi de bu yolla geliştirmiş olursunuz.

Kenneth M. Goode *How To Turn People Into Gold* (İnsanlar Nasıl Altına Çevrilir) adlı kitabında şöyle diyor: "Bir dakika durun ve kendinizle ilgili olaylara gösterdiğiniz yoğun ilgiyi, diğer herhangi bir şeye gösterdiğiniz ilgi ile karşılaştırın. Dünyadaki herkesin aynı şekilde düşündüğünü anlayın. Böylece Lincoln ve Roosevelt gibi, siz de insan ilişkilerinin sağlam temeline ulaşabilirsiniz. Başka bir deyişle, insan ilişkilerinde başarı, olay karşısındaki insanın bakış açısından görebilmeye dayanır."

New York, Hempsteadli Sam Douglas, karısına her zaman, onun zamanının büyük bölümünü bahçede geçirmesine, yabani otları toplamasına, bahçeyi gübrelemesine, haftada iki kez çimenleri kesmesine rağmen bahçenin dört yıl önce bu eve taşındıklarındaki halinden daha iyi olmadığını söylerdi. Doğal olarak bu sözler üzerine kadıncağız üzülürdü ve o akşam evin havası bozulurdu.

Bizim derslerimize katıldıktan sonra, Bay Douglas bunca yıl boyunca ne kadar budalaca davrandığını anladı. Karısının bu işlerle uğraşırken çok eğlendiğini ve bu çabası karşılığında övgü dolu birkaç sözün onu çok sevindirebileceğini hiç düşünmemişti.

Bir akşam yemekten sonra karısı Bay Douglas'a bahçedeki otları toplayacağını ve onun da kendisine yardım etmesini istediğini söyledi. Bay Douglas önce bunu reddetti, fakat sonra biraz düşündü ve karısının arkasından dışarı çıkarak onun otları toplamasına yardım etti. Karısının mutluluğu açıkça belli oluyordu. Hoş bir sohbet eşliğinde tam bir saat boyunca beraber çalıştılar.

Bundan sonra Bay Douglas bahçe işinde karısına sık sık yardım etmeye, bahçenin ne kadar güzel göründüğü konusunda övgüler yağdırmaya başladı. Sonuç, her ikisi için de daha mutlu bir hayattı. Çünkü Bay Douglas olaylara bir de karısının görüş açısından bakmayı öğrenmişti; konu sadece yabani otlar olsa bile.

Getting Through to People (İnsanlara Ulaşmak) adlı kitabında Dr. Gerald S. Nirenberg şunları söylüyor: "Herhangi bir sohbette işbirliği ancak karşınızdaki insanın duygu ve düşüncelerine en az kendinizinkiler kadar önem verdiğinizi gösterdiğiniz anda sağlanabilir. Sohbete konuşmanızın amaç ve yönünü belirleyerek başlarsanız, eğer dinleyici iseniz söyleyeceklerinizi, duymak istediklerinizi göz önünde bulundurarak belirlerseniz ve karşınızdakinin bakış açısını da önemserseniz, dinleyicilerin sizin fikirlerinize karşı açık olduklarını görebilirsiniz."

Evimin yanındaki parkta yürümekten ve ata binmekten her zaman büyük zevk almışımdır. Tıpkı Galya büyücüleri gibi ben de meşe ağaçlarına büyük değer veririm; bu yüzden genç ağaç ve çalılıkların gereksiz yangınlar sonucu yok olmalarına çok üzülüyordum. Bu yangınlara neden, dikkatsiz sigara içicileri değildi. Bu yangınlara neden olanlar, parka gelip bir ağaç altında sosis ve yumurta pişirmek üzere ateş yakan gençlerdi. Bazen bu ateşler o kadar büyüyordu ki itfaiyenin çağrılması gerekiyordu.

Parkın bir köşesinde, yangına yol açanların para ve hapis cezasına çarptırılacaklarını belirten bir levha vardı. Fakat bu levha çok az insanın görebileceği bir yere konmuştu. Parktan atlı bir polis sorumluydu; fakat o da görevini fazla ciddiye almıyordu ve yangınlar sürüp gidiyordu. Bir gezintimde polise parkta bir ateşin hızla yayıldığını ve itfaiyeye haber vermesi gerektiğini söyledim. O da ilgisizce bunun onun görevi olmadığını, çünkü yangının çıktığı yerin kendi bölgesi olmadığını söyledi. Çok çaresizdim. Bu yüzden o andan sonra atla gezintiye çıktığımda kendimi kamu mülkünü korumakla görevlendirdim. Ancak korkarım başlangıçta olaylara karşımdakinin bakış açısından bakmaya yeltenme-dim bile. Ağaç altında yakılan bir ateş gördüğümde çok üzülüyordum; öyle ki doğru olanı yapmaya çalışırken hep yanlış yapıyordum. Çocukların yanına gidip, yangına sebebiyet vermekten hapse atılabilecekleri konusunda onları uyarıyor ve ateşi söndürmelerini emrediyordum. Buna itiraz etmeleri halinde kendilerini tutuklatacağımı söylüyordum. Onların bakış açılarını dikkate almadan sadece kendi duygularımı önemsiyordum.

Sonuç? Sözümü dinliyorlardı, ama somurtarak ve gücene-188rek. Ben oradan uzaklaştıktan sonra büyük bir olasılıkla ateşi tekrar yakıyorlardı.

Yıllar geçtikçe, insan ilişkileri hakkında biraz daha bilgi, biraz daha anlayış edindim. Olaylara başkalarının görüş açılarından bakma eğilimi kazandım. Artık emirler vermek yerine ateş yakanların yanına gidip şuna benzer şeyler söylüyordum:

"İyi vakit geçiriyor musunuz? Ben de çocukken ateş yakmayı çok severdim, hâlâ da seviyorum. Fakat biliyorsunuz ki parkta ateş yakmak çok tehlikeli. Gerçi sizin zarar vermek amacında olmadığınızı biliyorum, ama kimi çocuklar bazen çok dikkatsiz oluyorlar. Buraya gelip sizin ateş yaktığınızı görünce onlar da yakıyorlar ve evlerine dönerken ateşi söndürmüyorlar. Ateş de kuru yapraklara sıçrıyor ve ağaçlar yanıyor, yok oluyor. Eğer daha dikkatli olmazsak bu parkta hiç ağaç kalmayacak. Aslında burada ateş yaktığınız için hapse bile atılabilirsiniz. Fakat ben eğlencenizi bozmak istemiyorum. Burada iyi vakit geçirdiğinizi görmek isterim; fakat şu yaprakları ateşten uzaklaştırabilir misiniz? Ayrıca buradan ayrılmadan önce ateşi iyice örtüp tamamen sönmesini sağlayabilirsiniz değil mi? Bir dahaki sefere ateşinizi tepenin kumluk bölgesinde yakar mısınız lütfen? Orada hiçbir tehlike ile karşılaşmazsınız. Teşekkürler çocuklar, hepinize iyi eğlenceler."

Bu tür konuşmanın ne büyük değişiklikler yaptığını bilemezsiniz. Çocukları işbirliğine yöneltiyordu. Ne huysuzluk ne de gücenme oluyordu artık. Çocuklar emirlere uymaya zorlanmıyorlardı, hataları da yüzlerine vurulmuyordu. Olayları onların bakış açısı ile ele aldığım için hem onlar hem de ben kendimizi daha iyi hissediyorduk.

Kişisel problemler ortaya çıktığında olayı karşındaki kişinin gözleriyle görmek aradaki gerginliğin yumuşamasını sağlayabiliyor. Avustralya, New South Wales'tan Elizabeth Novak araba taksitini ödemede altı hafta gecikmişti. "Bir cuma günü," diye anlatıyor Novak, "benim hesabımla ilgilenen bir görevliden eğer pazartesi sabahına kadar 122$ getirmezsem şirketin başka yollara başvuracağını bildiren çirkin bir telefon aldım. Hafta sonuna kadar bu parayı bulmam mümkün değildi, o yüzden bu haberi aldıktan sonra pazartesi sabahı olabilecek en kötü şey için kendimi hazırladım. Üzülmek yerine olaya bir de görevlinin açısından bakmaya çalıştım. Başına böyle dertler açtığım için ondan özür diledim. Ve belki de en problemli müşterisinin ben olduğumu, çünkü ödemedeki gecikmenin ilk kez olmadığını söyledim. Ses tonu hemen değişti ve bana benden çok daha problemli müşterilerinin olduğunu söyledi. Bana buna ilişkin örnekler verdi. Bazı müşterilerin nasıl kabalaştıklarını ve yalan söylediklerini anlattı. Hiçbir şey söylemedim. Sadece onu dinledim ve dertlerini anlatıp rahatlamasını bekledim. Sonra benim hiçbir teklifte bulunmamama rağmen, paranın tamamını hemen ödemememin problem olmayacağını açıkladı. Ay sonuna kadar 20 dolar ödeyip, geri kalanını bana uygun bir zaman ödeyebileceğimi söyledi."

O halde, birine ateşi söndürmesini, ürettiğiniz malınızı satın almasını ya da üyesi olduğunuz derneğe bağışta bulunmasını söylemeden önce neden gözlerinizi kapatıp her şeyi karşınızdaki kişinin bakış açısından düşünmeye çalışmıyorsunuz? Doğru, bu zaman alır; ama düşman kazanmanıza engel olur ve daha iyi sonuçlar alırsınız.

Harvard İş İdaresi Okulu'ndan Dean Dankam, "Bir görüşme yapacağım zaman, karşımdaki kişiye neler diyeceğime ve hakkında edindiğim bilgilerden yararlanarak ne tür yanıtlar alabileceğime ilişkin açık bir fikre sahip olmadan içeri gireceğime, o kişinin ofisinin önünde iki saat volta atmayı tercih ederim," diyor.

Bu sözler o kadar önemli ki bir kez daha tekrarlamak istiyorum.

Bir görüşme yapacağım zaman karşımdaki kişiye neler diyeceğime ve hakkında edindiğim bilgilerden yararlanarak ne tür yanıtlar alabileceğime ilişkin açık bir fikre sahip olmadan içeri gireceğime, o kişinin ofisinin önünde iki saat volta atmayı tercih ederim.

Bu kitabı okuduktan sonra sadece olaylara karşınızdaki kişinin bakış açısından bakma eğiliminiz artmışsa, bu kitaptan yalnızca bunu öğrenmiş olsanız bile, başarıya ulaşan merdivenin bir basamağını çıkmışsınız demektir.

SEKİZİNCİ PRENSİP

Olayları karşınızdaki kişinin bakış açısından görmeye çalışın.

IX

HERKESİN İSTEDİĞİ BİR ŞEY

Tartışmalara son verecek, hastalıklı duygulardan kurtulmanızı sağlayacak, şansınızı döndürecek ve herkesin sizi dikkatle dinlemesini sağlayacak sihirli bir söz öğrenmek istemez miydiniz?

İsterdiniz değil mi? Tamam o zaman. İşte size sihirli bir söz: "Sizi duygularınızdan ötürü asla suçlamıyorum. Sizin yerinizde olsaydım kuşkusuz ben de tıpkı sizin gibi hissederdim."

Böyle bir yanıt dünyanın en huysuz, en aksi ihtiyarını bile yumuşatacaktır. Ayrıca bu sözleri büyük bir içtenlikle söyleyebilirsiniz. Çünkü eğer o kişinin yerinde olsaydınız büyük bir olasılıkla onun gibi davranacaktınız. Örneğin Al Capone'u ele alalım. Onun bedeni, aklı ve asabi yapısı sizde olsaydı, siz de tıpkı onun gibi davranırdınız. Onun yaşadığı çevrede yaşasaydınız, aynı deneyimleri geçirseydiniz, onun bulunduğu yerde olurdunuz. Çünkü sadece bu özellikler, onu Al Capone yapan özelliklerdir. Örneğin, çıngıraklı yılan olmayışınızın tek sebebi anne ve babanızdan çıngıraklı yılan doğmamanızdır.

Şu anki durumunuz sizin çok değerli olduğunuz anlamına gelmez ve unutmayın ki size çok sinirli, dar görüşlü, mantıksız gelen kişiler de çok değersiz sayılmazlar. Bu zavallılara acıyın. Onlara merhamet edin. Kendi kendinize, "Ben de onların yerinde olabilirdim. Tanrıya şükür değilim!" deyin.

Karşılaşacağınız insanların dörtte üçü sempatiye susamış insanlar olacaktır. Onlara istediklerini verin, böylece sevgilerini kazanmış olursunuz.

Bir kez, "Küçük Kadınlar"ın yazarı Louisa May Alcott hakkında bir radyo programı hazırlamıştım. Elbette onun Massachussetts, Concord'da yaşadığını ve ölümsüz eserlerini orada yazmış olduğunu biliyordum. Fakat ne söylediğimi hiç düşünmeden onun New Hampshire Concord'daki evine yaptığım ziyaretten bahsettim. Eğer New Hampshire ismini bir kere söylemiş olsaydım, bu affedilebilirdi. Fakat ne yazık ki iki kere söylemiştim. Mektup ve telgraf yağdı. İğneleyici mesajlar savunmasız başımın etrafına bir arı sürüsü gibi üşüşmüşlerdi. Birçoğu öfke doluydu. Birkaç tanesi de beni aşağılıyordu. Daha önce Massachusetts, Concord'da yaşayan, şimdi de Philadelphia'da yaşamakta olan bir bayan ise bütün öfkesini dışarı akıtmıştı. Eğer Bayan Alcott'u Yeni Gineli bir yamyam olmakla suçlasaydım bundan daha kötü bir mektup yazamazdı. Mektubu okurken kendi kendime, "Tanrıya şükür, bu kadınla evli değilim," dedim. Ona benim coğrafyayla ilgili bir hata yaptığımı, onun hatasının ise çok daha büyük olduğunu, görgü kurallarına aykırı davrandığını yazmayı düşündüm. Bu benim açılış cümlem olacaktı. Sonra kollarımı sıvayıp ona neler düşündüğümü anlatacaktım. Fakat yapmadım. Kendimi tuttum. Bunun kafası kızan her budalanın yapabileceği bir şey olduğunu düşündüm.

Budala biri olmak istemiyordum. Böylece kadının düşmanlığını dostluğa çevirmeye karar verdim. Bu oynayabileceğim bir oyundu. Kendi kendime, "Her şeye rağmen eğer onun yerinde olsaydım, büyük bir olasılıkla ben de aynı şeyleri hissederdim" dedim. Onun görüş açısına anlayış göstermeye karar verdim. Philadelphia'ya gittiğimde onu telefonla aradım. Aramızda şu konuşma geçti:

BEN: Bayan, birkaç hafta önce bana bir mektup yazmıştınız. Bunun için size teşekkür etmek istedim.

O: (Akıllı, kültürlü, kibar, soylu bir ses tonu): Kiminle konuşma onuruna erişiyorum?

BEN: Ben sizin için yabancıyım. İsmim Dale Carnegie. Birkaç pazar önce Louisa May Alcott hakkında yaptığım bir radyo programını dinlemiştiniz. Ben bağışlanamaz bir hata yaparak onun New Hampshire Concord'da yaşamış olduğunu söylemiştim. Bu aptalca bir yanlıştı ve bunun için özür dilemek istiyorum. Zaman ayırıp bana mektup yazmanız çok hoş.

O: Yazdıklarım için üzgünüm, Bay Carnegie. Kendimi kaybetmiştim. Asıl ben özür dilemeliyim.

BEN: Hayır! hayır! Özür dilemesi gereken kişi benim, siz değilsiniz. Bir ilkokul öğrencisi bile yapmazdı bu hatayı. Bir sonraki pazar yaptığım hata için özür diledim. Şimdi de sizden özür dilemek istiyorum.

O: Ben Massachusetts Concord'da doğdum. Ailem iki yüzyıldır Massachusetts'de yaşamaktadır ve ün kazanmıştır. Orada doğmuş olmakla gurur duyuyorum. Sizin Bayan Alcott'ın New Hampshire'da yaşadığını söylemiş olmanız beni çok kızdırmıştı. Ama yazdığım bu mektuptan utanç duyuyorum.

BEN: Sizi temin ederim ki ben sizden on kat daha fazla kızgınım. Yaptığım hata Massachusetts'e değil, bana zarar verdi. Sizin gibi kültürlü ve soylu kişilerin zaman ayırıp radyoda konuşma yapan kişilere mektup yazması o kadar ender görülen bir şey ki. Umarım konuşmalarımda herhangi bir yanlış yakaladığınızda bana yine yazarsınız.

O: Yaptığım eleştirileri hoşgörüyle karşılamanız çok hoşuma gitti. Çok iyi bir insan olmalısınız. Sizi yakından tanımak isterim.

Böylece ondan özür dilemem ve olaya onu bakış açısından bakmaya çalışmam, onun da benden özür dilemesini ve olanlara benim bakış açımdan bakmasını sağladı. Öfkemi kontrol edebildiğim, hakarete nezaketle karşılık verebildiğim için mutluydum. Ayrıca onun benden hoşlanmasını sağlamak beni, ona gidip kendini Schuylkill nehrine atmasını söylemekten çok daha fazla eğlendirdi.

Beyaz Saray'a çıkan herkes insan ilişkilerinde pek çok sorunla karşılaşıyor. Başkan Taft da bir istisna değildi. Katı duyguların asidini nötralize etmede anlayış göstermenin ne kadar önemli bir kimyasal değer olduğunu deneyimlerle öğrenmişti. *Ethics in Service* (Hizmet Ahlakı) adlı kitabında hayal kırıklığına uğramış hırslı bir anneyi nasıl yatıştırdığını şöyle anlatıyor:

"Kocası politikacılar üzerinde oldukça etkili olan Was-hingtonlı bir bayan, oğlunu bir göreve atamam için tam altı hafta çabaladı. Çok sayıda senatör ve meclis üyesinin desteğini sağlamıştı. Benimle gerektiği gibi konuştuklarından emin olmak için onlarla birlikte geliyordu. Söz konusu görev teknik bilgi gerektiriyordu. Ben de büro başkanının önerisi üzerine başka birini atadım. Sonra anneden bir mektup aldım. Benim kaba biri olduğumu, elimin bir hareketiyle onu mutlu edebilecekken bunu yapmadığımı söylüyordu. Ayrıca kendisinin ve eyalet delegelerinin birlikte çalışarak beni özellikle ilgilendiren seçim listesi için bütün oyları topladıklarını, benimse onları bu şekilde ödüllendirdiğimi söyleyerek şikâyetlerine devam ediyordu.

"Elinize böyle bir mektup geçtiğinde yapacağınız ilk şey böyle münasebetsiz bir insana nasıl sert bir cevap verebileceğinizi düşünmektir. Sonra bir cevap hazırlarsınız. Eğer akıllı biriyseniz, bu mektubu çekmeceye koyar ve çekmeceyi kilitlersiniz. İki gün sonra mektubu elinize alıp (bu tür mektuplaşmalarda iki gün içinde cevap yazılması gerekir) okuduktan sonra, mektubu zaten göndermezsiniz. Ben de böyle yaptım. Sonra oturup olabildiğince kibar bir mektup yazdım. Bu tür durumlarda bir annenin nasıl bir düş kırıklığına uğrayacağını çok iyi anladığımı, fakat böyle bir atamanın sadece benim kişisel kararıma bırakılmadığını, teknik bilgi sahibi olan bir kişi seçmem ve ayrıca büro başkanının önerisine uymam gerektiğini anlattım. Oğluna da başarılar diledim. Bu cevap kadını yatıştırmıştı, bana daha önce yazdıkları için özür dileyen bir not gönderdi.

"Yaptığım atama henüz onaylanmamıştı. Bu sefer de kocası tarafından gönderilmiş havası verilen, fakat kadının el yazısı ile yazıldığı belli olan bir mektup elime geçti. Mektupta, uğradığı düş kırıklığı nedeniyle kadının yataklara düştüğü ve oldukça ciddi bir tür mide kanserine yakalandığı yazılmıştı. Bu yüzden atanan isim ile kendi oğullarının yer değiştirmesini sağlayarak, kadının sağlığının düzelmesine yardımcı olup olamayacağım soruluyordu. Bir mektup daha yazmak zorunda kaldım. Bu kez kocasına yazmayı tercih ettim. Hastalığa yanlış teşhis konmuş olmasını dileyerek, karısının bu ciddi hastalığı karşısında duyduğu üzüntüyü paylaştığımı, fakat atamayı geri çekemeyeceğimi bildirdim. Atadığım kişi bu mektuptan iki gün sonra onaylandı ve Beyaz Saray'da bir parti verdik. Ben ve Bayan Taft'ı karşılayan ilk iki kişi, bu ölümcül hastalığa yakalanan kadın ve kocası oldu."

Jay Magnum, Oklahoma'nın önde gelen otellerinden birinde asansör bakım onarım yapmış olan bir asansör tamir şirketinin temsilcisiydi. Otel yöneticisi, otel müşterilerinin rahatsız olacağı düşüncesiyle, asansörün iki saatten fazla hizmet dışı kalmasını istemiyordu. Yapılması gereken onarım en az sekiz saat sürecekti ve üstelik şirketin elinde her zaman bu işi yapabilecek nitelikte, iyi bir teknisyen bulunmuyordu.

Bay Magnum, bu işi yapabilecek nitelikte bir teknisyen bulur bulmaz otel yöneticisini arayarak, tartışmak yerine kendisine gereken süreyi vermesi için şunları söyledi:

"Rick, otelin çok dolu olduğunu ve asansörün mümkün olan en kısa süre içinde hizmete girmesini istediğini biliyorum. Bu konudaki endişeni anlıyorum, seni memnun etmek için elimizden geleni yapacağız. Buna rağmen durum hakkında koyduğumuz teşhis gösteriyor ki eğer şimdi işimizi tam yapmazsak asansör ileride daha ciddi arızalar yapabilir ve bu yüzden daha uzun süre hizmet dışı kalabilir. Müşterilerinin günlerce asansörsüz kalmalarını istemeyeceğini biliyorum."

Otel yöneticisi, asansörün günlerce hizmet dışı kalmasındansa, sekiz saat hizmet dışı kalmasını kabul etmek zorunda kaldı. Bay Magnum, otel yöneticisinin müşterilerini memnun etme isteğini anlayışla karşılayarak, hiç zorluk çekmeden onun kendisi gibi düşünmesini sağlamıştı.

Missouri, St. Louis'de piyano öğretmeni olan Joyce Norris, piyano öğretmenlerinin, genç kızlarla yaşadıkları bir sorunu nasıl çözdüğünü şöyle anlatıyor:

"Babette'in çok uzun tırnakları vardı. Bu da iyi bir piyanist olmak isteyenler için önemli bir engel oluşturur. Uzun tırnaklarının Babette'in piyanoyu iyi çalmasını engelleyeceğini biliyordum. Ders vermeye başlamadan önceki konuşmamız sırasında, tırnakları hakkında ona hiçbir şey söylemedim. Ders almaktan vazgeçmesini istemiyordum. Üstelik çekici olması için bu kadar çaba gösterdiği ve gurur duyduğu tırnaklarını kaybetmek istemeyeceğini biliyordum.

"İlk dersten sonra, doğru zamanın geldiğini hissettiğim an şöyle söyledim: 'Babette, ellerin çok çekici, tırnakların da çok güzel. Eğer piyanoyu umduğun kadar iyi çalabilmek istiyorsan, tırnaklarını biraz kısaltmanın bunu ne kadar kolaylaştıracağını bilsen şaşarsın. Sadece bir düşün, tamam mı?' Yüzü hemen asıldı. Bu durumu, tırnaklarının güzelliğinden bahsederek annesine de anlattım. Annesinin tavrı da olumsuz oldu. Babette'in güzel manikürlü tırnaklarının annesi için de önemli olduğu açıkça belliydi.

"Ertesi hafta Babette ikinci ders için geldi. Çok şaşırdım, çünkü tırnakları kısalmıştı. Böyle bir fedakârlık yaptığı için onu övdüm. Aynı zamanda Babette'e tırnaklarını kesmesini söylediği için annesine teşekkür ettim. Onun cevabı ise 'Ah, bunun için hiçbir şey yapmadım. Babette bu kararı kendi verdi ve hayatında ilk defa biri söyledi diye tırnaklarını kesti,' oldu."

Bayan Norris, Babette'i tehdit etmiş miydi? Tırnakları uzun öğrencilere ders vermeyeceğini mi söylemişti? Hayır. Babette'e tırnaklarının çok güzel olduğunu ve onları kesmiş olmasının büyük bir fedakârlık olduğunu söylemişti. "Seni anlıyorum, bunun kolay olmadığını biliyorum, ama bu fedakârlığının karşılığını müzik alanında ilerleyerek alacaksın," demişti.

Sol Hurok Amerika'nın bir numaralı emprezaryosuydu. Yarım asır boyunca Chaliapin, Isadora Duncan ve Pawlova gibi dünyaca ünlü insanlarla çalışmıştı. Bay Hurok, büyük insanlarla çalışmaktan aldığı ilk dersin onların tavırlarına anlayış, daha çok anlayış göstermek olduğunu söyledi.

Hurok üç yıl boyunca Metropolitan'ı çınlatan en büyük baslardan biri olan Feodor Chaliapin'in emprezaryoluğunu yapmıştı. Chaliapin oldukça problemli biriydi. Şımarık bir çocuk gibiydi. Bay Hurok'un deyimiyle her açıdan katlanılmaz bir insandı.

Örneğin, Chaliapin, Bay Hurok'u akşam konseri olduğu bir gün öğle saatlerinde arayıp, "Sol, bugün çok kötüyüm. Boğazım çiğ bir hamburger gibi. Bu gece şarkı söylemem mümkün değil!" diyordu. Bay Hurok onunla tartışıyor muydu? Tabii ki hayır. Bir sanatçıyla bu şekilde başa çıkamayacağını biliyor ve en anlayışlı halini takınıp hemen onun oteline gidiyordu. "Ne aksilik!" diye homurdanıyordu. "Ne aksilik! Zavallı çocuk. Tabii ki söyleyemezsin. Bir an önce gösteriyi iptal ettireyim. Gerçi bu sana birkaç bin dolara mal olacak ama şöhretinle kıyaslandığında hiç de önemli bir şey değil bu."

Sonra Chaliapin, "Belki daha sonra bir daha gelsen iyi olur," diyordu. "Saat beşte gel, belki o zamana kadar daha iyi olurum."

Saat beşte, Bay Hurok tekrar otele gidiyordu. Yine konseri iptal etmek için ısrar ediyordu. Chaliapin yine "Belki beni görmeye daha sonra bir daha gelsen iyi olur. O zaman iyileşebilirim," diyordu.

Saat yedi buçukta, büyük bas şarkı söylemeye hazır oluyordu, çünkü Bay Hurok'un Metropolitan'ın sahnesine çıkıp onun soğuk aldığını ve sesinin iyi olmadığını söyleyeceğini düşünüyordu. Bay Hurok yalan söylüyordu, çünkü sanatçının sahneye çıkmasını sağlamanın tek yolunun bu olduğunu biliyordu.

Dr. Arthur I. Gates, harika kitabı *Educational Psychology*'de (Eğitimsel Psikoloji) şöyle diyor: "Her insan şiddetle anlayış ve ilgi arzular. Bir çocuk büyük bir hevesle yarasını gösterir ya da ilgi çekmek için bir yerini keser ya da morartır. Aynı amaçla yetişkinler de yaralarını gösterir, geçirdikleri kazaları, hastalıkları, özellikle de ameliyatları en ince ayrıntılarıyla anlatırlar. Gerçek ya da hayal; talihsizliklerin yarattığı kendini acındırma duygusu tam anlamıyla evrensel bir uygulamadır.

İnsanların sizin gibi düşünmelerini sağlamak istiyorsanız, şunu unutmayın:

DOKUZUNCU PRENSİP

Karşınızdaki insanın fikir ve arzularına anlayış gösterin.

X

HERKESİN HOŞLANACAĞI BİR ÖZELLİK

Missouri'de Jesse James'in köyünün yakınında büyüdüm ve bugün Jesse James'in oğlunun yaşadığı çiftliği birçok kez ziyaret ettim.

Karısı, Jesse'nin tren ve bankaları nasıl soyduğunu ve parayı da ipoteklerini ödemeleri için çiftçilere dağıttığını anlattı.

Olasılıkla Jesse James kendisini tıpkı Dutch Schult, Çifte tabancalı Crowley, Al Capone ve diğer mafya babaları gibi bir idealist olarak görüyordu. Gerçekten de karşılaştığınız herkes kendine göre saygın bir kişiliğe sahip olduğuna inandığından cömert biri olarak tanınmak ister.

J. Pierpont Morgan'ın gözlemine göre insanın bir şey yapmasının iki nedeni vardır: Birincisi kulağa hoş gelmesi, diğeri ise gerçek neden.

İnsan, yaptığı işin gerçek nedenini kendisi de düşünür. Bunu bir de sizin vurgulamanız gerekmez. Ancak hepimizin yüreğinde taşıdığı idealist kişiliğimiz yaptığımız şeyin hoşa gitmesini de ister. Bu nedenle insanları yönlendirmek için hoşa giden davranışlar üzerinde durunuz.

İş yaşamında bunu yapmak çok mu zor? Görelim bakalım. Pennsylvania'daki Farrel-Mitchell Şirketi'nden Hamilton J. Farrel olayını ele alalım. Bay Farrel'in evinden çıkmak isteyen can sıkıcı bir kiracısı vardı. Kontratın bitmesine daha dört ay olmasına karşın kiracı bunu umursamıyordu ve hemen evi boşaltacağına dair ihbarname göndermişti.

"Bu insan kiraların yüksek olduğu kış mevsimi boyunca evimde oturmuştu," diyordu Bay Farrel olayı sınıfta anlatırken. "Sonbahardan önce evi tekrar kiraya vermenin çok zor olacağını biliyordum. Kira gelirim yok oluyordu ve zor durumda kalacaktım. Doğal olarak kiracıya çatıp kontratı yeniden okumasını öğütlemeliydim. Eğer evden çıkacak olursa kiranın geri kalan bölümünü ödemesi gerektiğini ve bu parayı nasıl olursa olsun ondan mutlaka alacağımı, bunun için de gerekli işlemleri yapacağımı bildirmeliydim.

"Ama öfkelenip olay yaratamayacağı başka bir yöntem denemeye karar verdim. Konuşmama şöyle başladım: 'Bay Doe, sizi dinledim, ama hâlâ evden çıkmak istediğinize inanamıyorum. Yıllardır ev kiralayan biri olarak insan doğası konusunda pek çok şey öğrendim ve sizin sözünüzde duran bir insan olduğunuzu anladım. Bundan öylesine eminim ki sizinle bahse bile girerim.'

" 'Şimdi size bir önerim var. Birkaç gün içinde kararınızı bir kere daha gözden geçirin. Eğer ay başına kadar bana gelip hâlâ çıkmak istediğinizi söylerseniz bu kararınızı kabul edeceğim. Hakkınızda yanılgıya düştüğümü anlayıp taşınmanıza izin vereceğim. Ben hâlâ sizin sözünün eri bir kişi olduğunuza ve kontratınızın sonuna kadar oturacağınıza inanıyorum. İster maymun ister insan olalım, sonuçta karar verecek olan biziz."

"Ay başında beyefendi beni görmeye geldi ve kirasını ödedi. Karısıyla oturup konuştuklarını ve evden çıkmamaya karar verdiklerini söyledi. Kontratları sona erene kadar kalmaları gerektiği sonucuna varmışlardı, saygıdeğer bir davranış sergilemek için bunu yapmalıydılar."

Lord Northcliffe yayımlanmasını istemediği bir resminin gazetede kullanıldığını görünce yazıişleri müdürüne bir mektup yazmıştı. "Lütfen o resmimi bir daha yayımlamayın, çünkü onu beğenmiyorum!" mu yazdı sizce? Hayır, daha saygın bir neden gösterdi. Annelik duygusu gibi hiçbirimizin karşı çıkamayacağı saygıdeğer bir duyguyu kullandı. "Lüften o resmimi bir daha yayımlamayın, çünkü annem onu beğenmiyor," diye yazdı. John D. Rockefeller Jr. da gazete fotoğrafçılarının çocuklarının resimlerini çekmelerini engellemek için daha hassas duygulara yol açan nedenler öne sürdü. "Çocuklarımın resimlerinin yayımlanmasını istemiyorum," demedi. Yakınımızdaki çocuklara zarar verme duygusuna yöneldi. "Sizin de çocuklarınız var ve sizler de biliyorsunuz ki çocukların böyle sergilenmeleri onlara zarar verir."

Yoksul bir çocukluk geçiren Cyrus H.K. Cortis ona milyonlar kazandıracak ve zirveye çıkmasını sağlayacak olan *The Sa-turday Evening Post Ladies Home Journal* gazetelerini çıkartmaya başladığında çalışanlarına diğer dergilerin ödediği ücreti veremiyordu. Para için yazı yazan birinci sınıf yazarları ise alamıyordu. Bu nedenle onların hassas duygularına sesleniyordu. "Küçük Kadınlar" adlı yapıtın ölümsüz yazarı Louisa May Alcott'un bile ününün zirvesinde olduğu bir sırada gazetesinde yazı yazmasını sağladı. Bunu yüz dolarlık bir çeki ona göndermek yerine onun önemsediği bir hayır kurumuna göndererek başardı.

Şimdi kuşkucu kişiler şöyle diyebilir: "Bu yöntem Northcliffe, Rockefeller veya duygusal bir yazar için geçerli olabilir. Benim gibi para toplamaya çalıştığınız inatçı müşterilere uygulayın da göreyim."

Haklı olabilirsiniz. Hiçbir yöntem, her koşulda herkes için geçerli değildir. Eğer elde ettiğiniz sonuçtan memnunsanız neden yönteminizi değiştireceksiniz ki? Eğer mutlu değilseniz neden denemeyesiniz?

Eski öğrencilerimden James L. Thomas tarafından anlatılan bu gerçek öyküyü okumak hoşunuza gidecektir.

Bir otomobil firmasının müşterilerinden altısı kendilerine verilen hizmetin bedelini ödemek istemiyorlardı. Hiçbiri faturanın tümüne karşı çıkmıyordu, ancak her biri bir başka kalemin yanlış hesaplandığını ileri sürüyordu. Müşterilerden yapılan iş karşılığında imza alındığı için firma haklı olduğunu biliyor ve bunu açık açık söylüyordu. İlk hataları da buydu.

Kredi bölümünde çalışanlar parayı tahsil edebilmek için şunları yaptılar. Başarıya ulaştılar mı dersiniz?

Müşterilere uğrayıp vadesi geçmiş ödentilerini tahsil etmeye geldiklerini açıkça söylediler.

Yine açıkça firmanın hesaplarını doğru yaptığını, kesinlikle haklı olduğunu, bu nedenle tartışmanın gereksiz olduğunu söylediler.

Sonuç: Tartıştılar.

Bütün bu yöntemler müşterileri ikna edip hesaplarını ödemelerini sağladı mı? Bunun yanıtını siz verebilirsiniz.

Durum bu hale geldiğinde kredi bölüm müdürü yasal yolla savaşa hazırlanırken konu genel müdürün dikkatini çekti. Genel müdür bir araştırma yaptı ve müşterilerinin hepsinin bütün faturalarını zamanında ödeyen kişiler olduğunu öğrendi. Burada bir yanılgı vardı, parayı tahsil etme yöntemi yanlış olmalıydı. James L. Thomas'ı çağırdı ve kendisine bu "tahsil edilemeyen" faturaların tahsil etmesini söyledi.

Şimdi kendi ağzından Bay Thomas'ın yöntemini dinleyelim.

"Ben de daha öncekiler gibi vadesi geçmiş faturaları tahsil etmek için her bir müşteriyi ziyaret ettim. Hesabın doğru olduğundan emindim. Ama bu konuda tek bir kelime bile söylemedim. Şirketin ne yaptığını, daha doğrusu ne gibi bir yanılgıda olduğunu öğrenmeye geldiğimi bildirdim. Sorunu müşterinin ağzından duymadan görüş bildirmeyeceğimi söyledim. Ayrıca şirketin mutlaka haklı olduğunu ileri sürmediğini de ekledim.

"Beni ilgilendiren tek şeyin müşterilerin arabaları olduğunu ve yeryüzünde yaşayan hiç kimsenin kendi arabaları konusunda onlardan daha fazla bilgi sahibi olamayacağını, bu konuda tek yetkilinin yine onlar olduğunu söyledim.

"Onlara konuşması için fırsat verdim ve can kulağı ve anlayışla dinledim. Müşterilerin de beklentisi buydu zaten.

"Sonunda müşteriler olumlu bir havaya girdiğinde onları hassas noktalarından yakalamaya çalıştım. Öncelikle, bu konuya çok yanlış yaklaşıldığı konusunda onlarla aynı fikirde olduğumu söyledim. 'Temsilcilerimizden biri canınızı sıkmış ve sizi üzmüş. Bu asla olmamalıydı. Şirketin bir temsilcisi olarak sizden özür dilerim. Burada oturmuş sizi dinlerken ne denli dürüst ve sabırlı davranmış olduğunuzu gördüm. Şimdi dürüst ve sabırlı olduğunuz için sizden bir şey rica edeceğim. Bunu herkesten daha iyi yapabilirsiniz, çünkü herkesten daha iyi biliyorsunuz. İşte faturanız. Siz şirketin başkanı olsaydınız nasıl davranırdınız? Ona göre bu faturada gerekli değişiklikleri yapabilirim. Size bırakıyorum. Nasıl isterseniz öyle olsun,' dedim.

"Müşteriler faturalarında değişiklik yapıyor ve bundan büyük keyif alıyorlardı. Faturalar 150 dolarla 400 dolar arasında değişiyordu. Müşterilerden sadece biri tek kuruş bile ödemeyi reddetti. Diğerleri şirketten yana davrandılar. Bütün bu durumun en iyi sonucu şu oldu; altı müşterimizin hepsi de iki yıl içinde yeni birer araba sipariş ettiler.

"Deneyimlerim sonucu şunu öğrendim; hakkında bilgi sahibi olmadığınız bir müşteriyle karşılaştığınızda en doğru tutum onun samimi, dürüst, borcuna sadık biri olduğunu düşünmektir. Daha farklı ve açık bir şekilde ifadeyle, insanlar dürüsttür ve yükümlülüklerini yerine getirirler. Bu kuralın dışında kalanların sayısı çok azdır ve eğer siz karşınızdakinin dürüstlüğüne, doğru sözlülüğüne inandığınızı belirtirseniz, sapma eğiliminde olanlar bile olumlu bir kişi haline gelecekler."

ONUNCU PRENSİP

Daima kişilerin hassas oldukları konulara değinin.

XI

FİLMLER BUNU YAPIYOR, TELEVİZYONLAR DA YAPIYOR. SİZ NEDEN YAPMAYASINIZ?

Birkaç yıl önce, Philadelphia'da çıkan *Evening Bulletin* gazetesi tehlikeli bir söylenti yüzünden iftiraya uğramıştı. Etrafta kötü bir dedikodu dolaşıyordu. Reklamcılara, gazetenin reklamlara çok yer vermiş olması ve çok az haber içermesi yüzünden artık okuyuculara yeterince çekici gelmediği söyleniyordu. Hemen harekete geçmek gerekiyordu. Bu dedikodu susturulmalıydı. Fakat nasıl? Şunlar yapıldı:

Bulletin, normal bir günde yaptığı düzenli bir baskıda yer alan her türlü haberi ayırdı, sınıfladı ve bir kitap olarak yayımladı. Kitabın adı "Bir Gün"dü. 307 sayfadan oluşuyordu. *Bulletin* bütün bu haber ve makaleleri bir günde basmış ve satmıştı. Üstelik birkaç dolara değil, sadece birkaç sente satmıştı.

Bu kitabın basımı, *Bulletin'in* çok sayıda ilginç yazı yayımladığı gerçeğini kanıtlıyordu. Gerçekleri, sayfalar dolusu resim ve istatistiksel bilgiden daha canlı, ilginç, etkileyici bir şekilde ortaya koyduğunu gösteriyordu.

Dramatizasyon çağında yaşıyoruz. Artık gerçeği ileri sürmek yeterli değil. Bu gerçek canlı, ilginç ve dramatik olmalı. Gösteri yapma yeteneğinizi kullanmak zorundasınız. Bunu filmler yapıyor. Televizyonlar da yapıyor. Eğer ilgi çekmek istiyorsanız, siz de yapmak zorundasınız.

Vitrin düzenleme uzmanları dramatizasyonun gücünü iyi bilirler. Örneğin, piyasaya yeni çıkan bir fare zehirinin üreticileri satıcılara, vitrinlerine koymaları için iki canlı fare verdiler. Farelerin sergilendiği hafta, satışlar normalin beş katı artmıştı.

Televizyon ilanları, ürün satışlarında kullanılan dramatik teknik örnekleriyle doludur. Bir akşam televizyonunuzun karşısına oturun ve reklamcıların her bir ürünü sunarken neler yaptıklarını inceleyin. Bir antiasit ilaç bir deney tüpü içindeki asitin rengini değiştirirken rakip bir markanın değiştiremediğini, bir sabun ya da deterjanın lekeler içindeki bir gömleği bembeyaz yaparken rakip markalarla yıkanan çamaşırlarda leke izi kaldığını fark edeceksiniz. Bir arabanın çeşitli virajları nasıl hızlı ve güvenli aldığını gözlerinizle görüp, sadece bundan söz edilmesiyle yetinmek zorunda kalmayacaksınız. Mutlu yüzler size belli bir üründen ne kadar memnun kaldıklarını anlatacak. Tüm bu dramatizasyon satışa sunulan malın avantajlarını göstermek için yapılır ve insanların bu ürünleri satın almasını sağlar.

Siz de fikirlerinizi iş dünyasında ya da hayatınızın herhangi bir alanında dramatize edebilirsiniz. Bu çok kolaydır. Virginia, Richmond'da NCR şirketi (National Cash Register) için satış yapan Jim Yeamans, dramatik gösteri yoluyla nasıl satış yaptığını anlatıyor:

"Geçen hafta markete uğradığımda kullanılan yazarkasaların çok eski olduğunu gördüm. Marketin sahibinin yanına yaklaştım ve 'Müşterileriniz kasaya her yaklaştığında paranızı sokağa atmış oluyorsunuz,' dedim. Bunu söylerken elimde bulunan bir avuç dolusu bozuk parayı yere bıraktım. Böylece dikkatini çektim. Söylediklerim de ilgisini çekmeye yeterdi, fakat yere düşen penilerin çıkardığı sesler onu çarptı. Sonuç olarak ondan bütün eski makinelerin yenileriyle değiştirilmesine ilişkin bir sipariş aldım."

Bu yöntem ev hayatında da işe yarıyor. Eski zaman âşıkları sevgililerine evlenme teklif ederken sadece aşk dolu sözcükleri mi kullanıyorlardı? Hayır! Sevgililerinin önünde diz çöküyorlardı. Bu hareketleri, sözlerindeki içtenliği gösteriyordu. Artık kimse diz çökmüyor, ancak tekliflerini yapmadan önce romantik bir ortam yaratmaya çalışıyorlar.

Dramatizasyon, çocuklara karşı da işe yarar. Alabama Birmingham'dan Joe B. Font, 5 yaşındaki oğlu ve üç yaşındaki kızına oyuncaklarını toplatmakta zorluk çekiyordu. Bu yüzden bir tren icat etti. Joey üç tekerlekli bisikletine binip makinist oluyordu. Janet'ın vagonu bisiklete ekleniyordu. Akşamları "kömür"leri (yani oyuncakları) toplayıp vagona dolduruyor, sonra da ağabeyi trenle odada dolaşırken o da vagona atlıyordu. Bu yolla hiçbir söze, kavgaya, tehdide gerek kalmadan oda temizlenmiş oluyordu.

Indiana, Mishawaka'dan Mary Catherine Wolf'un işiyle ilgili bazı problemleri vardı ve bunları patronuyla konuşması gerektiğini düşünüyordu. Pazartesi sabahı ondan bir randevu istedi, fakat ona patronun çok meşgul olduğu ve hafta içi başka bir gün için sekreterinden randevu alması söylendi.

Sekreteri ise patronun programının çok dolu olduğunu, fakat onu bir yerlere sıkıştırmaya çalışacağını söyledi. Bayan Wolf daha sonra olanları anlatıyor: "Bütün hafta boyunca herhangi bir cevap almadım. Sekretere ne zaman sorsam, her seferinde patronun benimle neden görüşemediğine dair bir sebep buluyordu. Cuma sabahı olmuştu ve ben hâlâ kesin bir şey öğrenememiştim. Hafta sonundan önce onunla görüşüp problemimi çözmeyi gerçekten çok istiyordum. Böylece kendi kendime benimle görüşmesini sağlamak için ne yapabileceğimi düşündüm.

"Sonunda bir karara vardım. Ona resmi bir mektup yazdım. Mektupta hafta içi çok meşgul olduğunu anlayışla karşıladığımı, fakat kendisiyle konuşmamın çok önemli olduğunu anlattım. Bu mektuba üzerinde adım ve adresimin de bulunduğu bir form ekledim ve kendisinin ya da sekreterinin boşlukları doldurmasını ve bana göndermelerini rica ettim. Bu formda şunlar yazılıydı.

Bayan Wolf, sizinle .... günü, öğleden önce/sonra saat... de görüşebilir ve size....... dakika ayırabilirim.

Bu mektubu saat on birde kutusuna attım. Saat ikide de kendi kutumu kontrol ettim. Patronum formu kendisi doldurmuş, beni öğleden sonra görebileceğini ve yüz dakika ayırabileceğini belirtmişti. Onunla görüşmeye gittiğimde bir saatten fazla konuştuk ve problemimi çözdük.

"Eğer onu görme isteğimi dramatize etmiş olmasaydım, büyük bir olasılıkla hâlâ ondan randevu bekliyor olurdum."

James B. Boynton uzun bir piyasa raporu sunmak zorundaydı. Firması piyasada çok tutulan bir el kremiyle ilgili ayrıntılı bir çalışmayı henüz bitirmişti. Müşterileri reklam piyasasının en güçlülerinden biriydi ve bu piyasadaki rekabet hakkındaki bilgilere hemen ihtiyaç duyuluyordu.

Bay Boynton'un ilk yaklaşımı daha başlamadan başarısızlıkla sonuçlandı.

"İçeri ilk girdiğimde," diyor Bay Boynton, "kendimi araştırmada kullanılan metotlar üzerine yapılan anlamsız bir tartışma içinde buldum. Onlar bana yanıldığımı söylüyorlardı, bense haklı olduğumu ispatlamaya çalışıyordum.

"Kendi kanaatime göre tartışmayı ben kazanmıştım. Ancak sürem dolmuş, görüşme sona ermişti ve ben hâlâ bir sonuç elde edememiştim.

"İkinci görüşmede rakam ve veri sınıflandırmaları ile vakit kaybetmedim. İçeri girip gerçekleri dramatize ettim.

"Ofise girdiğimde görüşeceğim kişi telefonda konuşuyordu. Konuşmasını bitirdikten sonra çantamı açıp otuz iki kavanoz el kremini masasının üstüne boşalttım. Bütün markaları biliyordu. Hepsi rakip firmaların ürünleriydi.

"Her şişenin üzerinde piyasa araştırmasının ayrıntılı sonuçlarını gösteren bir etiket vardı. Her etiket üzerinde bulunduğu kremin özelliklerini dramatik bir şekilde anlatıyordu.

"Ne oldu?"

"Bu kez tartışmadı. Karşımdaki kişi, değişik bir yöntemle karşılaşmıştı. Şişeleri teker teker eline alıp üzerlerindeki etiketleri okudu. Aramızda dostça bir konuşma başladı. Pek çok soru sordu. Çok ilgilenmişti. Bana ilk önce on dakika ayırmıştı. Fakat on dakika geçti; sonra yirmi, kırk derken bir saatin sonunda biz hâlâ konuşuyorduk.

"Daha önce savunmuş olduğum gerçekleri savunuyordum. Fakat bu kez dramatizasyonu kullanmıştım ve bu büyük bir değişikliğe yol açmıştı."

ON BİRİNCİ PRENSİP

Fikirlerinizi dramatize edin.

XII

HİÇBİR ŞEY İŞE YARAMADIĞINDA BUNU DENEYİN

Charles Schwab'ın müdürlerinden biri emrindeki çalışanların yeterli üretim yapmalarını sağlayamıyordu. "Nasıl oluyor da," dedi Schwab, "senin gibi yetenekli bir müdür üretimi artıramıyor?"

"Bilmiyorum," diye cevapladı müdür. "Onlara tatlı sözler söyledim, küfrettim, kovmakla tehdit ettim. Fakat hiçbiri işe yaramadı. Çalışmıyorlar."

Bu konuşma, gece vardiyasından bir süre önce yapılmıştı. Schwab müdürden bir parça tebeşir istedi. Sonra en yakındaki adama, "Vardiyanız bugün kaç parti mal üretti?" diye sordu

"Altı."

Schwab başka bir şey söylemeden tebeşirle yere büyük bir "6" rakamı çizdi ve gitti.

Gece vardiyası çalışanları geldiklerinde yerde yazılı altı rakamını görünce bunun ne anlama geldiğini sordular.

"Büyük patron bugün buradaydı," diye karşılık verdi gündüz vardiyası çalışanları. "Bize kaç parti mal ürettiğimizi sordu. Biz de altı parti mal ürettiğimizi söyledik. O da yere rakamı yazdı."

Ertesi sabah Schwab tekrar fabrikaya geldi. Gece vardiyası çalışanları "6"yı silip yerine kocaman bir "7" yazmışlardı.

Sabah vardiyası çalışanları işbaşı yaptıklarında yerdeki kocaman "7" rakamı ile karşılaştılar. Demek ki gece vardiyası kendilerini onlardan daha iyi sanıyorlardı, öyle mi? O halde onlara iyi bir ders vermek gerekti. Böylece büyük bir coşkuyla çalışmaya başladılar ve o gece evlerine gitmek üzere fabrikadan ayrılırken arkalarında kocaman bir '10' rakamı bıraktılar. İşler yoluna giriyordu.

Sonuçta, üretimde geri kalan fabrika, kısa zamanda diğer fabrikalardan daha çok üretim yapar hale geldi.

Kural neydi?

Bunu Charles Schwab'ın kendi ağzından dinleyelim. "İş yaptırmanın yolu," diyor Schwab, "rekabeti teşvik etmektir. Söylemek istediğim, para kazanmak için çıkarcı, alçak bir yol izlemeyi değil, üstün olma arzusunu uyandırmaktır."

Üstün olma arzusu! Rekabet duygusu! İnsanları çalışmaya teşvik etmenin eşsiz bir yolu.

Theodore Roosevelt, meydan okumak zorunda kalmasaydı asla Birleşik Devletler Başkanı olamazdı. Küba'dan döner dönmez, New York eyaleti valisi seçildi. Muhalefet, onun eyaletin yasal yerlisi olmadığını keşfetti ve Roosevelt de korkup geri çekilmek istedi. Bunun üzerine New York senatörü olan Thomas Collier Platt, Roosevelt'e dönerek çınlayan bir sesle: "San Juan Hill kahramanı bir korkak mı?" diyerek ona meydan okudu. Roosevelt savaşmaya devam etti ve bundan sonrası zaten tarihte yazılı. Bu meydan okuma sadece onun hayatını değiştirmekle kalmadı, aynı zamanda ulusunun geleceği üzerinde de büyük bir etki yarattı. "Herkesin korkuları vardır, fakat cesur olanlar korkularını bastırır ve ilerler; bazen ölüme fakat her zaman zafere!" Bu söz Eski Yunan'da kral muhafızlarının bir özdeyişiydi. Bu korkuları bastırma fırsatından daha büyük bir meydan okuma önerilebilir mi?" Al Smith New York valisi iken, bir sorunla karşılaştı. Şeytan Adası'nın batısında zamanın en kötü ünlü hapishanesi Sing Sing'in müdürü yoktu. Skandallar, çirkin dedikodular hapishane duvarlarından dışarı taşıyordu. Smith'in Sing Sing'i yönetebilecek güçlü bir adama ihtiyacı vardı, demir gibi bir adama. Fakat kim? New Hempton'dan Lawes'u çağırttı. "Sing Sing'in yönetimini üstlenmeye ne dersin?" diye sordu neşeyle, karşısında duran Lawes'a. "Orada deneyimli bir yöneticiye ihtiyaç var." Lawes donup kalmıştı, işin tehlikelerini biliyordu. Bu atama politik skandallara yol açabilirdi. Müdürler sürekli değişiyordu. Bir tanesi ancak üç hafta dayanabilmişti. Lawes'un düşünmesi gereken bir kariyeri vardı. Riske girmeye değer miydi?

Lawes'un durakladığını gören Smith, arkasına yaslandı ve gülümsedi. "Genç dostum," dedi, "korktuğun için seni suçlamıyorum. Zor bir iş. Oraya daha güçlü birini göndereceğim."

Böylece Smith, Lawes'a meydan okumuştu, öyle değil mi? Lawes, güçlü bir yöneticiyi gerektiren bir işe atanma fikrinden hoşlanmıştı. İşi kabul etti ve zamanının en ünlü müdürü olana kadar orada kaldı. "Sing Sing'de 20.000 Yıl" isimli kitabı yüz binler sattı. Radyoda konuşmalar yaptı, hapishane yaşamıyla ilgili anlattığı pek çok öykü filmlere konu oldu.

Suçluları insanlaştırmaya çalışması, hapishane reformlarında mucizeler yarattı.

Firestone Lastik Şirketi'nin kurucusu Harvey S. Firestone, "Paranın, yalnızca paranın ne insanları bir araya getirdiğini ne de bir arada tuttuğunu gördüm. Sanırım bu oyunun kendisi," demiştir.

En ünlü davranışbilimcilerden Frederic Herzberg bu fikre katılıyor. Kendisi fabrika işçilerinden üst düzey yöneticilere kadar binlerce insanın işe karşı tutumlarını incelemişti. En motive edici faktörün ne olduğunu buldu dersiniz? Para? İyi çalışma şartları? Sosyal haklar? Hayır. Bunların hiçbiri değil. İnsanların motivasyonunu sağlayan en önemli faktör işin kendisiydi. Eğer iş heyecan verici ve ilgi çekiciyse, kişi iyi iş çıkarmaya motive oluyor, işine dört elle sarılıyordu.

Her başarılı insanın en çok sevdiği şey oyundur. Bu, kendini ifade etme şansıdır; değerini ispat etme, başarma, kazanma şansı. Çuval içinde koşma, domuz avlama, hızlı pasta yeme yarışmalarının yapılmasının nedeni de budur. Başarma arzusu. Önemli olduğunu hissetme arzusu.

ON İKİNCİ PRENSİP

Meydan okuyun.

ÜÇÜNCÜ BÖLÜMÜN ÖZETİ

İNSANLARIN SİZİNLE FİKİR BİRLİĞİNE VARMALARINI NASIL SAĞLARSINIZ.

BİRİNCİ PRENSİP

Bir tartışmadan en iyi sonucu almanın tek yolu bu tartışmadan kaçınmaktır.

İKİNCİ PRENSİP

Başkalarının görüşlerine saygı duyun. Asla "Yanılıyorsun!" demeyin.

ÜÇÜNCÜ PRENSİP

Eğer hatalıysanız bunu hemen içtenlikle kabul edin.

DÖRDÜNCÜ PRENSİP

Daima dostça yaklaşın.

BEŞİNCİ PRENSİP

Karşınızdaki kişiye "Evet! Evet!" dedirtin.

ALTINCI PRENSİP

Bırakın karşınızdaki kişi daha çok konuşsun.

YEDİNCİ PRENSİP

Bırakın karşınızdaki kişi fikirlerin kendisinden çıktığını sansın.

SEKİZİNCİ PRENSİP

Olayları karşınızdaki kişinin bakış açısından görmeye çalışın.

DOKUZUNCU PRENSİP

Karşınızdaki insanın fikir ve arzularına anlayış gösterin.

ONUNCU PRENSİP

Daima kişilerin hassas oldukları konulara değinin.

ON BİRİNCİ PRENSİP

Fikirlerinizi dramatize edin.

ON İKİNCİ PRENSİP

Meydan okuyun.

DÖRDÜNCÜ BÖLÜM

LİDER OLMAK:

İNSANLARI İNCİTMEDEN YA DA RAHATSIZ ETMEDEN DEĞİŞTİRMENİN YOLLARI

I

HATA BULMAK ZORUNDAYSANIZ BURADAN BAŞLAYABİLİRSİNİZ

Dostlarımdan biri, Calvin Coolidge yönetimi sırasında bir hafta sonu Beyaz Saray'a konuk olmuştu. Başkan'ın özel odasına yaklaştığında Coolidge'in sekreterlerinden birine şunları söylediğini duymuştu. "Elbiseniz çok güzel. Siz gerçekten çok çekici bir kadınsınız."

Bu, Sessiz Cal'ın sekreterine yöneltebileceği en heyecan verici övgüydü herhalde. Sekreter bunu hiç beklemiyordu. Şaşkınlık ve utançtan kıpkırmızı olmuştu. Bunun üzerine Coolidge, "Şaşırmayın!" demişti. "Sadece sizin kendinizi iyi hissetmenizi istedim. Umarım bundan sonra noktalama işaretlerine daha fazla dikkat edersiniz."

Coolidge'in uyguladığı yöntem psikolojik açıdan harikaydı. Kendimizle ilgili hoş sözler duyduktan sonra, bazı olumsuz sözleri dinlememiz çok daha kolay olur.

Bir berber müşterisini tıraş etmeden önce onun yüzüne köpük sürer. McKinley de 1986 yılında bunu yapmıştı. O günlerin en ateşli cumhuriyetçilerinden biri, Çiçero, Patrick Hanry ve Daniel Webster'ın birlikte yazabileceklerinden çok daha iyi olduğuna inandığı bir propaganda konuşması yazmış ve bunu büyük bir coşkuyla bağıra bağıra bir McKinley'e okumuştu. Konuşmanın iyi tarafları da vardı, ama McKinley'in istediği gibi değildi. McKinley adamın duygularını incitmek, onun coşkusunu öldürmek istemiyordu; ama yine de hayır demek zorundaydı. Gelin, bunu nasıl akıllıca yaptığını görelim.

"Dostum; bu konuşma bir harika; gerçekten muhteşem," demişti McKinley. "Kimse daha iyisini hazırlayamazdı. Pek çok konuda birçok şey söylüyor; ama sence bizim konumuza uygun mu? Ben bunun etkisini parti açısından da düşünmek zorundayım. Şimdi eve git ve benim anlatmaya çalıştığım unsurları içeren bir konuşma yaz. Sonra da bana bir kopyasını gönder."

McKinley adamın konuşmayı ikinci kez yazmasına yardımcı oldu ve kampanyanın en başarılı konuşmacılarından biri haline geldi.

Aşağıda Abraham Lincoln'ün yazdığı en ünlü ikinci mektubu bulacaksınız. (En ünlü mektubu, beş oğlunu savaşta kaybeden Bayan Bixby'ye derin üzüntüsünü anlatmak için yazdığı mektuptu.) Lincoln bu mektubu belki de beş dakika içinde karalayıvermişti, ama mektup 1826 yılında açık artırmada yirmi bin dolara alıcı buldu. Bu, Lincoln'ün yarım asırlık çalışması sonucunda kazandığı paradan daha fazlaydı. Mektup, İç Savaş'ın tüm şiddetiyle sürdüğü 1863 yılının 26 Nisan'ında General Joseph Hooker'a yazılmıştı. On sekiz aydır Lincoln'ün generalleri orduya komuta ediyor ve bir trajik yenilgiden diğerine geçip duruyorlardı. Bu gereksiz, aptalca bir vahşetten başka bir şey değildi.

Ülke allak bullak olmuştu. Binlerce asker ordudan ayrılmıştı. Cumhuriyetçi senato üyeleri bile isyan etmişlerdi. Lincoln'ün Beyaz Saray'dan çekilmesini istiyorlardı. "Mahvolmanın eşiğindeydik," diyordu Lincoln. "Tanrı bile bize karşıydı sanki. Hiç umudum kalmamıştı." İşte bu mektup böylesine bir üzüntü ve kaos döneminde yazılmıştı.

Bu mektuba yer veriyorum; çünkü tüm ulusun kaderi bu generalin hareketine bağlıyken, Lincoln bu ele avuca sığmaz generali değiştirmeye çalışmıştı.

Bu belki de Abe Lincoln'ün başkan olduktan sonra yazdığı en sivri dilli mektuptu. Yine de Lincoln'ün General Hooker'ın hatalarını saymaya başlamadan önce onu övdüğüne dikkat edin.

Evet, bunlar ölümcül hatalardı; ama Lincoln öyle düşünmüyordu. O daha korumacı, daha diplomatik davranıyordu. "Sizde beni pek de hoşnut etmeyen bazı şeyler görüyorum," demişti Lincoln. İşte zarafet ve diplomasi buydu.

General Hooker'a yazılan mektup şöyleydi:

"Sizi Potomac Ordusu'nun başına getirdim. Elbette bunu yaparken tatmin edici nedenlerim vardı. Yine de şimdi sizde beni pek de hoşnut etmeyen bazı şeyler gördüğümü bilmeniz iyi olur diye düşündüm.

Sizin cesur ve yetenekli bir asker olduğunuzu düşünüyor ve bunu takdir ediyorum. Ayrıca politikayı ve işinizi birbirine karıştırmadığınızı düşünüyorum ki bunda son derece haklısınız. Kendinize güveniyorsunuz; bu bir insanda göz ardı edilmemesi gereken, değerli bir özelliktir.

Hırslısınız. Aşırıya kaçmadığı sürece bu insana zarar vermez, yarar sağlar. Ancak sanırım General Burnside'ın komutası sırasında hırsınıza hâkim olamadınız ve ona elinizden geldiğince müdahale ettiniz. Böylece ülkeye ve son derece değerli ve saygın bir askere karşı büyük bir hata işlemiş oldunuz.

Sizin ordunun ve hükümetin bir diktatöre ihtiyacı olduğunu söylediğinizi güvenilir kaynaklardan duydum. Elbette, bunun için değil, buna rağmen size komuta yetkisi verdim. Sadece başarı elde eden generaller diktatör olabilirler. Bu askeri başarıyı görürsem, diktatörlüğü riske atabilirim.

Hükümet bütün komutanlara elinden gelen desteği verecektir. Orduda yaymaya çalıştığınız havanın sizin de aleyhinize olacağını düşünüyorum. Bu havayı yok etmek için elimden geleni yapacağım.

Napoleon bile böyle bir havanın hâkim olduğu ortamda başarı elde edemezdi. Bundan sonra her türlü sertliğe karşı dayanıklı olmalısınız. Dayanıklı olun, güç ve cesaretle ilerleyin ve bize büyük zaferler hediye edin.

Siz Coolidge, McKinley veya Lincoln değilsiniz. Siz, onların bu felsefesinin günlük iş yaşamınızda işinize yarayıp yaramayacağını merak ediyorsunuz. Gelin, bunu Philadelphia Work Şirketi'nden W.P. Gaw'un yaşadığı örneği ele alarak görelim.

Work Şirketi, Philadelphia'da, belirlenen tarihte büyük bir ofis binası inşa etmek üzere bir sözleşme imzalamıştı. Her şey yolunda gidiyordu; bina neredeyse bitmek üzereydi. Ancak birden binanın dış cephesini bronz kabartmayla kaplayan taşeron, işi söz verilen tarihte bitiremeyeceğini söyledi. Bu, her şeyin ters dönmesi demekti. Büyük bir maddi ve manevi kayıptı ve hepsi bir adamın yüzünden oluyordu.

Uzun telefon konuşmaları yapıldı. Tartışmalar oldu. Tansiyon yükseldi, ama nafile! Sonunda, Bay Gaw, bronz aslanıyla ininde görüşmek üzere New York'a gönderildi.

"Brooklyn'de sizin isminizde başka kimse olmadığını biliyor musunuz?" diye sordu, Bay Gaw, taşeron firmanın sahibiyle ilk tanıştırıldığında. Adam şaşırmıştı. "Hayır, bilmiyordum," diye karşılık verdi.

"Evet, öyle," diye devam etti Gaw. "Bu sabah trenden indiğimde adresinizi bulmak için telefon rehberine baktım. Bu isimde sizden başka kimse yoktu."

"Bunu bilmiyordum," dedi adam, Büyük bir merakla rehberi karıştırdı. "Bu pek sıradan bir isim değil," diye devam etti sonra. "Ailem iki yüz yıl önce Hollanda'dan gelip New York'a yerleşmiş." Birkaç dakika daha ailesinden ve atalarından söz etmeyi sürdürdü. O sözünü bitirdikten sonra, Bay Gaw fabrikanın ne kadar büyük olduğunu söyleyerek iltifat etti. "Burası benim şimdiye dek gördüğüm en temiz ve en gelişmiş bronz fabrikası,"

"Bu işi kurmak için ömrümü harcadım," diye karşılık verdi adam.

Bu gezi sırasında Bay Gaw fabrikadaki sistemleri övdü ve fabrikanın hangi açılardan diğerlerinden üstün olduğunu düşündüğünü açıkladı. Gaw, daha önce görmediği bazı makineler hakkında sorular sorunca, adam bunları kendisinin icat ettiğini söyledi. Bunların nasıl çalıştığını ve nasıl daha fazla iş çıkardığını anlattı. Sonra da konuğuna birlikte öğle yemeğine çıkma konusunda ısrar etti. Bütün bunlar olurken, Gaw'un ziyaretinin gerçek amacı konusunda tek söz edilmedi.

Yemekten sonra, taşeron firmanın sahibi, "Evet, şimdi işimize dönelim," dedi. "Elbette neden burada olduğunuzu biliyorum. Görüşmemizin bu kadar keyifli geçeceğini düşünmemiştim. Size söz veriyorum; diğer siparişleri ertelemek zorunda kalsam bile sizin malzemenizi hazırlayıp göndereceğim. Philadelphia'ya gönül rahatlığı içinde dönebilirsiniz."

Bay Gaw, amacına bunu dile getirmek zorunda kalmadan ulaşmıştı. Malzemeler zamanında yerine ulaştı. Ve bina sözleşmede öngörülen tarihte tamamlandı.

Eğer Bay Gaw böyle durumlarda genellikle uygulanan üstüne gitme yöntemine başvursaydı yine amacına ulaşır mıydı sizce?

Ulusal Kredi Birliği'nin New Jersey, Font Monmouth'un şube müdürü olan Dorothy Wrublewski derslerimizden birinde, çalışanlarından birinin daha üretken hale gelmesini nasıl sağladığını anlatmıştı.

"Genç bir bayanı veznedar olarak işe almıştık. Müşterilerimizle ilişkileri gayet iyiydi. Bireysel işlerde çok başarılıydı. Sorun, hesapların yapıldığı günün sonunda ortaya çıktı.

"Şef yanıma gelip bu kızı işten çıkarmamı söyledi. 'Hesap yaparken zorlandığı için herkesi engelliyor. Ona defalarca anlattım, ama anlamıyor. Mutlaka gitmesi gerek!' dedi.

"Ertesi gün bu genç bayanı hızla çalışırken ve günlük bireysel işlemleri yerine getirirken izledim. Müşterilerle çok mutlu görünüyordu.

"Onun hesaplarda neden zorlandığı çok geçmeden ortaya çıktı. Ofis kapandıktan sonra yanına gidip onunla konuştum. Çok gergin ve üzgündü. Onu bu kadar cana yakın olduğu, müşterilerle iyi iletişim kurduğu ve işindeki hızı için övdüm. Sonra hesap işine bir de birlikte bakmayı önerdim. Ona güvendiğimi görünce söylediklerimi yaptı ve işi öğrendi. O günden beri hiçbir problemimiz yok."

İşe övgüyle başlamak, bir dişçinin işine Novocain ile başlamasına benzer. Hasta yine diş çektirir, ama Novocain ağrısını dindirir. Bir lider de şunu uygulamalıdır:

BİRİNCİ PRENSİP

Konuşmaya içten bir övgü ve iltifatla başlayın.

II

NEFRET EDİLMEDEN NASIL ELEŞTİREBİLİRSİNİZ

Charles Schwab bir gün öğle üzeri çelik fabrikalarından birinde dolaşırken birkaç işgörenin sigara içtiğini gördü. Oysa ki işçilerin tam arkalarında, başlarının üzerinde, "Sigara İçilmez" tabelası bulunuyordu. Schwab yazıyı göstererek, "Okuma bilmiyor musunuz?" diye mi sordu? Hayır, o böyle bir şey yapmazdı. Adamlara yaklaştı, her birine birer puro verdi ve, "Eğer bunları dışarıda içerseniz beni mutlu edersiniz," dedi. İşgörenler bir kuralı çiğnediklerini anlamışlar, ancak bunu yüzlerine vurmadığı ve üstelik kendilerine küçük birer armağan vererek onlara değer verdiğini gösterdiği için Schwab'a hayran olmuşlardı. Böyle bir insanı sevmemek elden gelir mi? Ne dersiniz?

John Wanamaker de aynı yöntemi kullandı. Wanamaker Philadelphia'daki büyük mağazasını her gün dolaşırdı. Bir gün bir müşterinin tezgâhın önünde beklediğini gördü. Hiç kimse onunla ilgilenmiyordu. Satıcılar tezgâhın öbür ucunda kendi aralarında konuşup gülüşüyorlardı. Wanamaker tek bir söz bile söylemedi. Yavaşça tezgâhın arkasına geçip hanıma yardımcı oldu ve sattığı ürünü satış görevlilerine uzatarak paket yapmalarını istedi. Sonra da oradan uzaklaşıp yoluna devam etti.

Resmi görevliler, kendilerine kolay ulaşılamadığı için sık sık eleştirilirler. Bunlar işleri çok yoğun kişilerdir ama çoğunlukla bu durumun suçlusu ziyaretçilerin çokluğu nedeniyle patronlarının omuzlarına daha fazla yük binmesini istemeyen asistanlarıdır. Disney dünyasının içinde yer aldığı Orlando, Florida'nın valisi Carl Langford ekibine insanların kendisini görmelerini engellememelerini tembihlemişti. Langford, "Kapım herkese açık" politikasını benimsemişti. Bununla birlikte halktan insanların onunla görüşmesi idareciler ve sekreterler tarafından engelleniyordu.

Sonunda vali bir çözüm buldu. Ofisinin kapısını söktürdü. Yardımcıları mesajı almışlardı ve kapının yerinden sembolik olarak söküldüğü o günden sonra vilayette gerçek anlamda kapılar açılmış oldu.

Sadece üç harfli, basit bir kelimeyi kullanmayarak insanları, onları kırıp gücendirmeden değiştirmeyi başarabiliriz.

Çoğu kişi eleştiriye samimi bir övgü cümlesi ile başlar. Ancak sonra cümlelerini ama gibi bir kelime ile bir eleştiri cümlesine bağlarlar. Örneğin çalışmak istemeyen bir çocuğun bu huyunu değiştirmek için şöyle bir cümle kullanırız: "Bu dönem notlarını yükselttiğin için seninle gurur duyuyoruz, Johnnie. Ama daha çok cebir çalışsaydın daha iyi bir sonuç alabilirdin." Bu durumda "ama" kelimesini duyuncaya kadar Johnnie kendisini yüreklendirilmiş hissetmektedir. "Ama" kelimesinden sonra ise ilk cümlenin de samimiyetinden kuşku duymaya başlar. Onun için bu cümle, başarısızlığını eleştirmek için kullanılmış bir kamuflaj cümlesidir. Bu, gerilimi artıracağından Johnnie'nin çalışma alışkanlığını değiştirmeye yönelik hedefimize ulaşamamış oluruz.

Bu açmazdan "ama" kelimesini "ve" kelimesi ile değiştirerek çıkabiliriz. "Bu dönem notlarını yükselttiğin için seninle gurur duyuyoruz Johnnie, ve bu şekilde çalışmayı sürdürürsen emeğinin karşılığı olarak gelecek dönem cebir notunu da yükseltebilirsin," diyebiliriz.

Bu durumda Johnnie övüldüğünü hissedecektir, çünkü başarısızlığı ile ilgili eleştiri o cümleyi takip etmemiştir. Sadece değiştirmesi istenen alışkanlığına dikkat çekilmiştir ve olasılıkla Johnnie bu beklentimize karşılık verecektir.

Dolaylı yoldan kişinin dikkatinin hatalarına çekilmesi, doğrudan eleştirilen hassas kişilerdeki incinme acısını yok edecek ve harikalar yaratabilecektir. Woonsocket, Rhode Island'dan Marge Jacob sınıflarımızdan birinde, evindeki ek inşaatta çalışan dağınık ve tembel işçileri döküntülerini toplamaları için nasıl ikna ettiğini anlattı. İlk birkaç gün Bayan Jacob işinden evine döndüğünde bahçesinin kesilmiş kalas artıkları ile kirletilmiş olduğunu görmüştü. İşçilerle zıtlaşmak istemiyordu çünkü işçilikleri mükemmeldi. Bu nedenle işçiler gittikten sonra çocuklarıyla birlikte kalas artıklarını, yongaları toplayarak bir köşeye itinalı bir şekilde istiflediler. Ertesi sabah ustabaşını çağırarak: "Dün akşam ön bahçemi tertemiz bıraktığınız ve komşularımı rahatsız etmediğiniz için size teşekkür ederim," dedi. O günden sonra işçiler inşaat artıklarını toplayıp bir kenara istiflediler ve ustabaşı da her sabah geldiğinde avluyu bir gün önce derli toplu bıraktıkları için teşekkür bekler oldu.

8 Mart 1887'de ünlü vaiz Henry Ward Beecher öldü. Ertesi pazar Beecher'in ölümüyle sessiz kalan kürsüsünde konuşması için Lyman Abbot çağrıldı. Abbot tekrar tekrar yazarak güzel bir vaaz hazırladı. Sonra karısına okudu. Yazıya dökülmüş tüm konuşmalar gibi bu da zayıf kalmıştı. Eğer karısı aklını kullanan bir kadın olmasaydı, "Lyman, berbat olmuş, asla bunu başaramayacaksın," diyebilirdi. "İnsanları uyutacaksın. Tıpkı bir ansiklopedi yazısına benziyor. Bu kadar yıl vaaz verdikten sonra daha iyisini yapabilmeliydin. Allah aşkına, niçin bir insan gibi konuşmuyorsun? Niçin doğal olmuyorsun? Eğer bu yazdıklarını okuyacak olursan rezil olursun." Kadın bunları söyleyebilirdi. Ama eğer söyleseydi ne olurdu, tahmin edebilirsiniz. O da bunu biliyordu. Bu nedenle sadece bu yazının North American Review'de yayımlanacak iyi bir makale olabileceğini söyledi. Bir başka deyişle, yazıyı beğendiğini ama bunun bir vaaz için uygun bulmadığını söylemiş oldu. Lyman Abbot onun ne demek istediğini anlamıştı. Özenerek yazdığı yazıyı yırttı ve yazılı bir metin olmaksızın vaazını verdi.

İşte size insanların hatalarını düzeltecek etkili bir yöntem:

İKİNCİ PRENSİP

İnsanlara hatalarını dolaylı yollardan anlatarak gösterin.

III

ÖNCE KENDİ HATALARINIZDAN SÖZ EDİN

Yeğenim, Josephine Carnegie, sekreterim olmak için New York'a gelmişti. On dokuz yaşındaydı, liseyi üç yıl önce bitirmişti ve hemen hemen hiç iş deneyimi yoktu. Şu anda Batı Süveyş'in en mükemmel sekreteri olmasına karşın başlangıçta hiç ümit vermiyordu. Bir gün onu eleştirmeye başlarken kendi kendime şöyle dedim: "Bir dakika, dur bakalım Dale Carnegie. Senin yaşın Josephine'in iki katı, ondan on bin kat daha fazla iş deneyimine sahipsin. Ondan, senin bakış açına ve değer yargılarına sahip olmasını nasıl bekleyebilirsin? Bana baksana Dale, sen on dokuz yaşındayken neler yapıyordun? Budalaca yanlışlarını, yaptığın gafları hatırlasana. Orada burada neler neler yapmıştın."

Dürüstçe ve taraf tutmadan düşününce, Josephine'in benim on dokuz yaşındaki halimden çok daha başarılı olduğu kanısına vardım ve itiraf etmeliyim ki onu yeteri kadar övüp yüreklendirmediğim için de utanç duydum.

O günden sonra Josephine'e bir hatasını göstermek istediğimde, "Bir hata yapmışsın Josephine, ama Tanrı biliyor, benim yapmış olduğum hatalardan daha kötü değil," diyerek söze başlıyordum. "Yargılama yeteneği doğuştan gelmez, deneyimle kazanılır. Sen, benim senin yaşında olduğumdan çok daha iyisin. Öyle aptalca şeyler yaptım ki ne seni ne de bir başkasını eleştirmeye hakkım var. Ama, eğer sen şunu şöyle yapmış olsaydın çok daha akıllıca olmaz mıydı?"

Sizi eleştiren kişi önce alçak gönüllülükle kendisinin de kusursuz olmadığını açıklarsa yaptığınız yanlışlıkları işitmek size fazla zor gelmeyecektir.

Brandon'da yaşayan bir mühendis olan E. G. Dillistone'un yeni sekreteri ile sorunları vardı. Dikte ettirdiği mektuplar yazılıp imzalanması için önüne getirildiğinde her sayfada birkaç yazım hatası görüyordu. Dillistone bu sorunu nasıl çözümlediğini şöyle anlatıyor:

"Pek çok mühendis gibi benim İngilizcem de çok mükemmel değildi ve sözcüklerin yazılışında yanlışlık yapabiliyordum. Yıllarca zorlandığım sözcüklerin yazılışına göz atabilmek için yanımda bir mini sözlük taşıdım. Sekreterime hatalarını göstermenin çok fazla bir yarar sağlamadığını görünce bir başka yaklaşım denedim. Bir sonraki mektup yine yazım hataları ile önüme gelince onu karşıma oturtup şöyle dedim:

" 'Bu sözcük gözüme doğru gelmiyor. Bu benim de her zaman yanlış yazdığım sözcüklerden biri. İşte bu nedenle ben kendime bir küçük sözlük edindim. Evet, işte burada. Sözcüklerin doğru yazılmasını çok önemsiyorum, çünkü insanlar bizi mektuplarımızla değerlendiriyorlar. Yanlış yazılmış bir sözcük daha az profesyonel olduğumuz izlenimini veriyor.'

"Sekreterimin benim önerdiğim yöntemi uygulayıp uygulamadığını bilmiyorum, ama artık eskisi kadar sık hata yapmıyor."

Kibar Prens Bernhard von Bülow bu konunun önemini 1909 yılında öğrendi. Von Bülow o sıralar Almanya İmparatorluk şansölyesiydi. Tahtta II. Wilhelm oturuyordu. Kendini beğenmişliği ile tanınan Wilhelm Alman kayserlerinin sonuncusuydu. Parmağını şıklattığında harekete geçirebileceği güçlü bir kara ve deniz kuvvetleri kurmakla övünüyordu.

Derken şaşılacak bir şey oldu. Kayser akıl almaz şeyler söyledi. Öyle ki tüm Avrupa sarsıldı, patlamaların sesleri dünyanın dört bir tarafında yankılanarak duyuldu. İşin daha da kötüsü kayser bu aptalca, bencilce, anlamsız sözleri halk önünde söyledi. O sırada İngiltere'de konuk olarak bulunuyordu ve bu sözlerinin *Daily Telegraph*'ta yayımlanmasına da resmi izin verdi. Örneğin İngilizlere karşı dostluk duyguları taşıyan tek Alman'ın kendisi olduğunu, Japon tehdidine karşı bir ordu kurduğunu, İngiltere'yi Rusya ve Fransa karşısında aşağılanmaktan sadece kendisinin kurtardığını, İngiliz Lord Roberts'in kendisinin başlattığı bir planla Afrika'daki Hollanda kökenlileri yendiğini ve daha neler neler söyledi.

Yüz yıldır barış içindeki Avrupa'da hiçbir kralın ağzından böylesine şaşkınlık uyandıran sözler dökülmemişti. Tüm Avrupa kovanlarında öfkeyle vızıldayan eşekarılarının sesleri ile dolmuştu sanki. İngiltere gücendi. Alman devlet adamları donakaldılar. Bütün bu şaşkınlık ve karmaşa ortasında kalan kayser paniğe kapıldı ve Von Bülow'dan sorumluluğu üzerine almasını ve bu inanılmaz sözleri söylemesini krala kendisinin önerdiğini halka açıklamasını istedi.

"Ama Majesteleri," diye karşı çıktı Von Bülow, "ne Almanya'da ne de İngiltere'de insanlar benim size bu sözleri söylemenizi önerdiğime inanır."

Von Bülow daha bu sözler ağzından dökülür dökülmez çok büyük bir yanlışlık yaptığının farkına vardı. Kayser öfkeden çıldırdı.

"Sen beni eşek mi sanıyorsun?" diye haykırdı. "Senin bile söylemeyeceğin budalaca sözler sarf eden biri miyim ben?"

Von Bülow karşısındaki kişiyi suçlamadan önce övmesi gerektiğini biliyordu, ama geç kalmıştı, bu nedenle yapabileceği en iyi şeyi seçti ve eleştiriden sonra kayseri övdü. Böylece mucizevi sonucu elde etti.

"Kesinlikle öyle bir şey kastetmemiştim," dedi saygılı bir tavırla. "Majesteleri pek çok konuda benden üstündürler; sadece askeri konularda değil, doğa bilimi konusunda da üstün bilgileri vardır. Majesteleri, barometreyi, telsiz telgrafı ve röntgen ışınlarını anlatırken sizi hayranlıkla dinledim. Utanarak söylüyorum ki doğa bilimleri konusunda çok az şey biliyorum, ne fizikten ne de kimyadan anlarım. En basit bir doğa olayının bile nedenini açıklayamam. Ancak tarih ve politika, özellikle diplomasi konusunda yararlı olabilecek önemli bilgilere sahibim."

Kayserin yüzü gülmeye başlamıştı. Von Bülow onu övmüş, yüceltmiş, kendisini geri plana itmişti. Bu andan itibaren kayser her şeyi bağışlayabilirdi. Coşku ile, "Ben her zaman demez miyim size, biz birbirimizi mükemmel bir şekilde tamamlıyoruz. Birbirimize destek olmalıyız ve olacağız," dedi.

Von Bülow ile tokalaştılar, hem de bir kez değil bir kaç kez. Günün ilerleyen saatlerinde kayser bir mum gibi yumuşamıştı. Yumruklarını sıkarak coşku ile haykırdı: "Kim Prens Von Bülow hakkında bana bir şey söyleyip onu yererse, burnunun ortasına yumruğumu indiririm."

Von Bülow kendisini tam zamanında kurtarmıştı, ama uyanık bir diplomat olarak bir yanlışlık yapmıştı. Önce kendi kusurlarını anlatmalı, sonra kayseri göklere çıkarıp övmeliydi. Alçakgönüllü ve karşıdaki kişiyi öven birkaç cümle, kibirli ve saldırgan bir kayseri güvenilir bir dosta çevirebiliyorsa, alçak gönüllülük ve övgü yönteminin günlük yaşantımızda bize neler kazandırabileceğini siz düşünün. Eğer doğru şekilde uygulanırsa, bu insan ilişkilerinde mucizeler yaratacaktır.

İnsanın kendi hatalarını kabul etmesi başkalarının ona karşı tavırlarını değiştirmelerini sağlar. On beş yaşındaki oğlunun sigara içtiğini fark eden Clarence Zerhausen örneğinde olduğu gibi.

"Doğal olarak oğlumun sigara içmemesini istiyordum," diyordu. Bay Zerhausen. "Ama annesi ve ben sigara içiyorduk ve biz ona kötü örnek oluyorduk. Dave'e onun yaşındayken nasıl sigara içmeye başladığımı anlattım. Nikotinin beni nasıl esir aldığını, içimdeki iyi şeyleri öldürdüğünü ve neredeyse bırakmamı imkânsız kıldığını söyledim. Ona öksürüklerimin ne kadar kötü olduğunu ve birkaç yıl önce sigarayı bırakmam için peşimde ne kadar dolaştığını anımsattım.

"Sigarayı bırakması için onu uyarmadım, zorlamadım, sigaranın tehlikelerine değinmedim. Tüm yaptığım sigaraya nasıl bağımlı duruma geldiğimi ve bunun için ne anlama geldiğini anlatmaktı.

"Bir süre düşündükten sonra, David liseyi bitirinceye

kadar sigara içmemeye karar verdi. Yıllar geçti ve David bir daha asla sigara içmeye başlamadı; başlamaya da niyeti yok.

"Bu görüşmenin sonucunda ben de sigarayı bırakmaya karar verdim. Ailemin desteğiyle bunu başardım."

İyi bir lider kendi ilkelerine uyar.

ÜÇÜNCÜ PRENSİP

Karşınızdaki insanı eleştirmeden önce
kendi yanlışlıklarınızdan söz edin.
Yani iğneyi kendinize, çuvaldızı başkasına batırın.

IV

HİÇ KİMSE EMİR ALMAKTAN HOŞLANMAZ

Bir kez Amerikalı Biyografi Yazarları Derneği Başkanı Bayan Ida Tarbell ile yemek yeme mutluluğuna erişmiştim. Bu kitabı yazmaya başladığımı söylediğimde, insanlarla geçinmek gibi önemli bir konu üzerinde konuşmaya başladık. Bana Owen D. Young'ın biyografisini yazarken Bay Young ile üç sene aynı ofisi paylaşan genç bir adamla yaptığı görüşmeyi anlattı. Genç adam bu süre zarfında Owen D. Young'ın hiç kimseye doğrudan bir emir verdiğini duymamıştı. Daima emretmek yerine öneride bulunuyordu. Örneğin hiçbir zaman, "Şunu yap, bunu yapma!" dememişti. "Bu durumu göz önünde bulundurabilirsiniz," veya "Bunun işe yarayacağını düşünüyor musunuz?" demeyi tercih ediyordu. Asistanlarından birinin yazdığı mektubu gözden geçirirken, "Belki de bu paragrafı şöyle yazsaydık daha iyi olabilirdi," diyordu. İnsanların işleri kendi bildikleri gibi yapmalarına fırsat veriyordu. Hiçbir asistanına ne yapması gerektiğini söylemiyor, bildikleri gibi yapmalarını istiyor ve kendi hatalarını görerek düzeltmelerini bekliyordu.

Bu yöntem insanın hatalarını düzeltmesini kolaylaştırır.

Kişinin onurunu korumasına yardımcı olurken kendisini önemli hissetmesini de sağlar ve insanları karşı çıkma yerine işbirliğine yönlendirir.

Düşüncesiz bir emrin neden olduğu kırgınlık kolay kolay geçmez; emir kötü bir durumu düzeltmek için verilmiş olsa bile. Wyoming, Pennsylvania'daki bir meslek eğitim okulunun öğretmeni arabasını usulsuz olarak atölyelerin önüne park eden bir öğrencinin giriş çıkışı nasıl engellemiş olduğunu anlatmıştı. Eğitmenlerden biri sınıfa fırtına gibi dalarak, "Araba giriş yolunu kapatan kimin arabası?" diye sormuştu. Arabanın sahibi olan öğrenci yanıt verince, eğitmen avaz avaz bağırmıştı: "Derhal o arabayı oradan çek. Aksi halde onu bir zincir bağlayıp sürükleyerek oradan çekerim."

Evet, öğrenci hata yapmıştı. Arabasını oraya park etmemeliydi. Ama o günden sonra hem o öğrenci eğitmenin bu davranışı nedeniyle gücenikliğini sürdürdü hem de diğer öğrenciler, eğitmene zorluk çıkararak işini çekilmez bir hale getirdiler.

Olay karşısında, eğitmen daha farklı davranabilir miydi? Eğer dostça bir ses tonuyla, "Giriş yolundaki araba kimin?" diye sorsaydı ve başkalarının da girip çıkabilmeleri için arabanın çekilmesini önerseydi, öğrenci memnuniyetle arabayı çekecek, ne o ne de sınıf arkadaşları gücenecekti.

Soru sormak hem bir emri yumuşatıp hoş bir hale getirir, hem de bir şey yapması istenen kişinin yaratıcılığını uyarır. İnsanlar yapılması gereken bir işte kendi katkılarının da olduğunu düşünürlerse o emri daha rahat yerine getirirler.

Makine parçaları imalatında uzmanlaşmış küçük bir fabrikanın genel müdürü olan, Güney Afrika, Johannesburg'dan

Ian Macdonald büyük bir sipariş alma fırsatını yakaladığında, söz verilen sürede siparişi teslim edemeyeceği kuşkusuna kapılmıştı. Atölyede daha önceden programlanmış iş bulunmaktaydı ve bu sipariş için öngörülen sürenin kısalığı bu siparişi kabul etmesini olanaksız kılıyordu.

Ian, çalışanlarına işleri hızlandırmalarını ve işi bitirmelerini söylemek yerine onları bir araya topladı ve durumu anlatarak bu işin firma için ne kadar önemli olduğunu açıkladı. Sonra da siparişi zamanında yetiştirip yetiştiremeyeceklerini sordu.

"Siparişi yetiştirmek için yapabileceğimiz bir şey var mı?"

"Bu siparişi alabilmemiz için üretimi hızlandırabilir miyiz?""Çalışma saatlerinde bir değişiklik yapılabilir mi? Sorumluluklar paylaşılabilir mi?"

İşgörenler bu sorulara çeşitli öneriler ve fikirlerle yanıt verdiler ve siparişin alınması konusunda ısrar ettiler. Tavırları "Biz bunu başarırız!" şeklindeydi. Ve sipariş kabul edildi, üretildi, zamanında da teslim edildi.

Akıllı bir yönetici iseniz;

DÖRDÜNCÜ PRENSİP

Emir vermek yerine sorular sorun.

VI

HİÇ KİMSENİN HATASINI YÜZÜNE VURMAYIN

Yıllar önce General Electric Şirketi, Charles Steinmetz'i görevinden almak gibi nazik bir sorun ile karşı karşıya gelmişti. Steinmetz elektrik konusunda çok başarılı bir uzman olmakla birlikte muhasebe bölümünün yöneticisi olarak başarısızdı. Şirket onu gücendirmek istemiyordu. Yeri doldurulamayacak bir adamdı ve de çok hassas biriydi. Bu nedenle ona yeni bir unvan verdiler. Onu General Electric Şirketi'nin danışman mühendisi yaptılar. Steinmetz yine aynı işi yapacaktı, ama başka bir unvan altında. Bölüm yöneticiliğine de başka birini getirdiler.

Steinmetz mutluydu.

General Electric'in yöneticileri de mutluydu. Usta bir manevra ile hiçbir fırtına kopmadan değerli elemanlarının görevini değiştirmişler ve başarısızlığını da yüzüne vurmamışlardı.

Bir insanın ayıbını yüzüne vurmamak, onu utandırmamak çok önemlidir. Hem de hayati bir önem taşır. İçimizden kaç kişi durup bunu düşünmüştür? Başkalarının duygularını ayaklar altına alıp kendi bildiğimiz yolda yürürüz. Kusurlar bulup gözdağı veririz. Küçük bir çocuğu veya bir işgöreni, onurunu kırabileceğimizi hiç düşünmeden başkalarının önünde eleştiririz. Oysa birkaç dakika durup düşünmek, uygun bir veya iki kelime bulabilmek, karşıdaki kişinin davranış nedenini anlayabilmek bizi iğneyi batırmaktan alıkoyacaktır.

"Bir işgöreni işten çıkarmak çok tatsız bir durumdur. İşten çıkarılmak ise daha da tatsızdır. (Bu sözleri Marshall A. Granger'in bana yazdığı bir mektuptan aktarıyorum.) İşimiz genellikle sezonluktur. Bu nedenle gelir vergisi ödemeleri furyası bittiğinde pek çok kişiyi işten çıkarmak zorunda kalırız.

"Bizim işimizde hiç kimse baltayı kullanmaktan hoşlanmaz diye bir parola vardır. Bu nedenle işten çıkarma eylemini oldukça hızlı yapmaya çalışırız. Genellikle şöyle deriz: 'Oturun Bay Smith. Sezon sona erdi ve size verecek işimiz kalmadı. Yalnız işlerin yoğun olduğu sezonda çalıştırılmak üzere işe alındığınızı elbette biliyorsunuz,' vs. vs.

"Bu sözler insanda hayal kırıklığı uyandırır, ona kendisinin yarı yolda bırakıldığını hissettirir. Pek çok kişi yaşam kavgası vermektedir. Kimse kendisini böyle kolayca kapı önüne koyan bir kuruluş için hoş duygular beslemez.

"Son zamanlarda sezonluk çalışanların işine son verirken daha duyarlı olmaya ve onları incitmemeye karar verdim. Kış boyu yaptıkları işi göz önünde bulundurarak her biriyle ayrı ayrı konuştum. Söylediklerim şuna benzer cümlelerdi:

'Bay Smith, çok mükemmel bir iş çıkardınız. (Eğer gerçekten çalıştıysa elbette.) Sizi zorlu bir iş bekliyordu. Zor koşullarda çalıştınız, ama yüzünüzün akı ile çıktınız, Kuruluşumuzun sizinle gurur duyduğunu bildirmek isterim. Ne yaptığınızı çok iyi biliyorsunuz. Nerede çalışırsanız çalışın her zaman başarılı olacaksınız. Kuruluşumuz size güveniyor ve kapısını her zaman sizin için açık tutacaktır, bunu unutmayın.'

"Bunun etkisi ne mi oluyor? İşten çıkarıldıkları halde insanlar mutlu ayrılıyorlar. Kendilerini yarı yolda bırakılmış hissetmiyorlar. Verebilecek işimiz olsa onları çıkarmayacağımızı biliyorlar. Onlara tekrar ihtiyacımız olduğunda seve seve bize geliyorlar."

Kursumuzdaki oturumların birinde iki öğrenci, yanlışlıkları yüze vurmanın olumsuz etkisi ile insanları utandırmadan kaçınmanın olumlu etkisini karşılıklı tartıştılar.

Pennsylvania'dan Fred Clark çalıştığı şirketteki bir olayı anlattı: "Üretim ile ilgili toplantılardan birinde, bir başkan yardımcısı ürün sorumlularımızdan birine üretim yöntemi ile ilgili suçlayıcı bir soru yöneltti. Sesinin tonu hırçın ve saldırgandı ve ürün sorumlusunun yaptığı bir yanlışlığı hedef alıyordu. Diğer izleyicilerin önünde aşağılanmak istemeyen ürün sorumlusu kaçamak yanıtlar verdi. Bu durum başkan yardımcısının öfkeye kapılmasına neden oldu. O da ürün sorumlusunu azarlayarak onu yalancılıkla suçladı.

"Bu yüzleşmeden önce var olan her türlü iş ilişkisi birkaç saniye içinde yok olup gitmişti. Temelde iyi bir işgören olan ürün sorumlusu o andan itibaren şirketimiz için yararsız biri olmuştu. Birkaç ay sonra şirketimizden ayrılarak rakip firmaya geçti. Duyduğum kadarıyla orada çok iyi bir iş çıkarıyormuş." Bir diğer öğrencimiz, Anna Mazzone kendi çalıştığı yerde buna benzer bir olayın geçtiğini ve bunun farklı bir yaklaşımla nasıl sonuçlandığını anlattı. Bir gıda ambalajlama şirketinde pazarlama uzmanı olarak çalışan Bayan Mazzone'ye ilk önemli görevi verilmişti. Yeni bir ürünün pazarlama testini yapması istenmişti. Kendisi olayı sınıfa şöyle nakletti: "Test sonuçları geldiğinde yerin dibine geçtim. Planlamamda çok ciddi bir yanlışlık yapmıştım ve tüm test yeni baştan tekrarlanmak zorundaydı. İşin kötüsü projenin raporunu sunmam gereken toplantıdan önce patronumla görüşmek için zamanım da yoktu. "Raporumu sunmam istendiğinde korkudan titriyordum. Bir kriz geçirmemek için elimden geleni yapmak zorundaydım. Gözyaşlarına boğulmak ve oradaki tüm erkeklerin, kadınların aşırı duygusal oldukları ve bu nedenle bir görevi yerine getiremedikleri konusunda imalı sözlerini duymak istemiyordum. Kısaca raporumu sundum ve yaptığım bir yanlışlık nedeniyle bir dahaki toplantıdan önce çalışmalarımı yinelemek durumunda olduğumu söyledim. Yerime otururken patronumun öfkeden deliye döneceğini düşünüyordum. O ise çalışmalarım için bana teşekkür etti ve bir insanın yeni bir projede yanlışlık yapmasının doğal olduğunu, tekrar yapacağım deneyin doğru olacağına ve şirkete yararı dokunacağına inandığını söyledi. İş arkadaşlarımın önünde beni yatıştırmış, bana güvendiğini ve elimden gelenin en iyisini yaptığıma inandığını söylemişti. Yanlışlığın yeteneksizliğimden değil, deneyimsizliğimden kaynaklandığını anladığını bildirmişti.

"Toplantıdan başım dik olarak çıktım ve bir daha patronumu asla zor durumda bırakmamaya karar verdim."

Eğer kesin olarak haklıysak ve karşımızdaki kişi kesin olarak haksızsa, bu kişi yanlışlık yapmışsa ayıbını onun yüzüne vurmakla sadece egosunu incitmiş oluruz. Efsanevi yazar Antoine de Saint-Exupery, "Bir insanı kendi değer yargısında küçültecek hiçbir şeyi yazma veya söyleme hakkına sahip değilim. Önemli olan benim onun hakkında ne düşündüğüm değil, onun kendi hakkında ne düşündüğüdür. Bir insanın onurunu incitmek cinayettir," diyor.

BEŞİNCİ PRENSİP

Gerçek bir liderseniz; kimsenin hatasını yüzüne vurmayın!

VI

İNSANLAR NASIL BAŞARIYA YÖNLENDİRİLİR

Pete Barlow eski bir dostumdu. Bir at ve köpek eğiticisi olan Pete hayatını sirkler ve vodvil gösterilerini dolaşarak geçirmişti. Onu hayvanları eğitirken izlemek çok hoşuma gidiyordu. Köpeğin en küçük bir gelişme gösterdiği an Peter'in onun başını okşadığını, ona övgüler yağdırdığını ve ödül olarak bir parça et verdiğini görüyordum.

Bu yeni bir şey değil. Hayvan eğiticileri asırlardır bu yöntemi uyguluyorlar.

Peki bizler neden insanları değiştirmeye çalışırken aynı mantıkla hareket etmiyoruz? Neden kırbaç yerine ete, suçlama yerine övgüye başvurmuyoruz? Bizler de en küçük bir gelişmeyi övebiliriz. Bu diğer insanı gelişmeye devam etmeye teşvik eder.

I Aint't Much, Baby-But I'm All I Got (Çok Şeye sahip Değilim, Ama Kendime Sahibim) adlı kitabında psikolog Jess Lair şöyle diyor: "Övgü, insanın içini ısıtan güneş ışığı gibidir; o olmadan çiçek açamayız ve büyüyemeyiz. Yine de pek çoğumuz insanları eleştiri denen soğuk rüzgâra kolayca maruz bırakabiliyoruz; ancak onları övgü denen sıcak güneş ışığıyla ısıtma konusunda gönülsüz davranıyoruz." Geri dönüp yaşamıma şöyle bir göz attığımda, birkaç küçük övgü sözcüğünün neredeyse tüm geleceğimi değiştirdiğini görebiliyorum. Siz de aynı şeyi söyleyebilirsiniz değil mi? Tarih, övgünün yarattığı mucizevi olaylarla doludur.

Örneğin, on yıl önce on yaşında bir çocuk Napoli'de bir fabrikada çalışıyordu. En büyük amacı şarkıcı olmaktı, ama ilk öğretmeni cesaretini kırmış, "Sen şarkı söyleyemezsin," demişti ona. "Sesin hiç güzel değil, rüzgârda gıcırdayan pancurların sesini andırıyor."

Ancak yoksul bir köylü olan annesi oğlunun boynuna sarılmış, onu övmüş, şarkı söyleyebileceğini bildiğini, çünkü ondaki gelişmeyi gördüğünü söylemiş ve onun müzik dersleri alması için para biriktirmek amacıyla yalınayak çalışmaya başlamıştı. Annesinin övgüleri ve cesaretlendirmeleri küçük çocuğun hayatını değiştirdi. Bu çocuğun adı Enrico Carusso'ydu ve bu çocuk çağının en büyük ve en ünlü opera sanatçısı oldu.

On dokuzuncu yüzyılın başlarında, Londra'da genç bir adam, yazar olma hayalleri kuruyordu. Ama sanki her şey ona karşıydı. Dört yıldan fazla okula gidememişti. Babası, borçlarını ödeyemediği için hapse atılmıştı; çocuk daha küçük yaşlarda açlığın ne demek olduğunu öğrenmek zorunda kalmıştı. Sonunda farelerle dolu bir fabrikada, şişe üzerine etiket yapıştırma işinde çalışmaya başladı. Geceleri de Londra'nın kenar mahallelerinden birinde yıkık dökük bir kulübede iki çocukla birlikte kalıyordu. Yazma konusundaki yeteneğine bir türlü güvenemiyordu; bu yüzden yazdığı ilk öyküyü, kimse kendisine gülmesin diye gecenin kör karanlığında çıkıp postalamıştı. Ancak öyküleri birbiri ardına reddediliyordu. Sonunda o büyük gün geldi ve bir öyküsü kabul edildi. Evet, bunun için ona bir şilin bile ödemediler; ama bir editör onu övdü. Bu onu o kadar etkiledi ki bütün gün gözlerinden yaşlar süzülerek, amaçsızca sokaklarda dolaştı durdu.

Bu övgüler ve öyküsünün basılması tüm hayatını değiştirdi. Eğer bunlar onu cesaretlendirmeseydi, hayatını farelerle dolu fabrikalarda çalışarak geçirecekti. Bu çocuğun adını siz de duymuşsunuzdur: Charles Dickens'tı.

Londra'da bir başka çocuk da bir mağazada tezgâhtarlık yapıyordu. Saat beşte kalkmak, dükkânı süpürmek ve on dört saat boyunca bir köle gibi çalışmak zorundaydı. Çekilecek gibi bir şey değildi bu, kendi de bu hayattan nefret ediyordu. İki yıl sonra, artık dayanamadı. Bir sabah kalktı, kahvaltı bile etmeden çıktı ve bir evde kâhyalık yapan annesiyle konuşmak için tam on beş mil yürüdü.

Çıldırmış gibiydi. Annesine yalvardı, ağladı. O dükkânda çalışmaya devam ederse kendisini öldüreceğine yemin etti. Sonra da eski okul müdürüne kalbinin kırıldığını, artık yaşamak istemediğini anlatan, uzun, dokunaklı bir mektup yazdı. Buna karşılık okul müdürü onu övdü, onun çok zeki biri olduğunu, çok daha iyi şeyleri hak ettiğini söyleyerek kendisine okulunda öğretmenlik teklif etti.

Bu övgü, çocuğun hayatını değiştirmekle kalmadı, İngiliz edebiyatı tarihine de büyük bir katkıda bulundu. Çünkü bu çocuk sayısız best-seller kitap yazdı ve kalemiyle milyonlar kazandı. Onu da tanırsınız; adı H. G. Wells idi.

Eleştiri yerine övgüyü kullanmak, B. F. Skinner'ın öğretim yöntemlerinin temelini oluşturuyordu. Çağımızın bu psikoloğunun hayvanlar ve insanlar üzerinde yaptığı deneyler eleştirinin en aza indirilmesi ve övgüde cömert davranılması sonucu insanların daha iyi şeyler yapmaya yöneldiğini, yanlışlıkların ise artık önemsenmedikleri için yok olup gittiğini ortaya koyuyordu.

Kuzey Carolina, Rocky Mount'tan John Ringelspaugh, çocuklarıyla ilgilenirken bu teknikten yararlanıyordu. Pek çok ülkede anne ve babanın çocuklarıyla iletişim kurarken kullandıkları yöntem onları azarlamaktır. Ancak bu çocukların daha da kötü bir duruma gelmesine neden olur, anne babanın da öyle. Böylece sorun çözülmez bir hal alır.

Bay Ringelspaugh kursumuzda öğrendiği bazı ilkeleri bu sorunu çözerken kullanmakta kararlıydı. Şöyle diyordu: "Hatalarının üzerine gitmek yerine çocuklarımızı övmeye karar verdik. Yanlışlarını göre göre bunu yapmak pek de kolay değildi; bazen övecek şey bulmakta zorlanıyorduk. Sonunda bir şey bulmayı başardık, onlar da yaptıkları sinir bozucu şeyleri yapmaktan vazgeçtiler. Sonra hataları birer birer kaybolmaya başladı. Övgülerimizi hak etmeye çalıştılar; hatta kendilerinden ödün vermeye başladılar. Eşim de ben de buna inanamıyorduk. Elbette bu sonsuza dek sürmedi; ama sonuçta eskisinden çok daha iyi bir yerdeydik. Artık eskisi gibi tepki vermemize gerek kalmıyordu. Çocuklar, yanlış şeylerden çok doğru şeyler yapıyorlardı. Bütün bunlar yaptıkları her yanlışı kıyasıya eleştirmek yerine, çocuklarda görülen en küçük bir gelişimi övmenin sonucuydu.

Bu, işte de işe yarar. Kaliforniya'dan Keith Roper aynı ilkeyi firmasında uyguluyordu. Bir gün kendisine son derece kaliteli basılmış bir iş getirildi. Bunları basan işçi işinde henüz yeniydi ve uyum sağlamakta güçlük çekiyordu. Şefi onun tavırlarını çok olumsuz buluyor ve işine son vermeyi düşünüyordu.

Bu durum Bay Roper'a bildirildiğinde, kendisi bizzat matbaaya gidip bu genç adamla görüştü. Ona yaptığı işten ne kadar memnun kaldığını, bunun o güne dek o matbaada çıkartılan en iyi iş olduğunu söyledi. Genç adamın firmaya katkılarının ne kadar büyük olduğunu anlattı.

Sizce bunlar o genç baskıcının firmaya karşı tavırlarını etkiledi mi? Birkaç gün içinde her şey değişti. İşçi, diğer çalışanlara bu konuşmayı anlattı ve o günden sonra da sadık, fedakâr bir işçi oldu.

Bay Roper'ın yaptığı şey sadece çalışanını övüp ona "Hiç fena değilsin," demek değildi. O işçinin yaptığı işin hangi açılardan diğerlerinden üstün olduğunu anlatmış, sıradan sözler etmemiş, bu da övgüyü karşıdaki kişi açısından anlamlı kılmıştı. Herkes övülmekten hoşlanır; ama övgü açık ve net olur ve yalnızca karşısındaki kişinin kendini iyi hissetmesini sağlamak için söylenmediğini belli ederse çok daha etkili ve içten olur.

Unutmayın; hepimiz övülmek ve takdir görmek isteriz, bunun için de her şeyi yaparız. Ancak hiçbirimiz yapmacık övgülerden ve yağcılıktan hoşlanmayız.

Bir kez daha tekrarlayayım: Bu kitaptaki ilkeler ancak gönülden uygulanırlarsa işe yararlar. Ben size hileler öğretmeye çalışmıyorum. Yeni bir yaşam biçiminden söz ediyorum.

İnsanları değiştirmekten söz ediyorduk. Eğer iletişime geçtiğimiz insanları sahip oldukları gizli cevherleri keşfetmeye yönlendirirsek, onların çok daha fazla değişmelerini sağlayabiliriz, hatta onları dönüştürebiliriz.

Abartıyor muyum? O halde Amerika'nın en ünlü psikolog ve düşünürlerinden biri olan William James'in sözlerine kulak verin:

"Aslında bizler olmamız gerekenin yarısı kadar uyanığız. Fiziksel ve zihinsel kaynaklarımızın ancak küçük bir bölümünü kullanıyoruz. İnsanlar kendi sınırları içinde yaşıyorlar. Oysa herkes kullanmamayı alışkanlık haline getirdiği pek çok güce sahip."

Evet, bu satırları okuyan sayın okuyucum, siz de kullanmamayı alışkanlık haline getirdiğiniz pek çok güce sahipsiniz. Bunlardan biri de insanları övme ve onları sahip oldukları olanakları keşfetmeye yöneltme konusunda elinde de bulundurduğunuz sihirli gücünüz.

Eleştiriler yetenekleri soldurur, cesaret ise onların çiçek açmasını sağlar.

Daha etkin bir lider olmak istiyorsanız, işte bir kural daha:

ALTINCI PRENSİP

En küçük bir gelişmeyi bile övün. Beğenilerinizde içten, övgülerinizde cömert olun.

VII

KARŞINIZDAKİNE KORUMAK İSTEYECEĞİ BİR ÖZELLİK YAKIŞTIRIN

Çok iyi bir çalışanınızın işleri savsaklamaya başladığını görürseniz ne yaparsınız? Onu kovabilirsiniz, ama bu hiçbir şeyi çözmez. Onu azarlayabilirsiniz, ama bu kez de ters tepki alırsınız. Indiana Lowell'da büyük bir kamyon firmasının yöneticisi olan Henry Henke'in de yaptığı işler giderek daha az tatmin edici hale gelen bir teknisyeni vardı. Bay Henke bu teknisyeni azarlamak ya da tehdit etmek yerine onu ofisine çağırdı ve içtenlikle konuştu.

"Bill," dedi, "sen iyi bir teknisyensin. Yıllardır bu işte çalışıyorsun. Pek çok aracı tamir ettin ve müşteriler çok memnun kaldı. Yaptığın işlerle ilgili övgüler aldık. Ancak son zamanlarda elindeki işlerin bitmesi çok zaman alıyor ve bu işler senin standartlarına uymuyor. Geçmişte çok daha iyi bir teknisyen olduğun için, bu durumun beni pek de hoşnut etmediğini bilmeni istedim. Sanırım bu sorunu çözmek için bir şeyler yapmalıyız."

Bill görevini gerektiği gibi yapmadığının farkında olmadığını, önüne gelen işlerin onun üstesinden gelemeyeceği şeyler olmadığını söyleyerek daha iyi olmaya çalışacağına söz verdi.

Bunu yaptı mı? Yaptığından kesinlikle emin olabilirsiniz. Yeniden hızlı ve başarılı bir teknisyen oldu. Bay Henke'in verdiği örnek kendisiydi ve onun da geçmişte olduğu gibi iyi bir teknisyen olmaya çalışmaktan başka yapabileceği bir şey yoktu.Baldwin lokomotif fabrikasının başkanı Samuel Wouclaim şöyle diyordu: "Sıradan bir insanın saygısını kazanırsanız, siz de ona saygı duyduğunuzu gösterirseniz, onu kolayca yönlendirebilirsiniz."

Kısacası, birinin bir konuda gelişmesini istiyorsanız, ona zaten bu özelliğe sahipmiş gibi davranın. Shakespeare, "Bir erdem sizde yoksa bile varmış gibi davranın," der. Karşıdaki kişiye de sahip olmasını istediğiniz bir özelliğe sahipmiş gibi davranmanız iyi olabilir. Önüne ulaşması gereken bir özellik koyun, buna sahip olmak için harcadığı çaba karşısında hayrete düşeceksiniz.

Georgette Leblanc, *Souvenirs, My Life With Maeterlinck* (Anılar, Maeterlinck'le Hayatım) adlı kitabında Belçikalı Cinderalla'nın yaşadığı şaşırtıcı değişimi şöyle anlatmaktadır:

"Çevredeki otellerden birinde çalışan hizmetçi kız yemeklerimi getiriyordu. Ona 'Bulaşıkçı Marie' diyorlardı, çünkü işe bulaşıkçı yardımcısı olarak başlamıştı. Şaşı gözlü, çarpık bacaklı, ruhu da vücudu da güzel olmayan bir kızdı.

"Bir gün makarna tabağımı elinde tutarken ona, 'Marie, sen kendinde gizli olan cevherin farkında değilsin,' dedim.

Marie duygularını gizlemeye alışmıştı. Bir felakete yol açabilecek hiçbir hareket yapmamaya çalışarak birkaç dakika bekledi. Sonra tabağı masaya bıraktı, içini çekti ve üzgün

üzgün, 'Madam, buna inanamam," dedi. Hiç kuşkusu yoktu, hiç soru sormadı. Mutfağa gitti, oradakilere söylediklerimi tekrarladı ve Tanrı'nın bir lütfu olarak hiç kimse onunla alay etmedi. O günden sonra onunla daha fazla ilgilenmeye başladılar. Fakat en büyük değişiklik Marie'nin kendisinde oldu. Gizli kalan pek çok güzelliği olduğuna inanmaya başlayan Marie, yüzüne ve vücuduna dikkat etmeye başladı. Sonunda gençliğinin ateşi parladı ve onun sıradanlığını biraz alçakgönüllü bir halde de olsa örttü.

"İki ay sonra şefin yeğeniyle evlenmek üzere olduğunu açıkladı. 'Ben bir hanımefendi olacağım!' diyerek teşekkür etti bana. Küçücük bir söz tüm hayatını değiştirmişti."

Georgette Leblanc'ın önüne koyduğu hedef, bulaşıkçı Marie'nin tüm hayatını değiştirmişti gerçekten.

Florida'da bir yiyecek firmasının satış temsilcisi olan Bill Parker firmanın yeni ürünleri nedeniyle büyük bir heyecan duyuyordu. Ancak büyük bir marketin yöneticisinin bu ürünleri satmayı reddetmesi onu çok üzmüştü. Bill bütün gün bu tepkiyi düşündü ve akşam eve giderken markete bir kez daha uğrayıp şansını yeniden denemeye karar verdi.

"Jack," dedi, "sabahtan beri sana yeni ürünlerimizi yeterince tanıtamadığımı düşünüyorum. Gözden kaçırdığım bazı noktaları anlatmam için bana biraz zaman ayırırsan sevinirim. Sen iyi bir dinleyicisindir ve gerektiği zaman yapılacak değişikliklere açık olduğunu da biliyorum."

Bu durumda Jack onu dinlemeyi reddedebilir miydi? Bu övgüden sonra elbette hayır.

Dublin'de bir diş doktoru olan Dr. Martin Fitzhugh, bir gün hastalarından birinin koltuğun yanındaki metal bardak tutacağının temiz olmadığını söylemesi üzerine şok geçirdi. Evet, hasta ağzını kâğıt bardakla çalkalıyordu; ama kullanılan aletlerin pis olması da profesyonelliğe yakışmazdı.

Dr. Fitzhugh hastası gittikten sonra odasına çekildi ve muayenehanesine temizliğe gelen Bridget'e şu notu yazdı:

Sevgili Bridget,

Seni pek sık görmüyorum, o yüzden sana muayenehanemi temizlediğin için bu notla teşekkür etmek istedim. Bu arada haftada iki kez iki saatin yeterli olmayabileceğini düşündüm. Eğer zaman zaman bardak tutacaklarını veya diğer aletleri temizlemek gibi yapman gereken diğer işler için zamana ihtiyacın olursa, yarım saat daha çalışmaktan çekinme. Bu fazladan yarım saatin karşılığını seve seve öderim.

"Ertesi gün muayenehaneme girdiğimde, masamın ve iskemlemin ayna gibi cilalandığını gördüm. Bardak tutacakları da tertemiz yapılmıştı. Temizlikçi kadına yönelttiğim küçücük övgü onun, o zamana dek gösterdiğinden çok daha fazla çaba göstermesini sağlamıştı. Bunun için kaç saat fazla çalışmıştı sizce? Hiç?"

Brooklyn'de dördüncü sınıf öğretmenliği yapan Ruth Hopkins'in ilk gün duyduğu heyecan ve gerginlik birbirine karışmıştı. Okulun en "dile düşmüş" çocuğu Tommy I. onun sınıfındaydı. Tommy'nin üçüncü sınıf öğretmeni, müdireye ve bütün arkadaşlarına onu şikâyet etmişti. Tommy hep tembeldi hem de sınıfta disiplin problemi yaratıyordu. Oğlanlarla kavga ediyor, kızlara sataşıyor, öğretmene kaba davranıyor, büyüdükçe de daha kötü oluyordu. Olumlu tek özelliği çok çabuk öğrenmesi ve ödevlerini kolayca yapabilmesiydi.

Bayan Hopkins, "Tommy sorunuyla" hemen yüzleşmeye karar verdi. Yeni öğrencileriyle tanışırken hepsini birer birer övdü. "Rose, elbisen ne güzel!" "Alice, senin çok güzel resim yaptığını duydum," gibi şeyler söyledi.

Sıra Tommy'ye geldiğinde onun gözlerinin içine baktı ve "Tommy senin doğuştan bir lider olduğunu görüyorum," dedi. "Bu yıl bu sınıfı en iyi sınıf yapmak için sana ihtiyacım olacak sanırım." Daha sonraki birkaç gün Tommy'nin her yaptığı şeyi övdü ve onun ne kadar iyi bir öğrenci olduğunu gösterdiğini söyledi. Çocuk kendisine yakıştırılan özelliği korumak istedi. Dokuz yaşındaki bir çocuk bile böyle bir durumda öğretmenini hayal kırıklığına uğratmak istemezdi. Tommy de uğratmadı zaten.

Zorlu liderlik rolünün üstesinden gelmek ve diğer tavır ve davranışlarını değiştirmek istiyorsanız, bu prensibi uygu layın:

YEDİNCİ PRENSİP

Karşınızdaki kişiye korumak isteyeceği bir özellik yakıştırın.

VIII

HATALARIN KOLAYCA DÜZELTİLEBİLECEKMİŞ GİBİ GÖRÜNMESİNİ SAĞLAYIN

Kırk yaşlarında bekâr bir arkadaşım nişanlandı ve nişanlısı onu dans dersleri almaya ikna etti. "Tanrı biliyor, bu derslere ihtiyacım vardı," dedi arkadaşım daha sonra bana öyküsünü anlatırken. "Çünkü hâlâ yirmi yıl önce dans etmeye başladığım zamanki gibi dans ediyordum. İlk hocam bunu bana söyledi. Yaptığım her şeyin yanlış olduğunu, bildiğim her şeyi unutup baştan başlamam gerektiğini açıkladı. Ancak bunlar benim hevesimi kırdı. Artık derslere devam etmek için azmim de kalmamıştı. Dersi bıraktım.

"Bir sonraki hocam belki de yalan söylüyordu, ama bundan hoşlandım. Bana biraz eski moda dans ettiğimi, ancak temel kuralları bildiğimi, birkaç yeni adım öğrendikten sonra hiçbir sorunumun kalmayacağını söyledi. İlk hoca hatalarımın üzerinde durarak cesaretimi kırmıştı. Bu hoca ise tam tersini yaptı. Doğru yaptığım şeyleri sürekli överek hatalarımı en aza indirdi. 'Sizde doğuştan bir ritm duygusu var,' diyordu. 'Siz doğuştan şanslısınız. 'Aslında sağduyum bana hep dördüncü sınıf bir dansçı olduğumu, hep de öyle kalacağımı söylüyordu ama kalbimin derinliklerinde hâlâ hocanın söylediği şeylerin doğru olduğunu düşünmekten çok hoşlanıyordum. İşin doğrusu ona bunları söylemesi için para veriyordum; ama bunları düşünmenin ne anlamı vardı?

"Ne olursa olsun, artık onun bana doğuştan bir ritm duygumun olduğunu söylemesinden sonra daha iyi dans etmeye başladığımı biliyordum. Bu beni yüreklendiriyordu. Bana umut veriyordu. Daha iyisini yapmak istiyordum."

Çocuğunuza, eşinize ya da bir çalışanınıza herhangi bir konuda çok beceriksiz olduğunu, aptallık ettiğini, bunun için hiç yeteneği olmadığını, her şeyi yanlış yaptığını ve mahvettiğini söylerseniz bütün cesaret ve azminin kaybolmasına neden olursunuz. Ancak tam tersi bir teknik uygularsanız, onu yüreklendirirseniz, yapacağı şeyin ne kadar kolay olduğunu, onun bu konudaki yeteneğine inandığınızı gösterirseniz, bunu yapmak için elinden gelen çabayı sarf edeceğini görürsünüz.

İnsan ilişkileri konusunda gerçekten usta olan Lowell Thomas da bu tekniği uyguluyordu. İnsanlara güven ve cesaret veriyordu. Örneğin, ben de bir hafta sonunu Bay ve Bayan Thomas ile geçirmiştim. Cumartesi gecesi çıtır çıtır yanan şöminenin önünde dostça bir briç partisine davet edildim. Briç mi? Hayır, hayır, hayır! Bu hiç bana göre değildi. Ben briçten hiç anlamazdım. Briç benim için gizemli bir kutu gibiydi. Hayır, imkânsızdı bu!

"Ama Dale, briçin zor bir yanı yok ki!" dedi Lowell. "İhtiyacın olan tek şey hafıza ve karar verme gücü. Sen hafıza konusunda makaleler yazmış adamsın. Briç senin için çocuk oyuncağı. Kolayca öğreneceğinden eminim."

Neler olup bittiğini anlamadan kendimi briç masasında buldum. Bunun tek nedeni ise bu oyun için doğuştan yeteneğimin olduğunun söylenmesi ve oyunun çok kolay bir şeymiş gibi gösterilmesiydi.

Briçten söz edince, aklıma briç konusunda yazdığı kitaplar pek çok dile çeviren ve bir milyondan fazla satan Elly Culbertson geldi. Culbertson bana, genç bir kadın ona bir oyun için doğuştan yetenekli olduğunu söylemese, briç dersi vermenin aklına bile gelmeyeceğini söylemişti. Culbertson, 1922 yılında Amerika'ya geldiğinde felsefe veya sosyoloji öğretmenliği yapmaya çalışmış, ama başaramamıştı. Sonra kömür satmaya kalkışmış, bunu da yapamamıştı. Kahve satma girişimi de başarısızlıkla sonuçlanmıştı.

O günlerde de briç oynuyordu, ama bir gün briç dersleri vermeye başlayacağını hiç düşünmüyordu. Hem kötü bir oyuncuydu hem de çok inatçıydı. Öyle çok soru soruyordu ki hiç kimse onunla oynamak istemiyordu.

Sonra Josephine Dillon adlı güzel bir briç oyuncusuyla tanışmış, ona âşık olmuş ve evlenmişti. Josephine onun kartları nasıl gözlemlediğini görmüş ve onu bu oyun için gerçek bir dehaya sahip olduğuna ikna etmişti. Bu sözler Culbertson'ı yüreklendirmiş ve briç konusunda uzmanlaşmasını sağlamıştı.

Ohio, Cincinnati'deki kursumuzun eğitimcilerinden Clarence M. Jones yüreklendirmenin, hataları kolayca düzeltilebilecekmiş gibi göstermenin oğlunun hayatını nasıl değiştirdiğini anlatmıştı.

"1970 yılında, o zamanlar on beş yaşında olan oğlum David benimle birlikte yaşamak için Cincinnati'ye gelmişti. O güne kadar yaşamı oldukça zorlu geçmişti. 1958'de bir trafik kazasında kafası yarılmış, alnında çok kötü bir yara izi kalmıştı. 1960 yılında annesi ve ben boşandık. David annesiyle birlikte Dallas'a gitti. On beş yaşına kadar yavaş öğrenen çocuklar için açılan özel sınıflarda ders gördü. Sanırım o yara yüzünden, okul müdürleri onun beyninin de zedelenmiş olabileceğini, normal bir sınıfta başarılı olamayacağını düşünüyorlardı. David kendi yaş grubunun iki yıl gerisinde, hâlâ yedinci sınıftaydı. Hâlâ çarpım tablosunu bilmiyor, parmak hesabı yapıyor ve güçlükle okuyabiliyordu.

"Bir tek olumlu şey vardı. David radyo ve televizyonla uğraşmayı çok seviyordu. Onu bu konuda destekledim ve bunun için matematiği iyi bilmesi gerektiğini söyledim. Ona bu konuda yardım etmeye karar verdim. Dört takım kart hazırladık; toplama, bölme, çarpma ve çıkarma kartları. Kartları teker teker gözden geçiriyor. David'in doğru cevap verdiklerini ayırıyorduk. Yanlış cevap verdiğinde ben doğrusunu söylüyor, kartı yeniden destenin arasına koyuyordum. Elimizde hiç kart kalmayana kadar devam ediyorduk. Verdiği her doğru cevap için David'i övüyordum. Her gece elimize bir saat alıp bunu tekrarlıyorduk. Oğluma sekiz dakika içinde bütün sorulara doğru yanıt verdiğinde bu alıştırmayı bırakacağımıza söz verdim. Bu David'e imkânsız görünüyordu. Önce 52 dakikada cevap veriyordu; sonra bu süre 48'e, sonra 45'e, 44'e, 41'e ve sonunda 40'a indi. Süredeki her kısalmayı kutluyorduk. Eski karımı çağırıyordum. David'i kucaklıyor, dans ediyorduk. O ayın sonunda David sorulara sekiz dakikadan daha az bir süre içinde cevap vermeye başlamıştı. En küçük bir gelişme kaydettiğinde bunu tekrar yapmak istiyordu. Öğrenmenin çok kolay ve eğlenceli olduğunu keşfetmişti.

"Doğal olarak cebir notları yükselmişti. Çarpma bilince cebirin ne kadar kolaylaştığını görmek çok eğlencelidir. David matematikten B alarak kendisini bile şaşırttı. Daha önce hiç böyle bir şey olmamıştı. İnanılmaz bir hızla başka değişiklikler de olmaya başladı. David artık daha hızlı okuyor, çok güzel resimler yapıyordu. O yıl fen öğretmeni oğluma bir ödev verdi. Oğlum da kaldıraçların nasıl çalıştığını gösteren bir maket yapmayı tercih etti. Bunun için hem çok güzel resim ve model yapmak, hem de matematiği iyi bilmek gerekiyordu. Bu maket okulda birincilik, Cincinnati'deki okullar arasında da üçüncülük ödülünü aldı.

"Bu, okulda iki yıl kaybeden, beyninin zarar gördüğü, Frankenstein'a benzediği ve beyninin kafasındaki yarıktan akıp gittiği söylenen çocuktu. Ama o da sonunda öğrenebildiğini ve başarılı olabileceğini keşfetmişti. Sonuç? Sekizinci sınıftan sonra adı hep okulun listesinde yer aldı. Lisede ulusal şeref komitesine seçildi. Kısacası, öğrenmenin ne kadar kolay olduğunu gördükten sonra tüm hayatı değişti."

İnsanların kendilerini geliştirmelerini istiyorsanız, şunu unutmayın.

SEKİZİNCİ PRENSİP

İnsanları yüreklendirin. Hataların kolayca düzeltilebilecekmiş gibi görünmesini sağlayın.

IX

İNSANLARIN İSTEKLERİNİZİ SEVE SEVE YERİNE GETİRMELERİNİ SAĞLAMAK

1915 yılında Amerika dehşet içindeydi. Avrupa ulusları bir yıldır, insanlık tarihinde benzeri görülmemiş bir vahşetle birbirlerini katlediyorlardı. Barış sağlanabilecek miydi? Kimse bilmiyordu. Ancak Woodrow Wilson denemeye kararlıydı. Avrupalı komutanlarla görüşmek üzere özel bir temsilci, bir barış elçisi göndermeye karar verdi.

Eyalet sekreteri, barış savunucusu William Jennings Bryan bu göreve talipti. Böylece büyük bir hizmeti yerine getirecek ve adını ölümsüzleştirecekti. Fakat Wilson bir başkasını, yakın arkadaşı ve danışmanı olan Albay Edward M. House'u görevlendirdi. Bu kötü haberi, Bryan'a onu incitmeden verme görevi de House'a düştü.

"Avrupa'ya barış elçisi olarak benim gideceğimi öğrenince Bryan büyük bir hayal kırıklığına uğradı," diyor Albay House anı defterinde. "Bunu kendisinin yapacağını düşündüğünü söyledi."

"Ona başkanın bu işin resmen yapılmasının akıllıca olmayacağını, onun gitmesinin çok dikkat çekeceğini ve insanların onun neden orada bulunduğunu merak edeceğini düşündüğünü söyledim."

Burada söylemek isteneni anlayabiliyor musunuz? House, Bryan'a bu iş için fazlasıyla önemli biri olduğunu söylüyordu. Bryan da tatmin olmuştu.

Hayat konusunda engin deneyimlere sahip olan Albay House insan ilişkilerinin en önemli kurallarından birini uygulamıştı: "Karşınızdaki kişinin önerdiğiniz şeyi seve seve kabul etmesini sağlayın."

Woodrow Wilson, William Gibbs McAdoo'yu kabine üyelerinden biri olmaya davet ederken de aynı politikayı uygulamıştı. Bu aslında büyük bir onurdu; ama Wilson daveti öyle bir şekilde yaptı ki McAdoo öyküyü şöyle anlatıyor: "Wilson Bakanlar Kurulu'nu oluşturmak üzere olduğunu ve Hazine Bakanlığı görevini kabul edersem çok memnun olacağını söyledi. İfadesi çok hoştu; benim bu onurlu görevi kabul ederek kendisine iyilik yapmış olacağım etkisini yaratmaya çalışıyordu."

Ne yazık ki Wilson her zaman bu kadar nazik davranmıyordu. Davransaydı, tarih çok daha farklı olurdu. Örneğin Wilson'ın ABD'yi Milletler Cemiyeti'ne sokması Senato'yu da Cumhuriyetçi Parti'yi de memnun etmedi. Wilson Elihu Root, Charles Evans Hughes ve Henry Cabot Lodge gibi önemli Cumhuriyetçi liderleri barış konferansına beraberinde götürmeyi reddetti. Bunun yerine kendi partisinden tanınmamış adamları götürdü. Cumhuriyetçileri bir köşeye itti; onların Milletler Cemiyeti fikrinin kendisi kadar onların da fikri olduğunu düşünmelerini, pastadan pay almalarını engelledi. İnsan ilişkileri konusundaki bu yanlış tutumu onun kendi kariyerini de mahvetti, sağlığını bozdu, ömrünü kısalttı ve Amerika'nın Milletler Cemiyeti'nin dışında kalmasına neden olarak dünya tarihinin akışını değiştirdi.

İnsanların isteklerinizi seve seve yerine getirmelerini sağlama yaklaşımı sadece diplomatlara ve devlet adamlarına özgü değildir. Indiana'dan Dale O. Ferrier, çocuklarından birini kendisine verilen görevi yerine getirmeye nasıl ikna ettiğini anlatıyor.

"Jeff'in görevlerinden biri, armut ağacının altına düşen armutları çimleri biçen işçinin durup toplamak zorunda kalmaması için toplamaktı. Jeff bu işten hiç hoşlanmıyordu ve işini öyle baştan savma yapıyordu ki işçi onun bıraktığı armutları toplamak zorunda kalıyordu. Onu azarlamak yerine, bir gün şöyle dedim. 'Jeff, seninle bir anlaşma yapalım. Armutlarla dolu bir sepet için sana bir dolar ödeyeyim. Ama işin bittikten sonra bahçede bulacağım her armut için de bir dolar geri alayım. Var mısın?" Sizin de tahmin edeceğiniz gibi Jeff bahçede tek bir armut bırakmadı. Ama ben de onun sepeti doldurmak için ağaçtan armut koparmasını engellemek için gözümü üstünden ayırmadım."

Aldığı birçok konuşma davetini, bu davet yakın dostlarından ya da manevi değeri olan kişilerden gelse bile reddetmek zorunda kalan birini tanıyorum. Ama o bunu öyle büyük bir ustalıkla yapıyordu ki reddedilen kişi kırgınlık duymuyordu. Bunu nasıl başarıyordu? Elbette çok meşgul olduğunu söyleyerek değil. Davetten onur duyduğunu, kabul edemediği için gerçekten çok üzgün olduğunu söyledikten sonra yerine bir başka konuşmacı öneriyordu. Bir başka deyişle karşısındaki kişiye reddedildiği için üzülecek zaman bırakmıyordu. O kişinin düşüncelerinin hemen bu diğer konuşmacı üzerinde yoğunlaşmasını sağlıyordu.

Almanya'da kurslarımıza katılan Gunter Schmidt başında bulunduğu markette çalışan ve malların bulunduğu raflara yapışması gereken etiketleri karıştırarak müşterilerin şikâyet etmesine neden olan bir işçisinden söz etmişti. Hatırlatmalar, uyarılar ve azarlamalar işe yaramıyordu. Sonunda Bay Schmidt onu ofisine çağırmış, kendisini marketin etiketleme sorumlusu yaptığını ve etiketlerin raflara doğru olarak yapıştırılmasının onu görevi olduğunu söylemişti. Bu yeni sorumluluk ve unvan işçinin tutumunu tamamen değiştirmiş, görevini başarıyla yerine getirmesini sağlamıştı.

Sizce çocukça mı? Belki de. Ama Onur Nişanı'nı yaratıp 15.000 askerine dağıttığında generallerinin on sekizini "Fransa Mareşali" yaptığında ve birliklerine "Muhteşem Ordu" adını verdiğinde Napoleon'a da aynı şey söylenmişti. Savaşın sertleştirdiği askerlere "oyuncak" dağıtmakla suçlanan Napoleon'un cevabı şu olmuştu: "İnsanları oyuncaklar yönetir."

Napoleon'un çok işine yarayan unvan ve otorite verme tekniği sizin de işinize yarayacaktır. Örneğin New York'tan dostum Bayan Ernest Gent bahçesine zarar veren çocuklardan şikâyetçiydi. Çocukları eleştirmiş, azarlamıştı. Ama hiçbiri işe yaramamıştı. Sonunda çocuklardan en yaramazına bir unvan ve yetki vermeye karar vermişti. Onu "dedektif yapmış ve görevinin yabancıları bahçesinden uzak tutmak olduğunu söylemişti. Böylece problemini çözmüştü. Dedektif, arkada küçük bir ateş yakıp demir bir çubuğu kıpkırmızı olana kadar ısıtmış, bahçeye yaklaşmak isteyen çocukları bununla tehdit etmişti.

Etkin bir lider bir tutum veya davranışı değiştirmek istediğinde şu önerileri aklında tutmalıdır.

1. Dürüst olun. Yapamayacağınız şeyler için söz vermeyin. Kendi çıkarlarını zı bir tarafa bırakıp karşınızdaki kişinin çıkarları üzerinde yoğunlaştırın.
2. Karşınızdaki kişinin ne yapmasını istediğiniz konusunda emin olun.
3. Anlayışlı olun. Karşınızdaki kişinin ne istediğini anlamaya çalışın.
4. Karşınızdaki kişinin sizin istediğiniz şeyden ne çıkar sağlayacağını düşünün.
5. Bu çıkarları karşınızdaki kişinin istekleriyle bağdaştırın.
6. İsteğinizi karşınızdaki kişinin kendisinin de bundan yarar sağlayacağını düşüneceği şekilde dile getirin. Şöyle bir emir verebilirsiniz: "John, yarın bazı müşteriler gelecek ve deponun temizlenmesi gerek. Depoyu süpür, malları raflara yerleştir, tezgâhı da parlat." Ya da aynı isteği, John'un bu işten kendisinin de çıkar sağlayacağını düşüneceği şekilde ifade edebilirsiniz: "John, hemen yapmamız gereken bir iş var. Eğer bunu şimdi yaparsak, daha sonra yapmaktan kurtuluruz. Yarın birkaç müşteri getireceğim. Depoyu görmelerini istiyorum, ama depo şu an çok kötü bir durumda. Eğer orayı süpürür, malları raflara yerleştirir, tezgâhı parlatırsan hem iyi çalıştığımızı kanıtlar, hem de firmamızın iyi bir etki bırakması konusunda üzerine düşen görevi yerine getirmiş olursun."

Bunları duyan John isteğinizi seve seve yerine getirir mi? Belki çok da seve seve yapmaz; ama bunun onu onun çıkarlarını dile getirmeden verdiğiniz emirden daha hoşnut edeceği kesin. John deponun görünümüyle gurur duyarsa ve firmanın imajıyla ilgileniyorsa size daha çok yardımcı olacaktır. Ayrıca böylece John'un bu işi hemen yapması halinde, daha sonra bununla uğraşmak zorunda kalmayacağını belirtmiş olursunuz.

Bu yaklaşımı her kullandığınızda karşınızdaki kişiden olumlu tepki alacağınızı düşünmek fazla iyimserlik olur. Ama pek çok kişinin yaşadığı deneyimler bu ilkeleri uyguladığınızda karşınızdaki kişinin tavrını değiştirme olasılığının çok daha yüksek olduğunu gösteriyor. Başarınızı yüzde on artırsanız bile, bu eskisine oranla yüzde on daha etkin bir lider olduğunuzu gösterir ki bu da sizin yararınızadır.

Aşağıdaki prensibi uygularsanız insanlar isteklerinizi daha kolayca yerine getireceklerdir.

DOKUZUNCU PRENSİP

İnsanların isteklerinizi seve seve yerine getirmelerini sağlayın.

DÖRDÜNCÜ BÖLÜMÜN ÖZETİ
LİDER OLMAK

Bir liderin görevi genellikle insanların tutum ve davranışlarını değiştirmektir. İşte bazı öneriler:

BİRİNCİ PRENSİP

Konuşmaya içten bir övgü ve iltifatla başlayın.

İKİNCİ PRENSİP

İnsanlara hataları dolaylı yollardan anlatarak gösterin.

ÜÇÜNCÜ PRENSİP

Karşınızdaki insanı eleştirmeden önce kendi hatalarınızdan söz edin. Yani iğneyi kendinize, çuvaldızı başkasına batırın.

DÖRDÜNCÜ PRENSİP

Emir vermek yerine sorular sorun.

BEŞİNCİ PRENSİP

Gerçek bir liderseniz, kimsenin hatasını yüzüne vurmayın.

ALTINCI PRENSİP

En küçük bir gelişmeyi bile övün. Beğenilerinizde içten, övgülerinizde cömert olun.

YEDİNCİ PRENSİP

Karşınızdaki kişiye korumak isteyeceği bir özellik yakıştırın.

SEKİZİNCİ PRENSİP

İnsanları yüreklendirin, hataların kolayca düzeltilebilecek gibi görünmesini sağlayın.

DOKUZUNCU PRENSİP

İnsanların isteklerinizi seve seve yerine getirmelerini sağlayın.

BAŞARIYA GİDEN YOL

Lowell Thomas

Dale Carnegie hakkındaki bu biyografik bilgi Dost Kazanma ve İnsanları Etkileme Sanatı'nın ilk baskısına önsöz olarak yazılmıştı. Okurlara Dale Carnegie hakkında daha fazla bilgi vermek için bu önsöze bu baskıda yeniden yer veriyoruz.

1935 yılında soğuk bir ocak gecesiydi. Ama hava onları engelleyememişti. İki bin beş yüz kişi New York'taki Pennsylvania Oteli'nin balo salonunu doldurmuştu. Saat yedi buçukta bütün koltuklar doldu. Saat sekizde insanlar akın akın gelmeye devam ediyorlardı. Büyük balkon tıklım tıklım olmuştu. Neredeyse ayakta duracak yer bile kalmamıştı. Uzun, yorucu bir iş gününden sonra insanlar bir buçuk saat ayakta dikildiler. Peki ne görmeyi bekliyorlardı?

Bir moda gösterisi mi?

Altı gün süren bir bisiklet yarışı mı? Yoksa Clark Gable'ı mı?

Hiçbiri değil. Bu insanlar buraya bir gazete ilanı üzerine gelmişlerdi. İki akşam önce New York Sun'da şu tam sayfa ilan gözlerine çarpmıştı:

ETKİN KONUŞMAYI ÖĞRENİN
LİDERLİĞE HAZIRLANIN

Bunun üzerine iki bin beş yüz kişi evinden çıkıp otele hücum etti.

Gelenlerin çoğu ekonomik düzeyi yüksek kişilerdi, yöneticiler, işverenler çoğunluktaydı.

Bu insanlar Dale Carnegie Etkin Konuşma ve İnsan İlişkileri Enstitüsü tarafından verilecek olan "Etkin Konuşma ve İş Dünyasında İnsanları Etkileme" konulu son derece modern ve uygulama alanı geniş kursun açılışına gelmişlerdi.

Peki neden oradaydılar?

Yaşadıkları baskı nedeniyle daha fazla eğitime duydukları açlık yüzünden mi?

Hayır, çünkü bu kurs New York'ta yirmi dört yıldır veriliyordu. Bu süre içinde on beş binden fazla kişi Dale Carnegie tarafından eğitilmişti. Westinghouse Elektrik Firması, McGraw-Hill Yayınevi, Amerika Elektrik Mühendisleri Enstitüsü, New York Telefon Şirketi gibi birçok büyük, tutucu firma bile yöneticilerinin ve elemanların bu dersleri almalarını sağlamışlardı.

Bu insanların okulu bitirdikten on ya da yirmi yıl sonra bu eğitimi almak istemelerinin nedenini eğitim sisteminin eksiklerinde aramak gerekiyordu.

Yetişkinler ne öğrenmek isterler? Bu önemli bir soru ve bu soruyu cevaplamak için Şikago Üniversitesi, Amerika Yetişkin Eğitimi Birliği ve YMCA Okulları iki yıl süren bir araştırma yaptılar.

Bu araştırma yetişkinlerin en çok ilgilendikleri şeyin sağlık olduğunu ortaya koydu. En çok ilgilenilen ikinci konu ise insan ilişkileriydi. İnsanlar diğer insanlarla anlaşabilmek, onları etkilemek istiyorlardı. Toplum karşısında konuşma yapmayı, psikoloji konusunda uzun söylevler dinlemeyi istemiyorlardı. İş hayatında, sosyal ilişkilerinde ve evde hemen uygulamaya geçirebilecekleri önerilere ihtiyaç duyuyorlardı.

Demek yetişkinlerin öğrenmek istediği şey buydu!

"Pekâlâ!" dediler bunun üzerine araştırmayı yapanlar. "Onlar bunu öğrenmek istiyorlarsa, biz de öğretiriz."

Kullanabilecekleri bir kitap aradılar; ama insanlara insan ilişkileri konusunda günlük problemlerini çözmelerini sağlayacak öneriler içeren yazılı bir kaynak olmadığını fark ettiler.

İşte bu çok komikti! Yüzyıllar boyunca insanların hiç de ilgilenmediği konularda pek çok kitap yazılmıştı. Ama insanların bilgiye susadığı, tutkuyla bir şeyler öğrenmek istediği bir konuda hiçbir rehber kitap yoktu.

Bu, iki bin beş yüz insanın bir gazete ilanı üzerine neden Pennsylvania Oteli'ne akın ettiğini açıklıyordu. Uzun süredir aradıkları şeyi bulmuşlardı.

Okulda bilginin finansal açıdan ve iş hayatında her türlü ödülü getireceğine inanarak kitaplara gömülmüşlerdi.

Ancak çetin iş yaşantısı yanılgıları da beraberinde getirdi. Başarılı olan kişilerin bunu bilgilerinin yanı sıra güzel konuşma yeteneklerine düşünce biçimlerine ve kendilerini ve fikirlerini "satabilmelerine" borçlu olduğunu gördüler.

Çok geçmeden, kaptanlık kepini giymek ve gemiyi yönetmek isteyen kişi için kişiliğin ve konuşma yeteneğinin Latince fiil çekimleri bilgisinden daha önemli olduğunu keşfettiler.

New York Sun'daki ilan, toplantının çok eğlenceli geçeceğini vaat ediyordu. Öyle de oldu.

Kursa katılan on sekiz kişi mikrofonun önüne dizildi ve içlerinden on beşine kendi öyküsünü anlatmak için yetmiş beş saniye verildi. Yetmiş beş saniyenin sonunda gong çalıyor, toplantının yöneticisi bağırıyordu. "Vakit doldu! Sıradaki konuşmacı!"

Her şey büyük bir hızla ilerliyordu. Katılımcılar bir buçuk saat süreyle bu gösteriyi izlediler.

Her kesimden konuşmacı vardı; satış temsilcileri, bir marketler zinciri yöneticisi, bir fırıncı, bir ticaret birliğinin başkanı, iki bankacı, bir sigortacı, bir muhasebeci, bir dişçi, bir mimar, Indianapolis'ten gelen bir eczacı, kendini yapacağı üç dakikalık konuşmaya hazırlamak için Havana'dan gelen bir avukat.

İlk konuşmacının adı Patrick J. O'Haire idi. Patrick İrlanda'da doğmuş, sadece dört sene okula gitmişti. Sonra Amerika'ya göç etmiş, önce tamircilik, sonra şoförlük yapmıştı.

Şimdi kırk yaşındaydı. Ailesi gittikçe büyüyordu. Bu yüzden

daha fazla paraya ihtiyaç duymuş ve pazarlamacılık yapmaya başlamıştı. Duyduğu aşağılık kompleksi nedeniyle, yüreği küt küt atarak, ofisin önünde turlar atıyor, kapıyı açacak cesareti toplamaya çalışıyordu. Satıcılık konusunda kendine güveni öylesine azdı ki yeniden bir atölyede ellerini kullanarak çalışmaya başlamayı düşünüyordu. Ta ki bir gün Dale Carnegie Etkili Konuşma Kursu'nun bir toplantısına davet edilene kadar.

Toplantıya katılmak istemedi. Birçok yüksekokul mezunuyla karşılaşacağını ve dışlanacağını düşünüyordu.

Ama iyice umutsuzluğa kapılan karısı ısrar ediyordu. "Belki bir yararı olur, Pet. Tanrı biliyor, buna ihtiyacın var," diyordu. Sonunda Pet toplantının yapılacağı yere gitti. İçeri girecek cesareti toplamadan önce beş dakika kaldırımda dolaştı durdu.

Başkalarının önünde konuşma yapmaya çalıştığı ilk günler büyük bir korku duyuyordu. Ancak haftalar geçtikçe bu korkusunu yendi; hatta konuşmaktan zevk aldığını fark etti. Karşısındaki kalabalık ne kadar büyük olursa, konuşmak o kadar zevkli oluyordu. Artık insanlardan ve kendisinden üstün olduğunu düşündüğü kişilerden de korkmuyordu. Fikirlerini açıkça ortaya koyuyordu. Bir süre sonra firmasının satış departmanının en değerli ve en sevilen elemanlarından biri haline geldi. Pennsylvania Oteli'ndeki o gece Patrick O'Haire iki bin beş yüz kişinin karşısında, başarısının etkileyici öyküsünü anlattı. Seyirciler arasında bir gülme dalgası yayılıyordu. Profesyonel konuşmacılar onun sergilediği performansı sergileyemezlerdi.

Bir sonraki konuşmacı, Godfrey Meyer, saçları ağarmış, on bir çocuk babası bir bankacıydı. Sınıfın önünde ilk konuşma yapacağı gün neredeyse dili tutulmuş, beyni işlemez hale gelmişti. Onun öyküsü liderliğin konuşmayı bilen insanlara özgü olduğunun tipik bir göstergesiydi.

Meyer yirmi beş yıldır Wall Street'te çalışıyor ve New Jersey,

Clifton'da yaşıyordu. Bu süre içinde toplum ilişkilerinde aktif bir rol almamıştı ve yaklaşık beş yüz kişiyi tanıyordu.

Carnegie kurslarına katıldıktan sonra ödemesi gereken vergiyi öğrenmiş ve hiç de mantıklı görünmeyen bu tutar karşısında şaşkınlığa uğramıştı. Normalde evinde oturup öfkelenmesi ya da komşularına gidip yakınması gerekirdi. Bunun yerine şapkasını giyip kasabadaki toplantıya gitti.

Onun ateşli konuşmasını okuyan Clifton halkı, Meyer'i belediyeye girme konusunda teşvik ettiler. Meyer haftalarca bir toplantıdan diğerine koştu ve belediyedeki haksızlıkları anlattı.

O bölgeden doksan altı aday vardı. Oylar sayıldığında, Meyer'in herkesten fazla oy topladığı ortaya çıktı. Neredeyse bir gecede halkın kahramanı olmuştu. Yaptığı konuşmalar sonucunda, yirmi beş yılda edindiğinin seksen katı arkadaş edinmişti.

Ulusal bir besin üreticileri birliğinin başında bulunan üçüncü konuşmacı, yönetim kurulu toplantılarında ayağa kalkıp düşüncelerini ifade etmekte güçlük çektiğini anlattı.

Ayakları yere basar şekilde düşünmeyi öğrendikten sonra son derece şaşırtıcı iki şey olmuştu. Kısa sürede birliğin başkanı seçilmiş ve tüm ABD çapında toplantılar düzenlemekle görevlendirilmişti. Konuşmalarından alıntılar tüm ülkede basılan dergi ve gazetelerde yayımlanıyordu.

Etkili konuşmayı öğrendikten sonra, iki yıl içinde, firmasının ve ürünlerinin tanıtımını, reklam için çeyrek milyon dolar harcarken yaptığından daha iyi bir şekilde yapmaya başlamıştı. Eskiden Manhattan'daki önemli işadamlarına telefon edip onları yemeğe davet etmekte tereddüt ettiğini itiraf ediyordu. Ama yaptığı konuşmanın ona kazandırdığı prestij sonucu, bu insanlar ona telefon edip yemek davetinde bulunmaya ve zamanını aldıkları için özür dilemeye başlamışlardı.

Konuşmayı bilmek, başarıya giden en kestirme yoldur. İnsanın ilgi çekmesini, diğer insanların arasında başını dik tutmasını sağlar. Diğer insanlara kendini dinletip kabul ettirebilen kişi, amaçladığı şeyin yarısını başarmış demektir.

Yetişkin eğitimi hareketi giderek tüm ülkeye yayılıyor. Bu konuda en göze çarpan kişi de yetişkinlerin konuşmalarını herkesten çok dinleyen ve eleştiren Dale Carnegie. Onun 150.000 konuşma dinlediği söyleniyor. Bu rakam size yeterince etkileyici gelmiyorsa, bunun Kolomb'u Amerika'yı keşfettiği tarihten bu yana her gün bir konuşma dinlemek demek olduğunu düşünün. Ya da başka bir deyişle, herkesin üçer dakika konuştuğunu varsayarsak Carnegie'nin on ay boyunca gece gündüz konuşma dinlediğini söyleyebiliriz.

Dale Carnegie'nin keskin kontrastlarla dolu kendi kariyeri de insanın orijinal bir fikre ve yeterli coşkuya sahip olması halinde pek çok şeyi başarabileceğini çarpıcı bir biçimde ortaya koyuyor.

Carnegie tren yoluna on mil uzaklıkta bir Missouri çiftliğinde dünyaya gelmiş, on iki yaşına dek araba görmemişti. Kırk altı yaşına geldiğinde ise Hong Kong'dan Hemmerferst'e kadar dünyanın hemen her köşesini gezmiş, Kuzey Kutbu'na bile yaklaşmıştı.

Bir zamanlar saati beş sente çilek toplayıp ot yolan bu çiftlik çocuğu, kendini ifade etme sanatı kuruluşlarının en çok kazanan yöneticilerinden biri oldu.

Bir zamanlar sığır güdüp çit diken bu çocuk kraliyet ailesinin önünde konuşmalar yaptı.

Bir zamanlar topluluk önünde konuşmayı bir türlü beceremeyen bu çocuk, daha sonra benim yöneticim oldu. Başarımın büyük bölümünü Dale Carnegie'den aldığım eğitime borçluyum.

Carnegie, eğitim görmek için büyük bir mücadele vermek

zorunda kalmıştı, çünkü talihsizlikler Missouri çiftliğinin peşini bir türlü bırakmıyordu. "102" Nehri taşmış, mısırları mahvetmişti. Hayvanların büyük kısmı koleradan ölmüştü. Banka borçlar yüzünden onları sıkıştırıp duruyordu.

Çaresizlik içinde kalan aile varını yoğunu satıp Missouri, Warrensburg'daki Öğretmenler Koleji'ne yakın bir yerde başka bir çiftlik aldı. Kasabada günlüğü bir dolara pansiyon bulunabiliyordu, ama Carnegie'nin bunu karşılaması olanaksızdı. Bu yüzden çiftlikte kalıyor, her gün at sırtında üç mil kat ederek okula gidiyordu. Evde de ineklere bakıyor, odun kesiyor, domuzları besliyor, bir gaz lambasının ışığında gözleri iyice yanmaya başlayıncaya kadar Latince çalışıyordu.

Yatacağı zaman saati üçe kuruyordu. Babası Duroc-Jer-sey domuzları besliyordu. Yavru domuzlar soğuk kış gecelerinde donma tehlikesiyle karşı karşıya olduklarından onları bir sepetin içinde sobanın arkasına yerleştiriyorlardı. Yavruların gece saat üçte yemek yemeleri gerekiyordu. Bu yüzden saat çalınca Carnegie sıcacık yatağından kalkıyor, sepeti anne domuza götürüyor, onun yavrularını beslemesini bekliyor, tekrar sepeti alıp mutfağa dönüyordu.

Öğretmenler Koleji'nde altı yüz öğrenci vardı ve Dale Carnegie pansiyonda kalma olanağı olmayan yarım düzine öğrenciden biriydi. Çiftliğe atla dönecek ve her gece inekleri sağmak zorunda kalacak kadar yoksul olmaktan utanıyordu. Kendisine dar ve kısa gelen palto ve pantalonundan utanıyordu. Tam aşağılık kompleksine kapılmaya başlamıştı ki başarıya giden yolu aramaya başladı. Okulda bazı grupların büyük bir etki ve prestije sahip olduğunu gördü, bunlar futbol ve basketbol oyuncuları ile münazara ve toplum önünde konuşma yarışmalarına katılan gruplardı.

Carnegie spora ilgisinin olmadığını biliyordu. Bu yüzden

konuşma yarışmalarının birini kazanmaya karar verdi. Aylarca çalışarak konuşmalarını hazırladı. Atın üzerinde giderken, inekleri sağarken, balyaları toplarken, kısacası tüm gün boyu hararetli hararetli prova yapıyordu; onun hareketlerini gören güvercinler ürküp kaçıyorlardı.

Ama bütün çalışmalarına karşın yenilmekten kurtulamıyordu. O zamanlar on sekiz yaşındaydı, çok alıngan ve gururluydu. Öyle bunalmış, cesareti öyle kırılmıştı ki intihar etmeyi bile düşünmüştü. Sonra birden kazanmaya başladı, bu tek bir yarışmayla kalmadı; okuldaki bütün konuşma yarışmalarını kazandı. Diğer öğrenciler onun kendilerini de çalıştırmalarını istediler ve onlar da kazandılar.

Kolejden mezun olduktan sonra, bot Nebraska ve doğu Wyoming'de çiftliklere konuşma dersleri vermek istedi. Ama sınırsız enerji ve coşkusuna karşın başarılı olamadı. Bir gün çaresizlik içinde oteline gitti ve kendini yatağına atıp hıçkıra hıçkıra ağladı. Koleje geri dönmeyi ve hayat mücadelesinden kaçmayı düşündü ama yapamadı. Omaha'ya gidip başka bir iş bulmayı düşündü. Tren bileti alacak parası yoktu, bu yüzden bir yük treninde yolculuk etti ve bilet parasını karşılayabilmek için vahşi atları besledi. Omaha'da Ar-mour and Company için pastırma, sabun ve domuz yağı satmaya başladı. Yük treniyle posta arabalarıyla, at sırtında yolculuk ediyor, odaların birbirinden yalnızca bir müslin perdeyle ayrıldığı üçüncü sınıf otellerde kalıyordu. Bu arada satıcılık üzerine kitaplar okuyor, Kızılderililerle poker oynuyor, nasıl para kazanabileceğini öğreniyordu. Mağaza sahiplerinden biri aldığı pastırma ve sosislerin parasını ödeyemediğinde Carnegie onun raflarından bir düzine ayakkabı alıyor, bunları demiryolu işçilerine satıyor, parayı da şirketine veriyordu.

Yük treniyle günde yüz mil yolculuk etmesi gerekiyordu.

Tren yük boşaltmak için durduğunda iniyor, üç-dört tüccarla görüşüp sipariş alıyor, tren düdüğünü çalar çalmaz da vagona atlıyordu.

İki yıl içinde iş hacmi açısından yirmi beşinci sırada olan satış bölgesini birinci sıraya taşıdı. "İmkânsız görüneni başardın!" diyen şirketi onu terfi ettirdi. Ama o bu terfiyi kabul etmedi. İşten ayrıldı, Amerikan Dramatik Sanatlar Aka-demisi'ne girdi ve *Polly of The Cirrus* oyununda Dr. Haert-ley rolünü oynayarak ülkeyi dolaştı.

O asla bir Booth ya da Barrymore olamayacaktı. Bunu fark edecek kadar akıllıydı. Bu yüzden satış işine geri döndü ve Packard Motorlu Araçlar Şirketi'nde otomobil ve kamyon satmaya başladı.

Bu araçların nasıl çalıştığını bilmiyordu, bunu da önemsemiyordu zaten. Büyük bir mutsuzlukla her gün işini yapmaya çalışıyordu. Okuyacak, araştırma yapacak zamanının olmasını istiyor, bir gün koleje dönmeyi hayal ediyordu. İşten ayrıldı. Artık günlerini öykü ve roman yazarak geçirecek, gece okullarında ders vererek de hayatını kazanacaktı.

Peki ne öğretecekti? Geriye dönüp baktığında ve kolejdeki çalışmalarını değerlendirdiğinde en çok toplum içinde konuşma derslerinin işe yaradığını, bunların kendisine güven, cesaret ve iş dünyasında insanlarla baş edebilme yeteneği kazandırdığını görüyordu. YMCA (Genç Hıristiyan Kadınlar Birliği) okullarına başvurarak kendisine iş dünyasındaki insanlara topluluk önünde konuşma dersleri vermesi için bir şans vermelerini istedi.

Ne? İş dünyasındaki insanları iyi birer konuşmacı yapmak mı? YMCA'daki insanlar bunun son derece saçma olduğunu biliyorlardı. Daha önce de denemişler ve başarısız olmuşlardı. Carnegie'ye gecede iki dolar ödemeyi reddettiler. O da primle çalışmayı ve kârdan pay almayı kabul etti; kâr olursa elbette. Üç yıl içinde ona gecede iki değil, tam otuz dolar ödemeye başlamışlardı.

Kurs giderek büyüdü. Ünü diğer kentlere de yayıldı. Da-le Carnegie bir süre sonra kendini New York, Philadelphia, Baltimore ve daha sonra da Londra ve Paris arasında mekik dokurken buldu. Ancak bu konudaki kitaplar kursa katılan işadamları ve kadınlar için fazla akademik ve uygulamadan uzaktı. Bunun üzerine Carnegie Toplum İçinde Konuşma ve İş Dünyasında İnsanları Etkileme adlı kitabını yazdı. Bu kitap hem YMCA'da hem de Amerikan Bankalar Birli-ği'nde okutulmaya başladı.

Dale Carnegie aklı başında olan her insanın konuşabileceğini önü sürüyordu. Şehirdeki en cahil insanın çenesine bir yumruk atıp onu yere devirdiğinizde adamın ayağa kalkıp, kariyerinin zirvesinde olan dünyanın en ünlü hatibi William Jennings Bryan'dan daha ateşli ve hırslı bir konuşma yapabileceğini söylüyordu. Kendine güvenen ve içinde fıkır fıkır kaynayan bir düşünceye sahip olan her insanın topluluk içinde kendini dinletebileceğine inanıyordu.

Carnegie'ye göre insanın kendisine karşı güven kazanmasının yolu korktuğu şeylerin üzerine gitmesi ve başarılı deneyimlerinin kaydını tutmasıydı. Bu yüzden sınıfındaki herkesi her ders konuşmaya zorluyordu. İzleyicilerin hepsi birer dosttu. Hepsinin amacı aynıydı; sürekli çalışarak rahatça konuşmalarını sağlayacak güven, cesaret ve coşkuya kazanmaya çalışıyorlardı.

Dale Carnegie, size hayatını topluluk içinde konuşma dersleri vererek kazanmadığını, söylerdi. Onun asıl işi insanların korkularını yenmelerine ve cesaret kazanmalarına yardımcı olmaktı.

Toplum içinde konuşma dersleri vermeye başladığında, ilk öğrencileri iş dünyasından kadınlar ve erkeklerdi. Çoğu otuz yıldır bir sınıfa girmemişti. Kursun başarılı olması halinde para ödemeyi kabul etmişlerdi. Hemen sonuç almak, günlük hayatlarında iş görüşmeleri yaparken bu kursun etkilerini hemen görmek istiyorlardı.

Bu nedenle Carnegie pratik davranmak zorundaydı. Benzeri olmayan bir sistem geliştirdi; topluluk içinde konuşmayı, satıcılığı, insan ilişkilerini ve uygulamalı psikolojiyi birleştirdi.

Katı kuralların kölesi olmayan, diğer kurslardan çok daha eğlenceli bir kurstu onunki.

Kurs sona erdikten sonra, bu kursa katılanlar kendi aralarında kulüpler oluşturuyorlar ve yıllarca görüşmeye devam ediyorlardı. Philadelphia'dan on dokuz kişilik bir grup on yedi yıl boyunca her kış ayları bir kez görüştü. Sınıftaki derse katılmak için elli-yüz millik yoldan geliyorlardı. Hatta haftada bir kez Şikago'dan kalkıp New York'a gelen bir öğrenci bile vardı.

Harvard Üniversitesi'nde Profesör William James normal bir insanın zihinsel kapasitesinin ancak yüzde 10'unu kullandığını söylüyordu. Dale Carnegie iş dünyasındaki insanların varolan potansiyellerini geliştirmelerini sağlayarak yetişkin eğitimindeki en önemli adımlardan birini atmıştı.

LOWELL THOMAS 1936

BU KİTAPTA ANLATILAN PRENSİPLERİ UYGULARKEN YAŞADIĞIM DENEYİMLER